# Silvia Bovenschen
# Über-Empfindlichkeit

*Spielformen der*
*Idiosynkrasie*

Suhrkamp

suhrkamp taschenbuch 3906
Erste Auflage 2007
© Suhrkamp Verlag Frankfurt am Main 2000
Suhrkamp Taschenbuch Verlag
Druck: Druckhaus Nomos, Sinzheim
Printed in Germany
Umschlag: Göllner, Michels, Zegarzewski
ISBN 978-3-518-45906-5

1 2 3 4 5 6 – 12 11 10 09 08 07

# Inhalt

»Ich bin nicht immer meiner Meinung.«
*Paul Valéry*

# Vorbemerkung

Der Idiosynkrasie ist in den letzten Jahren keine sonderliche publizistische Aufmerksamkeit zugekommen.[*] Der theoretische und stoffliche Orientierungsmangel, der sich für mein Vorhaben zunächst aus dieser Traditionsarmut zu ergeben schien, wurde indes gut aufgewogen durch die Möglichkeit, auf akademische Rücksichten verzichten zu können; also durch eine gewisse Freiheit in den thematischen Optionen.

Idiosynkrasie (griechisch: ἰδιοσύγκρασις) wird meist übersetzt mit: eigene oder eigentümliche Mischung. Eine Übersetzung, die nicht in semantische Klarheit führt, sie geht nicht mit den spontanen Assoziationen zu diesem Wort konform, sie gibt aber in ihrer Weite der Bedeutungsvielfalt des Begriffs Raum. Dieser wörtlichen Übersetzung folgt der Aufbau des vorliegenden Buches. Auch in ihm geht es um thematische und formale Mischungen vielfältiger Textsorten und Textinhalte.

Die Essays demonstrieren wiederholte, aus verschiedener Richtung und zu verschiedener Zeit immer wieder aufgenommene thematische Anläufe in der Absicht, sich diesem Mischphänomen anzunähern, es zu umkreisen und zu spiegeln, seine Figurationen nachzuzeichnen.

Eine Spurensuche, die über die Diskursgrenzen hinweg sowohl Lektüren als auch Alltagsphänomene in die Überlegung hineinnahm.

---

[*] Es ist bedauerlich, daß die einzige aktuelle einschlägige Publikation erst nach Abschluß meines Manuskripts erschien und daher nicht mehr eingearbeitet werden konnte. Wegen der außerordentlich ertragreichen und klugen Beiträge möchte ich doch nicht versäumen, mit Nachdruck auf sie hinzuweisen (*Idiosynkrasien*, Bd. 8 von *Paragrana, Internationale Zeitschrift für Historische Anthropologie*, hg. v. Dietmar Kamper, Bernd Ternes, Berlin 1999).

(Interessanterweise zeigte sich die Betrachtung all jener Texte und Erscheinungen, die von so etwas wie einer Idiosynkrasie aufs Ganze, einer Art Weltekel, durchdrungen sind, weniger ergiebig als solche, in denen idiosynkratische Momente ephemer, zufällig, aufscheinen.)

Das meint: Es wurde keine historisch-systematische Untersuchung angestrebt, eher schon die Spielform des Kaleidoskops. Den Lesern soll die Möglichkeit gegeben werden, Auswahl und Abfolge ihrer Lektüre beliebig zu wählen, in der Hoffnung, daß diese Willkür dem Begriffschamäleon angemessen sein möge.

Aus persönlichen Gründen erfolgte die Arbeit über einen relativ weiten Zeitraum mit großen Unterbrechungen.

Ich danke allen, die meine thematische Fixierung über lange Strecken nicht nur mit Geduld ertrugen, sondern mich überdies mit Wortfunden und Anregungen beschenkten.

## Von eigentümlichen Mischungen
### Bild, Nerv, Wort und Idiosynkrasie

> »Dieser Dichter ist unzufrieden, ja schwermütig.
> Seine Schwermut kommt aber aus Routine. Denn
> Routiniertsein heißt, seine Idiosynkrasien geopfert,
> die Gabe, sich zu ekeln, preisgegeben haben. Und
> das macht schwermütig.«
>
> *Walter Benjamin über Erich Kästner*

### Das gesträubte Haar

Etwas hat uns für einen kurzen Moment erstarren lassen: ein
Geruch, ein Zeichen, eine Bewegung, ein Wort, ein Bild, ein
Ton, vielleicht auch die Kombination mehrerer Zeichen, mehrerer Gesten, mehrerer Wörter – ein Detail, nicht der Aufregung wert, und doch hat es uns für einen Augenblick in
schrille Aufregung versetzt; ein Detail, nicht der Beachtung
wert, und doch hat es alle Beachtung auf sich gezogen; eine
Äußerlichkeit, die uns ins Mark traf: der Zuckerlöffel, der zunächst dem Transport des Zuckers zur gefüllten Tasse diente,
dann zum Umrühren verwendet und in feuchtem Zustand in
die Zuckerdose zurückgesteckt wurde und an dessen Schaufel
sich nun gelb-bräunliche Zuckerkristalle gebildet haben; das
Buttermesser, mit dem man zuerst die Butter auf dem Brot
verteilt hatte und das dann helle Schlieren im Marmeladeglas
zurückließ, das Knirschen des verstreuten Zuckers auf dem
Küchenboden, das Quietschen der Kreide auf der Schultafel,
der Geruch nasser Pelze, der Fettfilm am Weinglas, die Haut
auf der Milch, die Art, wie ein Ei geköpft wurde, ein falsches
Wort …

Das sind die Klassiker unter den Idiosynkrasien. Wie soll man solche absurden Abneigungen erklären? Eine Freundin hat eine Aversion gegen Männer in Sandalen, ein Freund haßt das Wort »lecker«, ein anderer ist abgestoßen, wenn das Klopapier, ungeduldig zwischen zwei Perforationen abgerissen, einen fasrigen zackigen Rand aufweist. Adorno hatte eine Abneigung gegen Jazz-Musik und gegen den Begriff der Persönlichkeit, Campe mochte das Wort Schrank nicht, im *Zedler* lesen wir, daß Jacob von England den Anblick eines blanken Schwerts nicht ertragen konnte, und im *Meyer* von 1895, daß Cäsar und Wallenstein das Miauen von Katzen eklig fanden, Johann Strauß liebte Papageien und Dackel, Schiller bekanntlich den Geruch von faulen Äpfeln, eine Freundin erzählt von einer akustischen Idiosynkrasie gegen das Geräusch, das der Flügelschlag der Vögel verursacht, ich bin angewidert von den Wörtern »schmackhaft« und »bekömmlich«, René Magritte haßte Pfadfinder und den Geruch von Öl.

Ist das wichtig oder unwichtig, ist das viel oder nichts, die Bedingung von allem oder nur eine amüsante Beigabe? Wie, wenn wir es zu tun hätten mit undurchsichtigen Initiationen, wenn diese Kuriosa sich ohne unser Wissen anstiftend und lenkend in unsere großen Gefühle, unsere großen Ideen, unsere großen Pläne mischten?

> »Aus einem bestimmten Anlaß sträubt sich das Haar, stockt der Atem, und diese Wirkung kann unabhängig sein von der erkennbaren Bedeutung des auslösenden Gegenstands für das Subjekt. Nichts an dem Gegenstand erklärt die Wirkung, und diese gehört *nicht zu denen* (den rationalen), die auf den Gegenstand zurückweisen können, um ihn im ganzen zu definieren, zu modifizieren usw.«[1]

Diese Beschreibung Valérys meint den Moment, in dem etwas unter unsere Haut geht und eine Reaktion hervorruft, die nicht

---

1 Paul Valéry, *Cahiers/Hefte*, Bd. 4, Frankfurt a.M. 1990, S. 579.

mehr ganz von unserem Willen diktiert ist. Wir reagieren un-
willkürlich bei wachem Bewußtsein: das heißt, wir fallen nicht
in Ohnmacht, wir versinken nicht in Schlaf, wir träumen nicht,
wir stehen nicht unter Narkose. Wir nehmen etwas genau,
übergenau, wahr und gleichzeitig uns selbst, wie wir mit ge-
sträubtem Haar, einer Gänsehaut, brennenden Wangen – einem kleinen idiosynkratischen Anfall – auf das Wahrgenommene in seiner scheinbaren Geringfügigkeit reagieren.

> »Das fängt an und hört auch wieder auf – Das ist nicht
> immer. Das weicht ab von einer Art mittlerer Gangart und
> durchläuft mich, setzt alles auf einmal in Bewegung –
> statt einzeln nach-einander.«[2]

Wir sind vom Wahrgenommenen nicht paralysiert, wie etwa
beim Schock, oder dem grellen Entsetzen, oder der schieren
Angst, oder dem überwältigenden Ekel; aber wir sind doch etwas aus der Bahn geworfen, für einen kurzen Moment erstarrt
und, wie Valéry sagt, infolgedessen von der mittleren Gangart
abgewichen. Der Grund für diese Irritationen ist uns nicht immer zugänglich, er liegt in einer anderen Zeit, vielleicht sogar in
einer schon versunkenen Welt. Wenn nichts mehr an diesem Phänomen erklärbar scheint, werden wir uns selbst fremd, reagieren
wir idiosynkratisch auf unsere Idiosynkrasien.

> »Ich hasse das Gurren der Turteltauben in der Morgen-
> luft, wie ich als Kind den Geruch des Basilikums haßte
> und ihn auch nach sechzig Jahren nicht ertrüge …
> Diese Empfindungen sind mir widerwärtig, sie stören in
> mir düstere Traurigkeit wieder auf und haben eine pani-
> sche Macht über mich, die mir die Seele verstört. Sie sind
> unter ganz verschiedenen Umständen entstanden, zu ganz
> verschiedenen Lebenszeiten.
> Es sind ›Werte‹ – gleichsam Schulden, die für immer ge-
> macht werden, durch einfache Koinzidenz: ein Zustand

2 Ebd., S. 555.

von mir, ein bestimmter quälender Augenblicksumstand, der Zufall der Wahrnehmungen in eben diesem Augenblick, und schon ist meine Sensibilität für immer mit nutzlosen Obligationen zufälligen Ursprungs belastet.

Und wie wir in unserer elenden Tiefe bestehen aus solchen Nichtigkeiten ... Ohne es zu ahnen, bergen wir unüberwindliche Tropismen und Abneigungen in uns, die keinerlei Reflexionswert haben – aber alle verborgene Macht –, die meist unmöglich wiederzuerkennen sind, denn die Erinnerung an sie ist aufgehoben, während die irrationalen Verbindungen, die sie geschaffen haben, latent bleiben und bereit, zu tun, was sie können, ohne auch sie anzukündigen.«[3]

Demzufolge hätten die Idiosynkrasien nicht nur dann eine Wirkung, wenn wir punktuell ihre Sensationen in und an uns spüren, sondern ihre »verborgene Macht« läge in ihren polygenen Verknüpfungen, in der latenten Wirksamkeit eines weitverzweigten Gewebes willentlich nicht steuerbarer Reaktionen und Gegenreaktionen. In dieses Gewebe ist das bunte Konglomerat eingelagert, von dem Valéry spricht; das völlig inhomogene Durcheinander von »Nichtigkeiten« und »Werten«, die »gleichsam Schulden« an eine lebensgeschichtliche und vielleicht sogar an eine gattungsgeschichtliche Vergangenheit sind, von »nutzlosen Obligationen«, »Tropismen und Abneigungen«. Die »panische Macht« entsteht, so gesehen, durch die Möglichkeit vielfältiger und unregelbarer Ausstrahlungen dieser Tropismen auf alle Bereiche des Fühlens, Denkens und Handelns. Und irgendwo im Gewebe dieser »irrationalen Verbindungen« formiert sich vermutlich das, was schließlich eine idiosynkratische Reaktion sein wird. Sie ist häufig verbunden mit unwillkürlichen Körperreaktionen, mit kleinen Erstarrungen, kurzen Unterbrechungen des Zeitflusses.

3 Ebd., S. 603

In diesem kreatürlichen Moment heben die Idiosynkrasien die Zeit auf, in ihm liegen, wenn wir Adorno und Horkheimer glauben wollen, ihre archaischen Züge:

»Sie stellen Augenblicke der biologischen Urgeschichte her: Zeichen der Gefahr, bei deren Laut das Haar sich sträubte und das Herz stillstand. In der Idiosynkrasie entziehen sich einzelne Organe wieder der Herrschaft des Subjekts; selbständig gehorchen sie biologisch fundamentalen Reizen. Das Ich, das in solchen Reaktionen, wie der Erstarrung von Haut, Muskel, Glied sich erfährt, ist ihrer doch nicht ganz mächtig. Für Augenblicke vollziehen sie die Angleichung an die umgebende unbewegte Natur.«[4]

Gleichwohl erweckt die Idiosynkrasie, so wie sie als Reiz-Reaktions-Ensemble in Erscheinung tritt, nicht den Eindruck purer Ursprünglichkeit oder Unmittelbarkeit. Hat sie ihre Anreize doch oft in den intrikatesten Geschmacksempfindlichkeiten; als Reaktion auf einen zivilisationsgesättigten Reiz platzen ihre archaischen Auftritte geschmacklos in eine geschmacksgesättigte Zivilisation. Schon die vordergründige Betrachtung trifft also auf die Figur der Unangemessenheit, Ungleichzeitigkeit und Unverträglichkeit.

Die Struktur der Auslösung ist der der Reaktion unangemessen; in dem Verhältnis von Körperlichem und Kulturellem steckt eine Unverträglichkeit; Idiosynkrasien scheinen ebenso zeitnah wie unzeitgemäß – sie sind immer zugleich das erste und das letzte. Der, isoliert betrachtet, läppisch marginale Anlaß für ihre Sensationen steht in einem grotesken Gegensatz zu der fundamentalen Macht, die sie über uns haben. Die Unverträglichkeiten nähren die Vermutung, daß dem Phänomen der Idiosynkrasie selber ein idiosynkratisches Moment eignen könnte – als sei sie so eine Art Kurzschluß.

---

4 Max Horkheimer und Theodor W. Adorno, *Dialektik der Aufklärung*, Amsterdam 1947, S. 212.

Dieser Kurzschluß, der einen völlig automatisierten Ablauf in Gang setzt, ereignet sich häufig dann, wenn ein Mensch einem anderen das erste Mal begegnet; aus irgendeinem Grunde ist er gezwungen, ihm Aufmerksamkeit zu schenken, und bevor noch Worte gewechselt, Meinungen auffällig, Ansichten mißfällig werden konnten, fällt oft genug das, was dieser Mensch vor sich selbst als ein Urteil ausgibt. In Wahrheit aber, zum Beispiel im Falle einer massiven Ablehnung des Gegenüber, handelt es sich um alles andere als um ein abgewogenes Urteil. Weiß der Teufel, welche Kriterien (wenn es überhaupt welche gibt), welche dunklen Motive, welche reflexhaften Animositäten zu diesem Pseudourteil kompromißloser Ablehnung geführt haben. Etwas am Äußeren dieser Gestalt, vielleicht eine Geste, ein Zug, ein Ausdruck, eine Linie, eine Kontur, irgendein Detail oder ein Detail im Zusammenspiel mit einem anderen Detail, möglicherweise auch das Ganze, das, was man gemeinhin als den Habitus eines Menschen bezeichnet, schafft eine Verbindung zu einer verwandten Formkonstellation, die ihrerseits verkoppelt ist mit einer bösen Erfahrung, die dem Gedächtnis nicht mehr unmittelbar zur Verfügung steht. Diese »Urteile« sind tabu – sie werden am Gerichtsort nicht ausgesprochen (später wird man Freunden vielleicht gestehen, daß man X oder Y nicht leiden könne). Zunächst aber gibt es keine zugänglichen Maßstäbe für dieses Urteil ohne Gnade; ein pauschaler Hinweis auf eine vermeintliche »Menschenkenntnis« muß häufig dafür herhalten, daß den idiosynkratisch von anderen und von sich selbst Erschreckten jegliche Fähigkeit zur Rechtfertigung abhanden kommt. Gleichwohl gibt es keinen Schutz gegen solche der Selbstrechtfertigung weitgehend verschlossenen Entscheidungen. Sie stehen nicht einmal im Rang des Vor-Urteils, da Vorurteile bereits kommunikative Absicherungen, wenn auch zweifelhafter Qualität mit sich schleppen. Es ist aber möglich, daß sich diese impulsiven »Urteile« zu Vorurteilen verhärten. Denn das Blinde und Gnadenlose an diesem Prozeß bereitet – zumindest den Menschen mit einem gut eintrainierten Gewissen – Verlegenheit. In dieser Phase vollzieht sich die Konversion der Aversion: Aus einer wilden Abneigung wird ein gestanztes Vorurteil. Es ist jetzt nämlich eine Dringlichkeit der moralischen Selbstvergewisserung, an dem intuitiv Abgewerteten seinerseits eine moralische Minderwertigkeit auszumachen, um so, nachträglich, die eigene moralische Berechtigung für den negativen Impuls zu erschleichen; oder lapidar, wie Nietzsche es ausdrückt:

> »Menschen, welche man nicht leiden kann, sucht man sich zu verdächtigen.«

> »Gründe und ihre Grundlosigkeit. – Du hast eine Abneigung gegen ihn und bringst auch reiche Gründe für diese Abneigung vor – ich glaube aber nur deiner Abneigung, und nicht deinen Gründen! Es ist eine Schöntuerei vor dir selber, das, was instinktiv geschieht, dir und mir wie einen Vernunftschluß vorzuführen.«[5]

Dieser Mechanismus der nachträglichen Erschleichung eines Vernunftgrundes ist vermutlich sehr viel gefährlicher als die unwillkürliche Willkür der reinen Idiosynkrasie.

Welche Bedeutung aber dürfen wir dem idiosynkratischen Impuls selber zuschreiben?

### Das »höchste kritische Organ«

»Gelinder« sagt Kant als das »Irrereden« oder die »Raserei« oder auch als der »an Wahnsinn grenzende Hochmut« eines Menschen, »Gelinder« sei

> »der Ausdruck von einer Grille (marotte), die jemand bei sich nährt: ein populär sein sollender Grundsatz, der doch

5 Friedrich Nietzsche, *Morgenröte. Viertes Buch. Gründe und ihre Grundlosigkeit*, in: F. N., *Werke*, Bd. II, hg. v. K. Schlechta, Frankfurt-Berlin-Wien 1976, S. 1205.

nirgend bei Klugen Beifall findet, z. B. von seiner Gabe der
Ahndungen, gewissen dem Genius des Sokrates ähnlichen
Eingebungen, gewissen in der Erfahrung begründet sein
sollenden, obgleich unerklärlichen Einflüssen, als der Sympathie Antipathie, Idiosynkrasie (qualitates occultae), die
ihm gleichsam, wie eine Hausgrille, im Kopf tschirpt und
die doch kein anderer hören kann.«[6]

Mit dieser Einordnung unter die »qualitates occultas« stellt
Kant der Idiosynkrasie das Zeugnis epistemologischer Un-
brauchbarkeit aus. Er rückt sie in die Nachbarschaft zweifelhafter »Ahndungen«; ihre Entstehung und ihre Auswirkung sind
demzufolge ebenso wie die der Sympathien und Antipathien
arbiträr und subjektiv beliebig. Die Idiosynkrasie, in pseudoge-
nialischer Hybris seinerzeit gelegentlich als Medium besonderer
Erkenntnis ausgegeben, steht bei Kant im Ruf einer nichtswürdi-
gen Abweichung ins Skurrile, Verschrobene; auch deshalb weil
ihr »Tschirpen« von anderen nicht vernommen werden, weil
ihre Sensation nicht einem allgemeinen Verständnis zugeführt
werden kann.

Die Aversion des Philosophen aus dem 18. Jahrhundert gegen
prätentiöse Aversionen wurde offensichtlich vor allem her-
vorgerufen durch die Erhebung solcher »Grillen« ins Grundsätzliche: also durch den – wie manche heute sagen würden –
Geltungsanspruch, den einige seiner Zeitgenossen mit ihren
idiosynkratischen Regungen verbanden; durch ihre Berufung
auf eine höhere Bedingtheit dieser »Eingebungen« – etwa unter der Regie eines Wirkzusammenhangs von mikro- und makrokosmischen Kräften der Anziehung und Abstoßung – (ein
zu dieser Zeit noch virulentes Vorstellungsbündel). Was Kant

---

6 Immanuel Kant, *Anthropologie in pragmatischer Hinsicht*, in: I. K.,
*Schriften zur Anthropologie, Geschichtsphilosophie, Politik und Pädago-
gik*, in: I. K., *Werke in zwölf Bänden*, Bd. XII, Frankfurt a. M. 1964,
S. 514 f.

hier abwehrt, ist das Nachwirken überkommener (und miteinander verschränkter) Kosmologien und Anthropologien. (Vgl.
die Ausführungen zur Begriffsgeschichte S. 169 ff.) Es geht ihm
um die begriffliche Entmischung dieser Bereiche und nicht zuletzt auch um eine scharfe Grenzlinie zwischen den menschlichen Vermögen der Vernunft und denen des Begehrens. Um es
mit den Worten Richard Rortys zu sagen:

> »Kant spaltet uns in zwei Teile, den ›vernünftigen‹, der bei
> uns allen gleich ist, und den empirischen (zu ihm gehören
> unsere Begierden und Neigungen), der blinden, kontin-
> genten, idiosynkratischen Eindrücken unterworfen ist.«[7]

Das erkenntnistheoretische Mißtrauen gegen die Kontingenz
unserer Neigungen, und allzumal gegen die Reklamation des
Idiosynkratischen als schöpferischen oder gar erkenntnisstif-
tenden Impulses hat sich indes bis in unsere Tage gehalten und
findet bei Ideologieempfindlichen neue Nahrung in der allfälli-
gen New-Age-Rhetorik der Intuition: etwa in der dunklen Berufung auf die Unfehlbarkeit der »inneren Stimme« und eines
Handelns – wie das dann heißt – »aus dem Bauch heraus«.
Das Verdikt ist also nicht ganz von der Hand zu weisen. Da
könnte ja ein jeder kommen und irgendwelche idiotischen individuellen Anwandlungen mit allgemeinen Gültigkeitssiegeln
versehen. Habermas erklärt:

> »Aktoren verhalten sich rational, solange sie Prädikate
> wie würzig, anziehend, fremdartig, schrecklich, ekelhaft
> usw. so verwenden, daß andere Angehörige ihrer Lebens-
> welt unter diesen Beschreibungen ihre eigenen Reaktionen
> auf ähnliche Situationen wiedererkennen würden. Wenn
> sie hingegen Wertstandards so eigenwillig verwenden, daß
> sie auf ein kulturell eingespieltes Verständnis nicht mehr
> rechnen können, verhalten sie sich idiosynkratisch.

7 Richard Rorty, *Kontingenz, Ironie und Solidarität*, Frankfurt a. M.
1992, S. 67.

Unter solchen privaten Bewertungen mögen einige sein, die einen innovativen Charakter haben. Diese zeichnen sich freilich durch einen authentischen Ausdruck aus, z. B. durch die sinnfällige, d. h. ästhetische Form eines Kunstwerkes.

Hingegen folgen idiosynkratische Äußerungen rigiden Mustern; ihr Bedeutungsgehalt wird nicht durch die Kraft poetischer Rede oder kreativer Gestaltung zugänglich und hat einen nur privatistischen Charakter. Das Spektrum solcher Äußerungen reicht von harmlosen Ticks wie der Vorliebe für den Geruch fauliger Äpfel bis zu den klinisch auffälligen Symptomen, z. B. der entsetzten Reaktion auf offene Plätze. Wer seine libidinöse Reaktion auf verfaulte Äpfel mit dem Hinweis auf den ›betörenden‹, ›abgründigen‹, ›schwindelerregenden‹ Geruch, wer die panische Reaktion auf offene Plätze mit deren ›lähmender‹, ›bleierner‹, ›soghafter‹ Leere erklärt, wird in den *Alltags*kontexten der meisten Kulturen kaum auf Verständnis stoßen.

Für diese als abweichend empfundenen Reaktionen reicht die *rechtfertigende* Kraft der herangezogenen kulturellen Werte nicht aus. (...) Wer sich in seinen Einstellungen und Bewertungen so privatistisch verhält, daß sie durch Appelle an Wertstandards nicht erklärt und plausibel gemacht werden können, der verhält sich nicht rational.«[8]

Nun sind Idiosynkrasien das eine, ihre Erklärung, Bewertung und Rechtfertigung (Rationalisierung) ein anderes. Habermas spricht primär von der verbalen Verständigung über Idiosynkrasien, vom Versuch, Idiosynkrasien zu plausibilisieren und zu rationalisieren. Die Rationalisierung von Idiosynkrasien ist allermeist, wie alle retrograde Zurechtlegung, das wissen wir

---

8 Jürgen Habermas, *Theorie des kommunikativen Handelns*, Bd. 1, Frankfurt a. M. 1981, S. 36f.

spätestens seit Nietzsche und Freud, nicht rational. (Besonders, wenn die beispielgebend herangezogenen Phänomene auf dem Feld der Zwangsneurosen und Phobien – Angst vor offenen Plätzen – oder der unmittelbar sensorischen Geschmacks- und Geruchsempfindungen – Vorliebe für faulendes Obst – liegen).

Allerdings bleibt, nach Habermas, eine Möglichkeit der Rechtfertigung für die Rechtfertigung von Idiosynkrasien offen. Ein Schlupfloch gewissermaßen. Dann nämlich, wenn sie ausgewiesen sind durch die »Kraft poetischer Rede«, »kreativer Gestaltung«, dann, wenn sie »innovativen Charakter« haben, einen »authentischen Ausdruck« finden oder sich in der »sinnfällige[n], d. h. ästhetische Form eines Kunstwerks« manifestieren, dann ist das Interesse an ihnen gerechtfertigt.

Oh je, vor solchen Forderungen haben unsere kleinen alltäglichen Zuneigungen und Abneigungen, unsere kleinen idiosynkratischen Akte der sprachlichen Lebensbewältigung nicht die kleinste Chance.

Nehmen wir ein profanes Beispiel: Ich sehe mich im zufälligen komplizenhaften Bunde mit einigen, wenigen, die von der heute beliebten (Tucholsky entlehnten) Sentenz: »Hier können Sie die Seele baumeln lassen« an den Rand des Erbrechens getrieben werden. Eine Freundin hält die Verwendung dieser Ekelmetapher für einen Scheidungsgrund. Allerdings nicht einklagbar, wie sie einsichtig hinzufügt. Nun deutet die zunehmende Verwendung dieser Redeweise in der Werbung und im Jargon der Moderatoren darauf hin, daß sie ihrerseits bei diesem Sprachbild auf ein »kulturell eingespieltes Verständnis« rechnen können, während wir, die idiosynkratisch Befallenen, solche Hoffnungen nicht nähren dürfen. Hochmütig sagen wir uns, daß es ja doch immer eine heikle Sache sei mit konsensuellen Mehrheitsentscheidungen über ästhetische Qualitäten. Wer entscheidet über den Innovationsgrad oder Ekelgrad eines sprachlichen Bildes, wieviel »Angehörige unserer Lebenswelt«

müssen sich in der idiosynkratischen Reaktion eines Einzelnen
»wiedererkennen«, damit ihr Einspruch oder ihre Zustimmung
Geltung hat?
Und wenn selbst noch der Akt dieser Wiedererkennung kontingent wäre? Das vermutet zumindest Rorty:

> »Wir nennen etwas ›Phantasievorstellung‹ statt ›Dichtung‹
> oder ›Philosophie‹, wenn es um Metaphern kreist, die bei
> anderen Leuten nicht auf fruchtbaren Boden fallen, also
> Weisen des Sprechens oder Handelns, für die wir anderen
> keine Verwendung haben. (...) Umgekehrt sprechen wir
> von Genie statt von Exzentrizität oder Perversität, wenn
> eine private Zwangsvorstellung eine Metapher hervor-
> bringt, für die wir Verwendung haben. Der Unterschied
> zwischen Genie und Phantasie ist nicht der Unterschied
> zwischen Prägungen, die eine Verbindung zu etwas Uni-
> versellem, einer vorgängigen Realität dort draußen in der
> Welt oder tief im Inneren des Selbst herstellen, und ande-
> ren, denen das nicht gelingt. Es ist vielmehr der Unter-
> schied zwischen Idiosynkrasien, die zufällig bei anderen
> Menschen auf fruchtbaren Boden fallen – zufällig wegen
> der Kontingenzen einer historischen Situation, eines be-
> sonderen Bedürfnisses, das eine bestimmte Gemeinschaft
> zufällig zu einer bestimmten Zeit hat.«[9]

Es handelt sich offensichtlich um ein Spiel mit vielen Variablen. Um einem möglichen Einwand zuvorzukommen, muß an
dieser Stelle angemerkt werden, daß Rorty den Begriff der
Idiosynkrasie in einer besonderen Weise gebraucht (so, wie es
vor allem dem angelsächsischen Verständnis entspricht) –
nämlich im Sinne einer bestimmten (neurotischen oder schöpferischen) Eigenart der Hervorbringungen, weniger im Sinne
einer besonderen Reaktionsweise (wie es unser Beispiel vorgibt) – also eher eine grundsätzliche, wie auch immer zu be-

9 Richard Rorty, *Kontingenz*, a. a. O., S. 74 f.

wertende individuelle Eigentümlichkeit und nicht so sehr die aus ihr resultierenden Abwehrreaktionen meinend. Da beide Versionen in der semantischen Zuständigkeit dieses Begriffs liegen, macht es aber, wie eine Auskunft Ilse Aichingers verdeutlicht, keinen Unterschied: Sie nehme nur mehr das zweitbeste Wort, hat die Dichterin in einem Prosastück über *Schlechte Wörter* geschrieben und diese Wahl mit ihrer Aversion gegen das normative poetologische Gebot des »besten Worts« begründet. Woher weiß sie, welches das zweitbeste Wort ist? – Vermutlich eben aus der Aversion gegen das »erstbeste« oder das »beste« Wort. Allerdings ist Ilse Aichinger ausgewiesen durch die »Kraft ihrer poetischen Rede«,[10] während unsere angeblich nichtswürdige Sprachidiosynkrasie eine vertrakte Vermischung alltagspraktischer und ästhetischer Elemente aufweist und sich ins säuberliche Sortiment der Sprechakte nicht so recht einfügen will.

Aber vielleicht sind solche Reaktionen doch denk-würdiger, als es scheinen mag; immerhin gibt es Eigenwillige, die glauben, daß es sich dabei um eine Sache auf Leben und Tod handele. Richard Rorty zitiert im zweiten Kapitel seines Buches *Kontingenz, Ironie und Solidarität* ein Gedicht von Philip Larkin, das »von der Angst vor dem Tod handelt«. Darin ist die Rede von der »zufallsblinden Prägung, die sich in allem zeigt, was wir tun (the blind impress / All our behavings bear)«. Rorty kommentiert:

> »Larkins Gedicht schlägt eine Möglichkeit vor, wie man enthüllen kann, wovor Larkin Angst hatte. Er hat Angst, daß seine idiosynkratische Inventarliste, sein individuelles Verständnis dessen, was möglich und wichtig ist, ausgelöscht wird. Das machte sein Ich verschieden von allen anderen Ichs.«[11]

10 Ilse Aichinger, *Schlechte Wörter*, Frankfurt a.M. 1991, S. 11 ff.
11 Richard Rorty, *Kontingenz*, a.a.O., S. 53.

In unseren eigentümlichen, bizarren Idiosynkrasien, unseren
»blinden Prägungen« liegt, wenn wir dem glauben, die bis zu unserem Tod unabgeschlossene Eigentümlichkeit unseres Selbst:
ihre Auslöschung ist unsere Auslöschung. Nach Rorty korre-
spondierte die Auseinandersetzung um die Idiosynkrasie, ihr
Lob und ihre Schmähung, über lange Zeit dem »Streit zwischen
Dichtung und Philosophie«, ein Streit, »zwischen dem Streben
nach Erschaffung des Selbst durch Erkenntnis von Kontingenz
und dem Streben nach Universalität durch Überschreitung von
Kontingenz«[12] – ein Streit, den, nach seiner Meinung, Nietzsche und Freud in der Rehabilitierung des kontingent Idiosynkratischen (»beide versuchen sie, eine zufallsblinde Prägung
nicht als unwürdig zur Programmierung unseres Lebens und unserer Gedichte zu sehen«) produktiv überwanden, indem sie zu
der Einsicht gelangten, daß »Fortschritt in der Dichtung, Kunst,
Philosophie, Wissenschaft oder Politik (...) sich aus der zufälligen Koinzidenz einer privaten Zwangsvorstellung und eines
weitverbreiteten Bedürfnisses«[13] ergäbe.
Aber auch die kontingenten Hin- und Abwendungen, die sich
nicht als so fortschrittsmächtig erweisen, weil sie nicht weitverbreiteten Bedürfnissen entsprechen, sind zumindest für die Geschichte, die wir unser Leben nennen, von entscheidender Bedeutung:

> »Alles, angefangen vom Klang eines Wortes über die Farbe
> eines Blattes bis zur Empfindung eines Stückes Haut, kann
> dazu dienen, eines Menschen Sinn für Identität mit sich
> selbst zu dramatisieren und zu kristallisieren.«[14]

Rorty spricht interessanterweise nicht davon, daß die zufällig
prägenden Details, die er aufzählt, die Identität eines Menschen ausmachten oder sicherten, sondern davon, daß sie sie

12 Ebd., S. 56.
13 Ebd., S. 75.
14 Ebd., S. 74.

dramatisierten und kristallisierten. Das ist etwas anderes und bezeichnet das Moment, in dem der Betroffene in der diffusen Kombinatorik eigentümlicher Reaktionen sich seiner selbst in hohem Maße gewahr wird und zugleich von sich selbst befremdet ist; und eben das ist auf dem Feld der Wahrnehmung die Struktur des Idiosynkratischen.

> »Alles dies kann die blinde Prägung symbolisieren, die sich in allem zeigt, was wir tun. Jede scheinbar zufällige Konstellation solcher Dinge kann den Ton eines Lebens bestimmen. Jede solche Konstellation kann ein unbedingtes Gebot aufstellen, dessen Befolgung ein Leben ausfüllen kann – ein Gebot, das, obwohl es höchstens einer einzigen Person verständlich sein mag, doch darum nicht weniger unbedingt ist.«[15]

Diese Erfahrung werden viele wiedererkennen: daß sie nach dem Tod eines geliebten Menschen das Fehlen eines ganz bestimmten »Tons« feststellen mußten, eines Tons, der nur ihm eigen war, eines Tones, wie er nie mehr zu hören sein wird.

Um diesen »eigenen Ton« ging es Walter Benjamin, als er in seiner Sammlung *Deutsche Menschen* einen der letzten Briefe, die Goethe vor seinem Tod schrieb, einer genauen Lektüre unterzog. Goethe spricht in diesem Brief vom 3. Januar 1832 an Moritz Seebeck, davon, daß »im höchsten Alter uns die Pflicht noch übrig« bleibe, »das Menschliche, das uns nie verläßt, wenigstens in seinen Eigenheiten anzuerkennen«. Die Formulierung »Das Menschliche … in seinen Eigenheiten« hat Benjamin fasziniert:

> »– Die sind das Letzte, worauf der große Humanist sich als in ein Asyl zurückzieht; die Idiosynkrasien, die diese späteste Lebensperiode regieren. … Wie durch das Mauerwerk eines unerschütterlichen, ausgestorbenen Baues zuletzt die schwachen Pflanzen, Moose sich ihre Bahn bre-

15 Ebd.

chen, dringt hier, die Fugen einer unerschütterlichen Haltung sprengend, das Gefühl.«[16]

Das »schwache« Pflanzwerk der Idiosynkrasien erweist sich schließlich doch als wirkmächtig. Jedenfalls, das legt die Benjaminsche Metaphorik nahe, vermögen seine rhizomatischen Ausbreitungen das Mauerwerk der Haltungen und Geltungen so zu durchdringen und zu überwinden, daß es schließlich sogar die Regie über diese späte Lebensperiode übernimmt.

Ist dieser Rückzug auf die Idiosynkrasien als letztem »Asyl« dem Alter, der zunehmenden Schwäche, geschuldet, oder liegt in dieser Orientierung die Stärke derer, die nichts mehr zu verlieren haben? Das wird in diesem Briefkommentar nicht entschieden.

Aber etwas spricht gegen die Annahme, daß Benjamin in dieser Betonung des Idiosynkratischen nur ein Symptom der Altersmilde sehen wollte. In seinem Essay über Karl Kraus, den er (Robert Scheu zitierend) als einen »Anwalt der Nerven«[17] tituliert, erhebt Benjamin die Idiosynkrasie zum Furor poeticus.

Im kritischem Agieren des Karl Kraus und seiner Anhänger eröffnet sich ihm ein direkter Zusammenhang zwischen Sprache und Körper, Stil und Idiosynkrasie. Benjamin evoziert ihn in fulminanten Körpermetaphern. Angetrieben von der »Herzkraft großer Gedanken«, rast das »Sprachblut« durch das Nervensystem und durch die Syntax.

> »Wenn Stil die Macht ist, in den Längen und Breiten des Sprachdenkens sich zu ergehen, ohne darum ins Banale zu fallen, so erwirbt ihn zumeist die Herzkraft großer Gedanken, welche das Sprachblut durchs Geäder der Syntax

16 Walter Benjamin, *Deutsche Menschen*, in: W. B., *Gesammelte Schriften*, Bd. IV. 1, hg. v. Tillman Rexroth, Frankfurt a. M. 1972, S. 209 ff.
17 Ders., *Karl Kraus. Literarische und ästhetische Essays*, in: W. B., *Gesammelte Schriften*, Bd. II. 1, hg. v. Rolf Tiedemann und Hermann Schweppenhäuser, Frankfurt a. M. 1977. S. 342.

in die abgelegensten Glieder treibt. Ohne daß bei Kraus
nun solche Gedanken sich einen Augenblick lang verkennen ließen, ist doch die Herzkraft seines Stils das Bild, wie
er es selbst von sich im Innern trägt, um es aufs scho-
nungsloseste zu exponieren, Ja, er ist eitel. (...) Und wenn
er dann seiner Eitelkeit opfert – er müßte nicht der Dä-
mon sein, der er ist, wäre es nicht zuletzt er selber, sein
Leben und sein Leiden, die er mit allen Wunden, allen
Blößen preisgibt. So kommt sein Stil zustande und mit
ihm der typische Fackelleser, dem noch im Nebensatz, in
der Partikel, ja im Komma stumme Fetzen und Fasern
von Nerven zucken, am abgelegensten und trockensten
Faktum noch ein Stück des geschundenen Fleisches hängt.
Die Idiosynkrasie als höchstes kritisches Organ – das ist
die verborgene Zweckmäßigkeit dieser Selbstbespiegelung
und der Höllenzustand, den nur ein Schriftsteller kennt,
für den jeder Akt der Befriedigung zugleich zu einer Sta-
tion des Martyriums wird ...«[18]

In dieser Passage sind Fleisch und Bild, Nerv und Wort, Idiosynkrasie und Stil eigentümlich vermischt. Was da indirekt beschrieben wird, ist die Selbstbezüglichkeit einer kreativ miß-
lingenden Immunisierung! Der nervzerfetzende Sprachangriff
provoziert eine Abwehrreaktion, die ihrerseits zwar nicht zur
körperlich-nervlichen Abhärtung und Unangreifbarkeit führt –
ganz im Gegenteil –, die aber das Sprachblut vorantreibt, die
kritischen Impulse in die Organe treibt. *Die Idiosynkrasie als
»höchstes kritisches Organ«!* Das ist ein Defekt des textkörper-
lichen Immunsystems – Amalgam aus Textzensur, Körperzen-
sur und Selbstzensur bis hin zur Selbstentblößung und Selbst-
preisgabe. Idiosynkrasie zielt hier sowohl auf die eigentümliche
Mischung, die den Autor ausmacht, in der er sich eitel erkennt
und spiegelt, als auch auf eine nervliche Attacke, die sein Selbst-

bild dramatisiert. In den idiosynkratischen Reaktionen kristalli-
siert und entzündet sich das Selbst immer wieder wie an sprachlichen Allergien, vor denen paradoxerweise die idiosynkratische
Abwehrreaktion eben dieses Selbst doch schützen sollte. Mit den
Worten Benjamins: Die Kritik, also der Versuch einer Befreiung
von den körperlich fühlbaren Zumutungen des Sprachlichen,
endet notwendig in einem sprachnervlichen Martyrium. Mißlin-
gende »Befriedigung«. Der aversive Impuls in Form der Sprachidiosynkrasie ist Selbstentzündung, aber zugleich auch das
Movens der verschärften Kritik. In dieses sprachkritische Geschehen ist der Körper autoaggressiv eingebunden. Körper und
Stil stehen in einem Prozeß der wechselseitigen Ansteckung. Das
ist ein produktiver, keinesfalls gesunder Vorgang.

In den Benjaminschen Bildern von dem »Nebensatz«, dem
»Partikel« und dem »Komma«, in denen »stumme Fetzen und
Fasern von Nerven zucken«, vom »trockensten Faktum«, an
dem »ein Stück des geschundenen Fleisches hängt«, in dieser
metaphorischen Vermengung des Sprachlichen und Körperlichen ist die Idiosynkrasie heimisch; bildet die gleichzeitige Mo-
bilisierung körperlicher, geistiger und affektiver Reaktionsformen doch eines ihrer Charakteristika. Der Idiosynkrasiebegriff
öffnet den sprachlichen Raum für jene metaphorische Vermengung, mit der Benjamin Karl Kraus und dessen Anhänger
sprachbildlich portraitiert.

In diesem Portrait wird die Idiosynkrasie zur Metapher für die
Vermischung von körperlichen mit sprachlichen Sensationen
und gleichzeitig eignet dem Metaphorischen gerade in der
Weise, wie Benjamin es entfaltet, ein idiosynkratisches Moment. Ist die Metapher, jede originelle Bildlichkeit, doch ihrerseits geprägt durch eine »Widerstimmigkeit« (Blumenberg),
eine Mehrdeutigkeit, in ihren produktiven Varianten sogar
durch eine immanente Unverträglichkeit. Diese jeweils eigene
Gemischtheit der Metapher hat Nelson Goodman mit dem
Sprachbild von der »Affäre zwischen einem Prädikat mit Ver-

gangenheit und einem Objekt, das sich unter Protest« hingibt,[19] illustriert. Eckhard Lobsien spricht sogar expressis verbis das idiosynkratische Moment der Metapher an:

> »Die Metapher gilt als das paradigmatische Instrument sprachlicher Innovation und individueller Artikulation: ihr wird die Funktion zugeschrieben, das Feld des Sagbaren zu erweitern und die Sprache unabschließbar zu differenzieren. (...) Metaphern gebärden sich besonders idiosynkratisch und appellieren doch besonders eindringlich an ein gemeinsames Sprachverständnis. In pointierter Form präsentieren sie den Konflikt zwischen dem allgemein überindividuellen Charakter der Sprache, der die Sprecher zur Anpassung zwingt, und dem Bedürfnis dieser Sprecher nach individueller Artikulation, die gleichwohl nicht bloß monologisch und auch nicht auf die zufällige Divination seitens anderer angewiesen sein mag. Die Metaphern erlauben eine individuelle kreative Veränderung des Sprachsystems, ja man kann sogar sagen, daß sie Individualität als sie selber erst verstehbar machen.«[20]

Idiosynkratische Metaphorik: es scheint, als versteckten sich in ihren Arabesken die letzten Möglichkeiten, Individualität zu benennen. Jedenfalls ist dem Metaphorischen und dem Idiosynkratischen die »Simultanität von Geltung und Nichtgeltung«,[21] das Oszillieren zwischen der Idee einer möglichen Komplizität mit anderen und einer nurmehr irritierenden Abweichung gemeinsam. Dieses Changieren zwischen dem »allgemein überindividuellen« Moment und der Möglichkeit einer »individuelle[n] kreativen Veränderung des Sprachsystems«, zwischen privatistischem Eigensinn und subversiver Neuschöp-

---

19 Nelson Goodman, *Sprachen der Kunst*, Frankfurt a. M. 1973, S. 70.
20 Eckhard Lobsien, *Das literarische Feld. Phänomenologie der Literaturwissenschaft*, München 1988, S. 67.
21 Gerhard Kurz, *Metapher, Allegorie, Symbol*, Göttingen 1988, S. 24.

fung, zwischen Prätention und Kreation, hat die Metapher verdächtig gemacht und die bekannten Verdikte provoziert (etwa den Einwand Kafkas), ohne daß die Klugen die Möglichkeit eines metaphernfreien Sprachgebrauchs auch nur ansatzweise für möglich hielten. Dieser Bewertungskonflikt gleicht dem, der die Qualifizierung des Idiosynkratischen unter dem Gesichtspunkt seines »Geltungsanspruchs« in die Ambivalenzen treibt.

Wie weit geht diese Vergleichbarkeit? Wäre es möglich, daß sich, so wie es abgedroschene, konventionalisierte Metaphern gibt, auch von vernutzten, verkitschten Idiosynkrasien sprechen ließe? Aber wären das noch Idiosynkrasien? Hier endet die Möglichkeit der Analogisierung.

### Konstitutionelle Intoleranz

In seiner *Glosse über Persönlichkeit* spricht Adorno von einer »Idiosynkrasie«, die er seit seiner Jugend gegen das Wort »Persönlichkeit« verspürt habe und von der er vermutet, daß sie in seiner »Generation von Intellektuellen recht allgemein«[22] gewesen sei. (Im Moment gibt es eine Generation von Intellektuellen, die das, was einmal eine verständliche Idiosynkrasie gegen den einst modischen Adornismus gewesen sein mag, bereits in ein kompaktes Vorurteil überführt haben.) Adorno diskutiert die Berechtigung, aber auch die Zeitverfallenheit und Kontextabhängigkeit solcher Wort-Idiosynkrasien.

Mit dem Verfall des »Ideals der Persönlichkeit« sei auch »die Idiosynkrasie gegen den Gebrauch des Wortes einigermaßen sozialisiert« worden und die Kritik an diesem Ideal habe sich ähnlich verallgemeinert »wie vordem jenes Ideal selbst«. »Der Begriff Persönlichkeit«, heißt es weiter, sei »nicht zu retten. Im

---

22 Theodor W. Adorno, *Glosse über Persönlichkeit*, in: Th. W. A., *Gesammelte Schriften*, Bd. 10. 2, S. 639.

Zeitalter seiner Liquidation jedoch wäre etwas an ihm«[23] vor der konformierenden Häme derer zu bewahren, die aus der Reklamation dieser Idiosynkrasie eine billige Demonstration ihrer vermeintlichen Kritikfähigkeit machten. Der Begriff der Persönlichkeit markiert, so gesehen, eine Leerstelle; er kann nicht mehr unschuldig positiv besetzt werden, aber in seiner vorschnellen Aufgabe liegt ein nicht hinnehmbarer Verlust. Was er meinte, kann nicht arglos veranschlagt werden, aber seine Aufkündigung muß den Verlust markieren, sie muß idiosynkratisch ambivalent bleiben, will sie nicht in die Nachbarschaft der Ranküne rücken. Meint die Rede von den »sozialisierten Idiosynkrasien« vielleicht solche, die selbst-auflösend, das heißt schon an der Schwelle zu einen Vorurteil stehend, gerade diese Struktur von Leere und Doppelung nicht mehr aufweisen?

Ein Teil des »kritischen« Journalismus lebt von solchen abgestorbenen, verallgemeinerten oder, wie Adorno sagt, »sozialisierten Idiosynkrasien«. Davon läßt sich leben, weil die Idiosynkrasien eben mehr sind als ein beliebiger subjektiver Impuls, weil sie in allgemeine Entwicklungen eingelagert sind. In dem Moment aber, in dem sie sich einer allgemeinen Verbindlichkeit ganz anverwandeln, sind sie keine Idiosynkrasien mehr. Von dieser Ambivalenz, von den Graden ihrer Gefährdung, sind die Hoch- und Verfallszeiten einer Idiosynkrasie abhängig.

So mag die Rede von der Toskanafraktion einmal einer Idiosynkrasie gegen die plötzliche und protzig zur Schau gestellte Weltläufigkeit einiger SPD-Politiker entsprungen sein, mit ihrer kostenlosen Übernahme und Verbreiterung haben sich in diese Formel längst Ressentiments und politische Kalküle eingetragen. Der Umschlag ins Vorurteil ist vollzogen. In den aktuellen kulturpolitischen Debatten wird die Abrufbarkeit solch abgesunkener »sozialisierter Idiosynkrasien« bereits gezielt ins Kalkül genommen. Ein beliebtes Spiel besteht derzeit darin, solche

---

23 Ebd., S. 644.

reflexhafte Aversionen gegen einen vermeintlichen kritisch-theoretischen mainstream, gegen linke Verschwörungen, gegen die Vormacht der Achtundsechziger abzurufen – und das zu einer Zeit, in der von all dem überhaupt keine Rede mehr sein kann, in der die Achtundsechziger in den Parlamenten längst für Staats- und Natotreue sorgen und die akademischen Eliten große Anstrengungen darauf verwenden, die wie auch immer zu bewertenden Überzeugungen, denen sie einmal ihre Karrieren verdankten, vergessen zu machen.

Diese Überführbarkeit einer (verallgemeinerten) Idiosynkrasie ins beifallbringende Vorurteil kann aber nur heißen, daß dem idiosynkratischen Impuls in der Regel keine Dauer, keine bestimmte Inhaltlichkeit und keine dauerhafte oder eindeutige Bedeutung zukommt. Vielleicht reagieren wir lebenslänglich idiosynkratisch auf Marmeladenschlieren im Buttertopf, doch viele unserer Sprach- und Formphobien sind durchaus zeitgebunden und abhängig von unseren veränderlichen Geschmackspräferenzen.

Das heißt, es existiert nicht immer eine stabile Beziehung zwischen den Phänomenen, die die idiosynkratischen Reaktionen auslösen, und unserer latenten Bereitschaft, idiosynkratisch zu reagieren. Ob ein Reiz (und beinahe alles kann zu einem werden) eine idiosynkratische Reaktion auszulösen vermag, ob wir idiosynkratisch auf einen bestimmten Reiz reagieren, hängt, wie Rorty veranschaulicht, von unseren historischen, kulturellen und nicht zuletzt alltagsästhetischen Erfahrungen ab. Diese sind jedoch nicht nur zufällig oder subjektiv beliebig, sondern in diese idiosynkratischen Konstellationen sind, wie Adorno schreibt, »Sedimente kollektiver Reaktionsweisen«[24] eingelagert. Dadurch wird die Komplizität im Idiosynkratischen möglich.

24 Theodor W. Adorno, *Ästhetische Theorie*, in: Th. W. A., *Gesammelte Schriften*, Bd. 7, S. 60.

Die Idiosynkrasie entsteht aus einer Konstellation und sie ist eine Konstellation. Als ein Misch-Phänomen, das bestehende Ordnungsvorstellungen – die auch nichts anderes sind als konventionalisierte Mischungen – durchmischt, erscheint sie zunächst als eine die von ihr Betroffenen verstörende und aufstörende Unterbrechung eines alltäglichen Ablaufs. Diese Unterbrechung entsteht, weil, ausgelöst durch einen an sich harmlos scheinenden Reiz, Unzusammengehöriges und Unverträgliches unversöhnlich aufeinanderstoßen. Hier könnte ein Unterschied zum Ekel gesetzt werden, der kompaktere Referenzen aufweist: das Schleimige, das Verwesende, das Hinfällige usw. Der Reaktionsweise des Ekels korrespondiert das Ekelhafte. Eine solche gesicherte Korrespondenz gibt es für die idiosynkratische Reaktion nicht einmal auf dem Feld des Sprachlichen. Ekel tritt möglicherweise ebenso unerwartet auf, aber er überrascht in der Qualität dessen, was ihn auslöst, die von ihm Heimgesuchten in der Regel nicht so sehr. (Der Betroffene weiß, daß er sich schon immer zum Beispiel vor körperlichen Auswürfen und Defekten ekelt.) Überdies gibt es eine starke kulturelle Übereinkunft im Verhältnis zum Ekligen. Das heißt, die idiosynkratischen Reaktionen sind, im Vergleich zu den relativ kalkulierbaren Ekelreaktionen, wesentlich beliebiger. Deshalb konnte das Ekelhafte als Variante des Unschönen, Häßlichen auch immer wieder bis in unsere Tage in Opposition zum Schönen gesetzt werden, wie Winfried Menninghaus in seiner jüngst erschienenen Arbeit über den Ekel (*Theorie und Geschichte einer starken Empfindung*) zeigte,[25] und damit einrücken in die Höhenzonen einer kunsttheoretischen Diskurstradition.

---

25 Winfried Menninghaus, *Ekel. Theorie und Geschichte einer starken Empfindung*, Frankfurt a.M. 1999. Da mir diese Arbeit leider erst kurz vor Fertigstellung des vorliegenden Buchs zugänglich wurde, konnten die in ihm reich enthaltenen Anregungen zur Thematik nicht mehr eingearbeitet werden.

Gleichwohl sind die Grenzen zwischen diesen Phänomenen fließend. Vielleicht ließe sich die folgende Unterscheidung in aller Vorsicht erwägen: Die Idiosynkrasie ist eine Reaktion, die, soweit sie bezogen wird auch auf ein körperliches Geschehen, nicht von ungefähr lange für das stand, was heute der Begriff der Allergie umgreift. Damit ist ein dramatisches Geschehen angesprochen: die aggressiven Maßnahmen des Immunsystems gegen tatsächliche (oder nur vermeintliche) schädliche Angriffe auf organische Funktionszusammenhänge. In der Übertragung dieses Kampfgeschehens auch auf die Alltagsirritationen weist sie Rückkoppelungen und Autoaggressionen auf, die der Ekel-reaktion in diesem Maße nicht zu eignen scheinen (vgl. hierzu die Ausführungen zur Begriffsgeschichte, S. 177 ff.).

Der von der Idiosynkrasie widerstandslos für einen kurzen Moment Überrumpelte erlebt in dem komplexen System geisti-ger, psychischer und physischer Balancierungen, das seine Be-findlichkeit regelt, eine Art konstellativen Kollaps, der mit der Metapher des »Kurzschlusses« oder – bei Adorno – der des »Schreckens« (vgl. hierzu die Ausführungen zu Adornos Idio-synkrasiebegriff, S. 82 ff.) oder der des unvorhersehbaren Spontanekels beschrieben werden kann.

Unabhängig von der Frage, ob der Idiosynkrasie die Bedeutung einer bloßen Überrumpelung, oder vielleicht doch die eines, wenn auch unsteten Regulativs, oder gar die eines »kritischen Organs«, also eines Korrektivs, zukommt, einer »Inventarli-ste« unserer »zufälligen Prägungen«, oder eines Impulses für die »Erweiterung unseres Sprachsystems« – soviel läßt sich sagen: Idiosynkrasie ist ausgehaltene Ambivalenz: Wer Idiosyn-krasien aushält, der wird vor Vorurteilen einigermaßen sicher sein. Aber schon dieser Satz mit seiner Tendenz zum Trivialen und Apodiktischen ist nicht angemessen. Vielleicht so: Wer idiosynkratisch anfällig die idiosynkratische Ambivalenz einb-net, ist dem Vorurteil schon verfallen. Das ist ein feiner Grat. Idiosynkrasien sind nicht programmierbar, einklagbar und daher ohnmächtig, das heißt: ohne Macht. Gefährlich sind die Versuche, ihre Spannung abzubauen, sie aufzulösen: sie auf der kognitiven Ebene ins Vorurteil, auf der affektiven ins Ressentiment und auf der ästhetischen in die Regeldoktrin zu verschieben.

*Die Idiosynkrasie – will man sie nicht marginalisieren als eine Angelegenheit der läppisch Überempfindlichen, derer, die sich, während die Welt in Trümmer fällt, über den Lippenstift am Weinglas beunruhigen – steht an der Schwelle zu beidem: sie steht in ihren rationalisierten (»sozialisierten«) Formen für den bis ins Körperliche verhärteten Dogmatismus und in ihren offenen, seismographischen Formen für – aber das ist nur eine Möglichkeit! – eine beinahe körperliche Aversion gegen jedwede dogmatische Verfestigung.*

Einer hat diese Hoffnung geteilt. Er hat auf dieses Mischphänomen gesetzt, gerade weil es so Vielfältiges in sich aufnimmt, gerade weil es, selber Impuls, aus psychischen, geistigen, ja sogar organischen Impulsen gespeist ist, weil es, ungeachtet seiner atavistischen, unzivilisierten Züge, ein Seismograph zivilisatorischer Beunruhigung sein kann; einer hat ihr eine geradezu menschheitsgeschichtliche Geltung zugesprochen: In einer Antwort auf eine briefliche Anfrage Albert Einsteins vom 30. Juli 1932, ob es denn einen »Weg« gebe, »die Menschen von dem Verhängnis des Krieges zu befreien«, und wie es möglich sei, daß sich »die Massen von ihren politischen Führern zur Raserei und Selbstaufopferung entflammen« ließen, bringt Sigmund Freud die Idiosynkrasie an entscheidender Stelle ins Spiel.[26]

Nach einem kurzen (menschheitsgeschichtlichen) Abriß über Bedeutung, Wirkung und Funktionswandel des »Destruktionstriebes«, der immer wieder in gewaltsame Auseinanderset-

---

**26** Sigmund Freud, *Warum Krieg?*, in: S. F., *Studienausgabe*, Bd. IX, Frankfurt a. M. 1974, S. 284 f.

zungen gemündet habe, gibt er seiner Argumentation eine eigentümliche Wende: Freud setzt der Einsteinschen Frage eine andere entgegen, nämlich wie es denn möglich sei, daß bestimmte Menschen so sehr *gegen* den Krieg seien: »Warum empören wir uns so sehr gegen den Krieg, Sie und ich und so viele andere ...?« und er antwortet sich selbst:

> »... ich glaube, der Hauptgrund, weshalb wir uns gegen den Krieg empören, ist, daß wir nicht anders können. Wir sind Pazifisten, weil wir es aus organischen [! S. B.] Gründen sein müssen. Wir haben es dann leicht, unsere Einstellung durch Argumente zu rechtfertigen. ... es hat organische Begründungen, wenn unsere ethischen und ästhetischen Idealforderungen sich geändert haben (...) Den psychischen Einstellungen, die uns der Kulturprozeß aufnötigt, widerspricht nun der Krieg in der grellsten Weise, darum müssen wir uns gegen ihn empören, wir vertragen ihn einfach nicht mehr, es ist nicht bloß eine intellektuelle und affektive Ablehnung, es ist bei uns Pazifisten eine konstitutionelle Intoleranz, eine Idiosynkrasie gleichsam in äußerster Vergrößerung.«[27]

Freuds Ausführungen enden schließlich mit der Überlegung, »wie lange« die solchermaßen idiosynkratisch Disponierten, geschlagen oder beschenkt mit einer »konstitutionellen Intoleranz« gegen den Krieg, wohl noch »warten« müssen, bis auch »die anderen« auf der Höhe der »Kulturentwicklung« von diesen vorbegrifflichen, ja »organischen« Empfindlichkeiten gesteuert sein werden, die sie jeder Überlegung vorgängig zu impulsiven, ja somatisch bestimmten Pazifisten machten. Darin liegt eine wilde Hoffnung. Die Sache steht nicht gut.

27  Ebd.

### Der New Look der Nerven – Ein Ausblick

Sigmund Freud, der so viel Zukunftshoffnung auf verallgemeinerte Idiosynkrasien setzte, war es auch, der gelegentlich vom Menschen als einem »Prothesengott« sprach. Der menschliche Umbau am Menschen war lange im Gange, als Freud diesen Ausdruck prägte. Die Redeweise galt dem defizitär ausgestatteten und daher um Kompensation bemühten Menschen, der immer schon (allerdings ohne ein übergreifendes Bewußtsein für die gattungsgeschichtlichen Folgen dieses Tuns) an der Optimierung dieser Spezies arbeitete, etwa durch die Weise, in der er sich ernährte, in der er sich bewegte, in der er sich fortpflanzte, seinen Körper pflegte, seine Krankheiten bekämpfte, seine Kinder aufzog. Der Ausdruck vom Prothesengott charakterisierte einen Menschen, der in »modern times«, also bereits zu Freuds Zeiten, flügellos durch die Lüfte rauschte, der auf motorisierten Rädern durch die Lande raste, der sich maschinell über Wasser hielt, die Arme werkzeugverlängert, den Takt der Zeit am Handgelenk. Die Vermessung, Zurichtung und Instrumentalisierung des menschlichen Körpers ist nichts Neues. Michel Foucault hat uns viel über seine biopolitische Konditionierung erzählt. Allerdings haben sich diese Entwicklungen seit Freuds Zeiten in einst nur von den Futuristen erahnten Dimensionen voranentwickelt. Längst drängen Marinettis Visionen zur Wirklichkeit, längst werden solche Zurichtungen in das Licht ihrer bewußten Planbarkeit gerückt.

Als Freud den Ausdruck vom Prothesengott prägte, lag die »Einführung technischer Geräte in die innere Welt, die der Eingeweide«,[28] noch nicht im Bereich des für möglich Gehaltenen. Wir aber leben lange schon damit, daß Menschen Menschen allerlei Scharniere, Gelenke und Maschinen in die Körper einset-

28 Paul Virilio, *Die Eroberung des Körpers*, Frankfurt a. M. 1996, S. 123.

zen, daß die Schritte des Herzens durch inwendige Apparate auf programmierten Trab gebracht werden, daß Herz, Leber, Niere und andere Teile unseres Inneren ersetzbar sind durch fremdes organisches und anorganisches Material. Wir leben (hinfällig wie von Anbeginn) seit geraumer Zeit auf dieser großen Körper-Baustelle des Ersatzes und des Austauschs; und ein bißchen auch auf einem Schlachtfeld. Denn mancher Austausch wird vorläufig noch erkauft durch die chemisch von Außen bewirkte Abwehr einer eigenen körperlichen Abwehr gegen das Fremde; das heißt, auf der körperlichen Seite hat dieser Umbau sehr viel zu tun mit der aggressiven Niederhaltung aggressiver allergischer Reaktionen; mögliche Abstoßungsprozesse werden durch die graduelle Ausschaltung von Immunreaktionen unterdrückt.

Als Freud vom Prothesengott sprach, waren der Eingriff in die menschliche Keimbahn, der nanotechnische, mikroelektronische und biochemische Umbau des Humanum, oder gar »die geklonte Zukunft«, nicht in Sicht, all das nicht, was wie ein Schlagwortgewitter derzeit auf uns niedergeht, was uns umtreibt, was wir eben noch für Science fiction hielten, was viele mit Grauen erfüllt und was die meisten gleichwohl im Leidensfall für ihre Rettung beanspruchen würden. Die Jüngeren sehen ihre Zukunft zunehmend in den Raum dieser Möglichkeiten gestellt, von denen wir nicht wissen, ob sie uns faszinieren dürfen – beängstigen tun sie uns allemal, weil diese Perspektiven, wie Paul Virilio in seinem Buch über *Die Eroberung des Körpers* 1993 schrieb, die Grenze zwischen dem Eigenen (Körper) und dem Anderen (Fremden), dem Drinnen und dem Draußen verschwimmen lassen.

Paul Virilio prognostiziert »nanotechnische Überreizungen«, die zunehmend die für natürlich gehaltenen »Lebensrhythmen« ersetzen[29] und unsere nervlichen, affektiven, motorischen und kognitiven Reizbarkeiten grundsätzlich verändern werden.

29 Ebd., S. 130.

Selbst wenn man die brisanten Fragen, die diese Entwicklung
uns aufnötigt, für diesen Zusammenhang einmal ausblendet
(etwa die, welche dieser zum Teil sehr düsteren Zukunfts-
prognosen mit welchen Wahrscheinlichkeitsgraden versehen
werden können, oder die nach der Durchsetzbarkeit einer bio-
ethischen und biopolitischen Steuerung), allein schon die Vorstellung von diesen Möglichkeiten unterminiert die liebgewor-
dene Idee vom ganzen, in sich geschlossenen, intakten, gesunden
Körper, sie zerstört die Illusion von einer unberührbaren Sub-
stanzhaftigkeit unseres leib-seelischen Seins, von der Integrität
des »natürlichen« Körpers. Da erscheint uns die nachvollzieh-
bare Idiosynkrasie, die Adorno gegen den Begriff der Persönlichkeit hatte, geradezu wie die rührende Nachricht aus einer vergangenen Welt.

Nach Paul Virilio sind wir längst Betreiber und Opfer gewalti-
ger biotechnologischer Revolutionen; wir erleben

> »den Beginn der allerjüngsten Revolution, diejenige der
> *Transplantationen* nämlich, die mit der Macht verbunden
> ist, den Körper mit stimulierenden Techniken zu bevöl-
> kern, was sage ich: zu versorgen, ganz so, als würde die
> Physik (die Mikrophysik) in einen direkten Wettbewerb
> mit der Chemie der Nahrungsmittel und der Rauschgifte
> eintreten wollen ...«[30]

Damit aber nicht genug: Auch der Willkür und Regellosigkeit
jenes skizzierten Bündels organischer (nervlicher), seelischer
und kognitiver Impulse, könnte, wenn wir Virilios Prognostik
Glauben schenken, unter dem regelgebenden Ansturm der
neuen Biotechnologien in regelgerechten Takt gebracht, der
Garaus gemacht werden.

> »Die Förderung der Muskelbildung oder der Gelenkigkeit
> erfolgt nicht mehr allein mit Hilfe rhythmischer Übungen
> oder anaboler Substanzen, sondern die *Nervenfunktionen*,

---

30 Ebd., S. 110.

die Vitalität des Gedächtnisses oder der Einbildungskraft werden *stimuliert*, wodurch man eine Umstrukturierung der Empfindungen anhand buchstäblich mnemotechnischer Praktiken in die Wege leitet.«[31]

Schon erscheint das Gespenst des gezüchteten, manipulierten, selektierten, außengesteuerten Roboter-Menschen. Wir sollten uns aber, bevor wir uns ganz dem Grauen überantworten, vergegenwärtigen, daß diese Entwicklungen untrennbar verschränkt sind mit dem Versuch, Leiden zu minimieren, zum Teil sogar in Gang gebracht wurden durch das Bemühen, die Übel einzudämmen, das Leben besser zu machen. Wer würde denn in krankheitsbedingter Todesgefahr der kulturpessimistischen Einsprüche achten und Transplantationshilfe oder myoelektrische Prothesen verweigern? Wer, wenn er, lädiert, die Chance in Aussicht gestellt bekäme, wieder sehen, hören, schmecken, fühlen, gehen, denken, erinnern zu können, würde sich wirklich gegen eine intraorganische Prothetik, gegen den Chip im Innern, den Schaltkreis im Hirn wehren? Der Gedanke, daß Wohltat und Barbarei verträgliche Weggefährten sein können, die Rede von der Dialektik des Fortschritts also, mag ja zur Binsenweisheit verkommen sein, falsch ist sie deshalb nicht und wohl etwas zu vorschnell auf dem postmodernen Müllhaufen gelandet.

Wachsamkeit sei geboten; wir sollten die Warnung Virilios, der die Gefahr einer Auslöschung auch unserer letzten Eigentümlichkeiten heraufkommen sieht, nicht unbeachtet lassen:

»... denn die *kognitive Ergonomie* ist bereits damit beschäftigt, die letzte Form des menschlichen Designs zu entwickeln. Hierbei handelt es sich um die Züchtung konditionierter Reflexe, das Metadesign der Bewußtseins- und Wahrnehmungsfähigkeiten, bei dem die Herrschaft der Informatik schließlich den Körper des Patienten diesseits der Kleidung oder der Uniform erreicht, indem sie

---

31 Ebd., S. 114.

eine neue Art ›intimer Unterwäsche‹ hervorbringt, bei der
die Gestaltung der nervlichen Reaktionen das Design des
Konsumobjekts im Industriezeitalter ablöst.«[32]

Wenn von einer »Züchtung konditionierter Reflexe«, vom »Be-
wußtseinsdesign« und von einer »Gestaltung nervlicher Reaktionen« die Rede ist, so betrifft das unmittelbar unser Thema:
die Idiosynkrasien. Dieser Blick in die Zukunft zeigt uns eine
technische Kolonialisierung unseres Inneren, die eine Kontrollierbarkeit, eine Entmischung und eine Ausschaltung jeglicher
Kontingenz zur Folge hätte, so daß schließlich nicht nur die vor-
mals eigentümlichen Regungen konditioniert, kanalisiert und
selektiert, sondern auch die Bedingungen ihrer Möglichkeiten
(das, was wir bislang für ein relativ stabiles Rahmenwerk hielten) selber mit in die Dynamik dieses biotechnologischen Trans-
formationsprozesses eingezogen würden.

Werden die Idiosynkrasien das große Programm der biotechnologischen Körperinvasion und Transformation überleben? Werden sie weiterhin im Interface von Mensch und Maschine als
Schnittstellengespenster spuken, als letzte störende, gefährlich
aversive Ausdrucksform einer eigenen Mischung? Wird es in
diesen – jetzt zwar bewußt initiierten, aber in ihren Folgen völlig
unübersehbaren – Selbsterneuerungsprozessen der Gattung
Mensch noch so etwas geben wie eine zufallsblinde Prägung unseres Selbst, so etwas wie einen eigenen Ton, das »Menschliche
in seinen Eigenheiten« (Goethe), die Idiosynkrasien als letztes
Asyl der Individualität (Benjamin), als »Hausgrille« (Kant), oder
werden diese eigentümlich gemischten Regungen, eingelassen in
kybernetische Netze, unter den Steuerungsdiktaten eines bio-
physikalisch angetriebenen Körpers, eines biochemisch strukturierten Seelenlebens und eines biotechnisch rhythmisierten Be-
wegungsablaufs unter dem Einfluß »intelligenter Tabletten«
und »intelligenter Maschinen« endgültig versiegen. Wer weiß?

---

32 Ebd., S. 125.

# Des Menschen widrig Gesicht
## Ein Exkurs über eine Szene im »Faust«

Es ist eine viel zitierte Szene, von der hier die Rede sein soll. Gleich zu Beginn stellt Margarete ihre berühmte Frage: »Nun sag', wie hast du's mit der Religion?«[1] Und ebenso bekannt ist der rhetorische Aufwand, mit dem Faust, der Teufelsbündler, ihrer klaren Beantwortung ausweicht. Weniger beachtet wurde, daß es im zweiten Teil dieser Szene nicht nur um Konfessionen, sondern auch um Aversionen geht. In einer Art Selbstdiagnose beschreibt Margarete nämlich alle Symptome ihrer heftigen idiosynkratischen Reaktion auf die Erscheinung des diabolischen Freundes von Faust.

> »MARGARETE
> Der Mensch, den du da bei dir hast,
> Ist mir in tiefer inn'rer Seele verhaßt;
> Es hat mir in meinem Leben
> So nichts einen Stich in's Herz gegeben,
> Als des Menschen widrig Gesicht.«[2]

Es ist nicht zu verkennen: Gretchen mag den Teufel gleich nicht und gar nicht. Und sie mag ihn auch nicht kennenlernen. Sie will es offensichtlich bei der ersten Wahrnehmung belassen: Er ist für sie ein namenloser Mensch, der fatalerweise zur Kenntnis genommen werden nehmen muß, weil Faust ihn »bei sich hat«. Die Figur erläutert das, was ihr widerfährt, als eine intuitive Reaktion, als die Sensation einer urplötzlichen Abneigung, als ein Diktat tief inwendiger Instanzen: ihrer Seele und ihres Herzens.

---

1 Johann Wolfgang Goethe, *Faust I*, in: J. W. G., *Sämtliche Werke*, Bd. 7/I, hg. v. Albrecht Schöne, Frankfurt a. M. 1994, S. 148.
2 Ebd., S. 150.

Es ist ein passivisches und elementares Geschehen. So elementar, daß eine Todesmöglichkeit – ein Stich ins Herz – zur Bebilderung angemessen erscheint. Zwar ist der körperlich empfundene Spontanekel dem Gretchen nicht ganz fremd – sonst wäre ja die vergleichende Steigerung nicht möglich –, aber »so« stark war dieser Widerwille in ihrem ganzen Leben noch nie. Der Beschreibung der eigenen inneren und körperlichen Sensationen folgt die des externen, sie auslösenden Phänomens. Es ist »des Menschen widrig Gesicht«. Und in der Prädikation »widrig« ist auch schon die Wertung dieses ersten Eindrucks enthalten. Daß die Erscheinung Mephistos bei Gretchen eine heftige psychisch und physisch signalisierte Aversion bewegt, liegt, nach der Erklärung, die der Figur selber in den Mund gelegt ist, nicht nur an ihrer eigenen leib-seelischen Verfassung, sondern beansprucht eine allgemeine Geltung, die – das wird suggeriert – über eine subjektive Zufallsdisposition hinausweist. Das Gesicht des »Menschen« ist für Gretchen nicht nur ein Gesicht, das *ihr* zuwider ist, es ist *objektiv* »*widrig*«.

Die schalen Begütigungen, die Faust in diesen monologischen Ausbruch der Margarete einstreut, verfehlen ihren Zweck allein schon deshalb, weil gegen Idiosynkrasien keine Beschwichtigungen helfen. Überdies sind diese Begütigungen mit Notwendigkeit schal: sie sind das doppelzüngige Ergebnis einer doppelten Gebundenheit. Das Bündnis der Liebe, das Faust mit Margarete will, kann er nur eingehen auf der Grundlage des Bündnisses, das mit Mephistopheles bereits besteht, doch er vor Margarete nicht haben darf. Sein Ziel ist allein dann erreichbar, wenn er die besonderen Fähigkeiten seines zweifelhaften Begleiters gauklerisch in Anspruch nimmt und gleichzeitig alles daran setzt, dessen gauklerischen Charakter zu verbergen.

Die Figur Faust ist als eine wissende inszeniert, die selbstverständlich weiß – und das macht den Witz dieser Szene aus –, daß die Figur des als »Mensch« verkleideten Teufels nach einer alten kulturgeschichtlichen Verabredung für das bestürmte und bedrängte Gretchen die unverstellte Verkörperung des Bösen sein muß. Vor dem Hintergrund dieser unverstellten kulturellen Konnotationen und des Wissens von ihnen muß er Margaretes unwissentlichen Aversion eigentlich recht geben, was er indes, um das Geheimnis seines Paktes zu wahren, nicht kann. Das hingegen weiß Gretchen nicht, aber Gretchen muß nicht wissen, für die Konstruktion »Gretchen« ist das Bauelement Wissen geradezu abträglich: Gretchen ahnt und fühlt.

> »Es ist so schwül, so dumpfig hie ... Es wird mir so, ich
> weiß nicht wie – ... Mir läuft ein Schauer über'n ganzen
> Leib – «[3]

Das Zentrum dieser Ahndungen ist ihr Herz, in dem sie beim Anblick des maskierten Teufels einen Stich verspürt. Das Herz ist nach Maßgabe dessen, wie im 18. Jahrhundert das Weibliche gerne gedacht wurde, das zentrale Organ ihrer schlichten Harmonie, ihrer ursprünglichen Einheit, ihrer natürlichen Tugend. Faust muß ein bißchen so tun, als glaubte er, Gretchen, »der ahnungsvolle Engel«, habe ein bloßes Vorurteil, was ja zutrifft, sie aber als Sturm-und-Drang-Unschuld eigentlich nicht haben darf. Die Szene läßt sich nämlich *auch* lesen als die veranschaulichte Umwandlung einer Idiosynkrasie in ein Vorurteil (in das, was Adorno die »*rationalisierte Idiosynkrasie*« nennt; vgl. das Kapitel über Adornos Idiosynkrasiebegriff, S. 79 f.), unabhängig von der naheliegenden und bekannten Lesart, der zufolge natürlich alle: die Leser, der Autor und Faust, wissen, daß Mephisto, der skeptische Spötter, das Prinzip der Negation vertritt, durch das die unbewußte Harmonie, die unverstellte Frömmigkeit, die natürliche Einheit und stille Einfalt der Margarete im Kern – ungeachtet aller äußerlichen Drangsale – eigentlich nicht aus der Balance gebracht werden können.

Wäre es aber dem entgegen nicht doch denkbar, daß diese literarische Konvention in der hier verhandelten, scheinbar so ein-

3 Ebd., S. 117 f.

schlägigen Szene, in welcher Gretchen den Teufel spürt, schon irritiert wäre? Ist es möglich, daß Gretchen, diese Ikone der Unschuld, die selbst durch die schlimmsten äußeren Schuldverstrickungen ihre innere Einheit nicht verliert, zugleich gezeigt wird, wie sie nur mehr mit dem Mittel des Vorurteils, also einer schlechten Vereindeutigung des Idiosynkratischen, ihre Einheitlichkeit zu sichern vermag?

Als Goethe das Faust-Drama zu seinem Ende brachte, gehörten die leib-seelischen Einheitskonzepte des Sturm und Drang und die geschichtsphilosophisch aufgeladenen Ganzheitskonzepte, wie sie die Empfindsamkeit für das Weibliche entwickelt hatte, schon zur Ideengeschichte. Mit den Versatzstücken dieser Konstruktionen wird der Autor im zweiten Teil des Faust-Dramas offen sein geniales Spiel treiben. Und auf diesem Experimentierfeld wird Gretchen wiederkehren im Schlußchor des Operettenschlusses, allegorisiert zu »Una Poenitentum (sonst Gretchen genannt ...)«.

Hier aber, in der frühen Szene des *Faust I*, trifft Margaretes unbewegte Harmonie auf die dissonante Beweglichkeit des Mephistopheles, auf eine Figur, die weit über die anfängliche Konzeption hinaus auf ihre spätere Entfaltung im Doppeldrama verweist.

Mephisto, »des Chaos wunderlicher Sohn«, ist der gefallene Engel, die lustige Person, der in die Jahre gekommene Taschenspieler – ein Aufklärer und Antiaufklärer in einem –, ihm sind das Uneindeutige, das Kombinatorische, das Konstellative, das Unverträgliche und das Ungleichzeitige eingeschrieben, er jongliert mit den semantischen und metrischen Codes (schließlich ist er es, der im Zweiten Teil das Klassische ins Nordische und das Nordische ins Klassische verwirbeln wird); Mephisto ist eine Gestalt mit vielen Zuständigkeiten, die ebenso befreundet ist mit dem mythologischen Personal der griechischen Antike wie mit den Geistern der heidnischen Frühzeit und den Hexen des Spätmittelalters, eine Gestalt, die aber auch ein gutes Verhältnis zu einem

kleinen Irrlicht hat; Mephisto ist der Verwandlungskünstler, der
ständig ganze Raum- und Zeitkonstellationen ineinander verschiebt und der nicht zuletzt sich selbst permanent wandelt, verwandelt und anverwandelt; er ist ein Teufel, der mit seiner Idiosynkrasie gegen Drudenfüße und »hohe Worte« am Ende
zuweilen menschlicher als Faust erscheinen wird, dem er zunächst als Pudel begegnete; Mephisto ist ein Artist, der alles ver-
knüpft und nichts versöhnt, der sich gern in paradoxen Sprachfi-
guren bewegt. Kann in diesem Teufel nicht das Paradox einer
flüchtigen Personifikation der Idiosynkrasie gesehen werden?
Wenn man die Figurenkonstellation aus dieser Perspektive betrachtet, reagierte Gretchen idiosynkratisch auf das Idiosynkratische an Mephisto. Und in der Umwandlung ihrer eigenen Idiosynkrasie in die Sicherheit eines Vorurteils suchte sie ihre Einheit
als Dramenfigur des 18. Jahrhunderts vor dem zeitchaotischen
Ansturm der teuflischen Vielfalt zu retten. Aber ihre zeichen-
kundlichen Anstrengungen helfen ihr, wie der Handlungsverlauf
zeigt, nicht wesentlich. Die Künstlichkeit ihrer »natürlichen«
Einheit kann am Ende nur durch einen externen Eingriff, durch
einen göttlichen Ruf aus dem Bühnenboden, gerettet werden.
Dem eigentlichen Verursacher all ihrer Leiden steht sie arglos
gegenüber. Heinrich Fausts Antlitz erregt keinen Argwohn, im
Gegenteil: sie empfindet spontane Zuneigung:

> »MARGARETE
>
> (...)
>
> Er sah gewiß recht wacker aus,
>
> Und ist aus einem edlen Haus;
>
> Das konnt' ich ihm an der Stirne lesen – «[4]

Auch hier verwandelt sie ihre Intuition mit Hilfe einiger phy-
siognomischer Anhaltspunkte in ein positives Vorurteil: Sie
glaubt, Heinrich Faust sei ein »herzlich guter Mann«. Vor ihm
wird es ihr erst am Schluß des ersten Teils grauen.

---

**4** Ebd., S. 115.

Zurück aber zu jener Szene, in der sie sich – noch ganz im
Kostüm des Sturm und Drang – nur vor Mephisto fürchtet:

> »FAUST
>
> Liebe Puppe, fürcht' ihn nicht!
>
> MARGARETE
>
> Seine Gegenwart bewegt mir das Blut.
>
> Ich bin sonst allen Menschen gut;
>
> Aber, wie ich mich sehne dich zu schauen,
>
> Hab' ich vor dem Menschen ein heimlich Grauen,
>
> Und halt' ihn für einen Schelm dazu!
>
> Gott verzeih' mir's, wenn ich ihm Unrecht tu'!«[5]

Wir kennen sie jetzt schon, die Berufung auf die Körpernatur.
Der Körper spricht. (Die Natur kann nicht lügen!) Diesmal
wird in einer Art Steigerung (vom Herz zum Blut) das Blut,
»der ganz besondre Saft«, ins Spiel gebracht. Das Blut scheint
archaischer, gleichsam »naturnäher« als das Herz, das im
18. Jahrhundert bereits eine kulturell beanspruchte Vermitt-
lungsfunktion erfüllen muß. Das Blut liefert eine Suggestion,
die vom idiosynkratischen Erröten bis zum Verbluten eine
ganze Skala von Assoziationen in Gang setzen kann. Margarete beklagt die Störung einer Harmonie. Der Auftritt des Mephistopheles zerstört den Einklang, in dem sie »sonst« offensichtlich nicht nur zu sich selbst und zu ihrer inneren Natur,
sondern auch zu anderen Menschen steht. Die Regung der Abneigung wird in eine Beziehung zu der der Liebe gebracht, das
heißt: das Sehnen der Liebe, das Sehnen, Faust »zu schauen«
steht für Gretchen in einem umgekehrt proportionalen Verhältnis zum Grauen, das sie beim Anblick des Mephistopheles be-
fällt. Dem folgt – etwas abrupt – eine direkte Beschimpfung:
Mephistopheles ist, laut Gretchen, ein »Schelm« (wobei zu be-
achten ist, daß dieses Wort in den späteren Zeiten eine Verharmlosung erfahren hat). Ihre Worte sind eine spontane

5 Ebd., S. 150.

Schmähung. Da diese aber nur auf einer Intuition beruht und sich im ersten Moment noch keine guten Gründe für ihre Berechtigung finden lassen, ist sie begleitet von einem schlechten Gewissen: Gretchen bittet prophylaktisch vor Gott um Vergebung. »Gott verzeih' mir's, wenn ich ihm Unrecht tu'!«

Die Antwort des Faust scheint – kennten wir seine Motive nicht besser – geprägt von jenem Bemühen um Liberalität und Toleranz, das Roland Barthes für notwendig hält, um ein duldendes Nebeneinander unterschiedlicher Körperindividualitäten mit ihren idiosynkratischen Dispositionen zu gewährleisten. Sie könnte – modisch betrachtet – fast als ein multikultureller Appell gelesen werden.

»FAUST

  Es muß auch solche Käuze geben.

  MARGARETE

  Wollte nicht mit seines Gleichen leben!

  Kommt er einmal zur Tür herein,

  Sieht er immer so spöttisch drein,

  Und halb ergrimmt;

  Man sieht, daß er an nichts keinen Anteil nimmt;

  Und steht ihm an der Stirn' geschrieben,

  Daß er nicht mag eine Seele lieben.

  Mir wird's so wohl in deinem Arm,

  So frei, so hingegeben warm,

  Und seine Gegenwart schnürt mir das Inn're zu.«[6]

Es sind die Merkmale eines Intellektuellen, die Gretchen hier reklamiert. Ihre Rede bewegt sich jetzt weg von der bloßen Erscheinung Mephistos und geht über zu dessen moralischer Qualifikation. Sie bemängelt nun das Spöttische, das Grimmige, das sie in und an ihm wähnt. Und die Figur des Teufels wird in eine heikle vergleichende Beziehung zu Faust gebracht: Während dieser ein Gefühl der Erweiterung, der hingebungs-

6 Ebd., S. 150f.

vollen Verschmelzung in ihr hervorruft, provoziert jener das des Eingeschnürtseins, der Enge.

Mit der Diagnose seiner grundsätzlichen Distanz zu anderen, in der sie die Unfähigkeit zur Anteilnahme, ja eine Liebesfeindlichkeit zu erkennen glaubt, erhält sie offenkundig vor sich selbst endlich die Berechtigung, ihm – in Anlehnung an die für sie vermutlich einzige beglaubigte Schrift – das Kainsmal von der Stirn abzulesen, so wie sie bei der ersten Begegnung mit Faust das »Wackere« und die »edle« Herkunft auf dessen Stirn zu lesen glaubte. Diese Lesekunde läßt Faust etwas aus der Doppelrolle fallen:

> »FAUST
>
> Du ahnungsvoller Engel du!
>
> MARGARETE
>
> Das übermannt mich so sehr,
>
> Daß, wo er nur mag zu uns treten,
>
> Mein' ich sogar, ich liebte dich nicht mehr.
>
> Auch wenn er da ist, könnt' ich nimmer beten,
>
> Und das frißt mir in's Herz hinein;
>
> Dir, Heinrich, muß es auch so sein.«
>
> FAUST
>
> Du hast nun die Antipathie!«[7]

Noch einmal werden die Zuneigung zu Faust und die Abneigung gegen Mephisto in eine Beziehung gebracht – allerdings in einer für Faust nun schon bedrohlicheren Variante: Die Abneigung gegen Mephisto bedeutet eine mögliche Gefährdung für die Zuneigung zu Faust: die Idiosynkrasie »frißt« ihr »in's Herz hinein«, sie frißt die Liebe – das aber heißt, daß der Idiosynkrasie eine vernichtende Macht zugesprochen wird. Margarete zeigt sich fassungslos darüber, daß der geliebte Mensch nicht dieselbe Aversion im selben Moment demselben Phänomen gegenüber

7 Ebd., S. 151 (zum Begriff der Antipathie vgl. das Kapitel »Der Ordnung halber« S. 175 ff.).

hat. Diese Erfahrung zerfrißt alle erotischen Verschmelzungs-
phantasien. Es ist die Erfahrung eines Risses, einer grundsätzlichen Getrenntheit. Die Bewegung der »Hingebung«, von der
Margarete spricht, wird jäh durch die der Befremdung unterbrochen. Um diese Bedrohung von der Liebe abzuwenden und um
aus der Einsamkeit des Idiosynkratischen herauszukommen –
denn sie bringt sie in jene Distanz zur Umwelt, die sie an Mephisto nicht mag –, fordert Margarete einschlägig die idiosynkratische Komplizenschaft ihres Galans ein. Auch das gibt der Szene
etwas Absurdes: denn man kann die Idiosynkrasie nicht – wie
etwa die Gemeinsamkeit im Vorurteil – einfordern; überdies
lebt Faust ja schon in einer Komplizenschaft ausgerechnet mit
dem Objekt der Aversion: mit Mephisto.

In einer nachfolgenden Szene wird dieses Gespräch zwischen
Faust und Margarete von Mephisto selbst noch einmal zitiert
und kommentiert.

> »MEPHISTOPHELES
>     Und die Physiognomie versteht sie meisterlich.
>     In meiner Gegenwart wird's ihr sie weiß nicht wie,
>     Mein Mäskchen da weissagt verborgnen Sinn;
>     Sie fühlt, daß ich ganz sicher ein Genie,
>     Vielleicht wohl gar der Teufel bin.«[8]

8 Ebd., S. 152f. Zum Begriff der Physiognomie vgl. das Kapitel »Lichtenbergs Buckel«, S. 61 ff. sowie den Stellenkommentar Albrecht Schönes:
»Seit 1775 erschienen Lavaters ›Physiognomische Fragmente, zur Beförde-
rung der Menschenkenntnis und Menschenliebe‹ (…) – Die im Herbst
1774 einsetzende Mitarbeit Goethes an Lavaters Unternehmen fällt in die
mutmaßliche Abfassungszeit dieser bereits in der ›Frühen Fassung‹ enthaltenen Passage. So impliziert sie keineswegs schon seine spätere Lavater-
Kritik. Wohl aber liefert sie eine Lavater-Anspielung, unübersehbar für
eingeweihte Zeitgenossen und von wahrhaft mephistophelischem Witz.
Das müßte als beabsichtigt gelten, wenn das zur Rede stehende Textstück
erst nach dem September 1775 und nach Goethes Übersiedlung nach Weimar verfaßt wäre (was nicht auszuschließen ist, hierdurch sogar wahrscheinlich wird). Anderenfalls hätten die Zuhörer bei Goethes ›Faust‹-Le-

Mephisto macht sich lustig über das Gewand der Physiognomik, in das Margarete die Rationalisierung ihrer idiosynkratischen Reaktion einkleidet – ein in der Zeit beliebtes Gesellschaftsspiel, bei dem man Plausibilitäten durch Tautologien erzeugte: Die äußeren Merkmale einer Person werden in der sprachlichen Beschreibung so qualifiziert (widrig, grimmig), daß sie die Bestimmung einer inneren moralischen Qualifikation immer schon enthalten. Hier erweist sich Margarete als gute Schülerin Lavaters. Es handelt sich um den Versuch, dem willkürlichen Gaukelspiel mit einer normativen Physiognomik zu begegnen. Margarete bietet schlechte Gründe für eine berechtigte Idiosynkrasie auf. Wie wenig auch von ihrer gesichtskundlichen Auslegekunst, über die Mephistopheles spottet, zu halten sein mag, ihrer ersten Reaktion, ihren abwehrenden Reflexen kann die Berechtigung nicht abgesprochen werden: denn gewiß ist Mephisto ein origineller Regelsetzer und Regelzerstörer – ein Genie eben –, aber ebenso gewiß ist er das Böse schlechthin – der Teufel eben –, und der steckt bekanntlich (ganz wie bei der Idiosynkrasie) im Detail. Und so hat das Gretchen am Ende ganz gegen die eigenen Versuche einer sprachlichen Rechtfertigung und einer physiognomischen Regelgebung ihres diffusen Unwillens in eben dieser Diffusität des Unwillens doch regellos recht behalten.

sungen – und später die zeitgenössischen Leser – Mephistos Schlußverse gewiß von sich aus auf die ›Physiognomischen Fragmente‹ bezogen. Denn in deren Ostern 1776 erscheinendem 2. Bd. 194 ff. hat Lavater zu großem öffentlichen Aufsehen und Amüsement berichtet, was Goethe jedenfalls seit September 1775 bekannt war: daß ihm der Hannoversche Leibarzt Zimmermann die Silhouette eines Unbekannten zur physiognomischen Begutachtung übersandt habe – bei dem es sich um den gerade in Einbeck vor Gericht stehenden mehrfachen Mörder Rüttgerodt handelte. Sein Urteil bei diesem ›Blindversuch‹ habe gelautet: ›das größte, schöpferische Urgenie, dabey drollig und boshaft witzreich‹ – Zimmermann aber habe berichtigt: ›die Physiognomie eines Unmenschen; eines eingefleischten Teufels‹.« J. W. G., *Faust. Kommentare*, von Albrecht Schöne, in: J. W. G., *Sämtliche Werke*, Band 7/2, Frankfurt a.M. 1994, S. 327 f.

# Lichtenbergs Buckel
## *Idiosynkrasie und Physiognomie*

»Da saß nun der große Mann, und sah seinen jungen Katzen zu.«[1]

»Was übersehe ich wohl hierin, wegen meinem eingeschränkten Verstand.«[2]

»Ich sehe das Grab auf meinen Wangen.«[3]

»Wer ist dieser *Ich?*«[4]


## *Zeichnungen*

»Er liebte Pfeffer und gezackte Linien«,[5] und er kannte zweiundsechzig »Arten das Gesicht mit einem Ellbogen und einer Hand zu unterstützen«.[6] Er beschäftigte sich mit der Frage, ob »man wohl vor Scham rot im Dunkeln« wird,[7] und er hat »gefunden, daß sich der Charakter eines Menschen aus nichts so sicher erkennen läßt (...) als aus einem Scherz, den er übel nimmt«.[8] Er notierte sich: »Es gibt Leute, die kein Blut und manche die

1 Georg Christoph Lichtenberg, *Sudelbuch,* D 527, Bd. I; Lichtenberg wird hier und im folgenden zitiert nach G. Ch. L., *Schriften und Briefe,* hg. v. Wolfgang Promies, München 1968.
2 Ders., *Sudelbuch,* KA. Bd. II, *Füllhornbuch,* 332.
3 Ders., *Sudelbuch,* F 488, Bd. I.
4 Ders., *Sudelbuch,* K 38, Bd. II.
5 Ders., *Sudelbuch,* F 995, Bd. I.
6 Ders., *Sudelbuch,* L 142, Bd I.
7 Ders., *Sudelbuch,* K 115, Bd. II.
8 Ders., *Sudelbuch,* K 118, Bd. II.

keinen Degen sehen können«,[9] und er hielt eine Sprachidiosynkrasie des »berühmte(n) Campe« für überlieferungswürdig:
daß diesem nämlich das »deutsche Wort Schrank unbeschreib-
lich unangenehm«[10] geklungen habe. Ihm »selbst sei« zum
Beispiel das Wort »*unvergleichlich* im Deutschen ganz unvergleichlich erbärmlich« erschienen.[11]

Lichtenberg hatte bekanntlich einen Buckel. Dieser Buckel war
ein Mehr. Er fügte seiner Gestalt etwas zu. Jedem, dem etwas
angehört, was der Spezies, der er angehört, nicht mit Notwendigkeit angehört, werden notwendig die Probleme der Vergleichbarkeit und Unvergleichbarkeit früher und greller ins
Bewußtsein rücken als anderen. Das ist eine psychologische
Binsenweisheit und überdies, was den Buckel betrifft, eine In-
diskretion post mortem, die Gelegenheit schafft, sich große
Tote lebendig, klein und damit vergleichbar zu machen. Schon
zu Lebzeiten war der kranke »kleine Professor«, wie er sich
gelegentlich selbst benannte (eine Selbstbenennung, die keine
Lizenz zur Weiterverwendung erteilt, sondern um Diskretion
in dieser Sache bittet), das Opfer mancher als Einfühlung ge-
tarnten Gehässigkeit. Riemer überliefert eine monströse Psychologisierung durch den großen Humanisten aus Weimar:

> »Lichtenberg's Wohlgefallen an Caricaturen rührt von sei-
> ner unglücklichen körperlichen Constitution mit her, daß
> es ihn erfreut, etwas noch unter sich zu erblicken. –
> Wie er sich wohl in Rom gemacht haben würde beim An-
> blick der Kunst? Er war keine konstruktive Natur, wie
> Äsop und Sokrates; nur auf Entdeckung des Mangelhaf-
> ten gestellt.«[12]

9 Ders., *Sudelbuch*, F 779, Bd. I.
10 Ders., *Sudelbuch*, J 303, Bd. I.
11 Ders., *Sudelbuch*, L 141, Bd. I.
12 J. W. v. Goethe, Gespräch mit Riemer, März 1906, in: *Goethes Gesprä-
che*, hg. v. W. v. Biedermann, Bd. 2, Leipzig 1889, S. 26.

In diesen Goethe zugeschriebenen Worten wird am Leitbild des antiken Leibes das Mehr des Buckels normativ morphologisch in ein Weniger verwandelt. Lichtenberg hatte, um beim Körperlichen zu bleiben, eine gute Nase für schlechten Stil, und es ist wohl anzunehmen, daß er auf die Erbärmlichkeit vergleichbarer Verkehrungen unvergleichlich, das ist: idiosynkratisch, reagiert hat. (Jede Idiosynkrasie ist im blitzartigen konstellativen Zusammenspiel ganz heterogener Momente des Äußeren und des Inneren, in der jeweiligen Komplexion körperlicher, seelischer und geistiger Sensationen, in der plötzlichen allergischen Aktualisierung verschütteter Erinnerungspartikel, in der Unvorhersehbarkeit der Konfigurationen, durch die sie entsteht, und der Reaktionen, die sie auslöst, unvergleichlich.[13])

Die Aufzeichnungen des gezeichneten Lichtenberg sind gezeichnet von dem Versuch, sich durch Pointierung, Wiederholung und Variation gegen die Überempfindlichkeit zu immunisieren. Es gibt kleine Erfolge: dort zum Beispiel, wo eine unwillkürliche Aversion gegen eine versteckte und begrifflich schwer zugängliche Verlogenheit sprachidiosynkratisch auf eine Pointe gebracht werden kann. Aber die unwillkürliche Entladung, die sich durch die befreiende Wirkung eines Witzes ergibt, ist ebenso explosiv, exklusiv, situativ und singulär wie der Geistesblitz oder die Ekelkonstellation, die ihn provoziert. Lichtenberg, der als chronisch und vielfältig kranker Mann vielfältige Gründe zur selbstbeobachtenden Wachsamkeit hatte, machte sich gelegentlich lustig über die eigene Hypochondrie. Ralph-Rainer Wuthenow spricht sogar von »Selbst-

13 In einem lesenswerten Aufsatz von Manfred Schneider wird das Moment des Idiosynkratischen direkt angesprochen. Es ist dort die Rede von den »allergischen Reflexen« Lichtenbergs und von seiner »komplexen idiosynkratischen Selbst- und Weltwahrnehmung«. Vgl. Manfred Schneider, *Lichtenbergs ungeschriebene Autobiographie*, in: *Fugen. Deutsch-Französisches Jahrbuch für Text-Analytik*, 1980, S. 114-124.

verspottung«.[14] Mit dieser distanzierenden Verdoppelung: der demonstrierten Empfindlichkeit gegen die Demonstrationen der eigenen Empfindlichkeit, war eine Distanz geschaffen zu der robusten und gradlinigen Ernsthaftigkeit, mit der sich einige seiner Zeitgenossen am Programm der Empfindsamkeit kulturell gesundstießen. Der doppelte Hypochonder, ein Kranker, der idiosynkratisch der eigenen Empfindlichkeit gegenüber den eingebildeten Kranken gibt, war als Programmnummer gegen das empfindsame Programm dazu angetan, nicht nur dieses, sondern jedwedes Programm empfindlich zu stören. Das ist eine imaginäre Spukfigur, wie sie auch in der Gestalt des »doppelten Prinzen« die Lichtenbergschen Schriften durchgeistert: die schmerzhaft witzige Vorstellung etwa, daß zwei miteinander verwachsene Hälften des Ich, zunehmend allergisch aufeinander reagierend, fürderhin weder eines noch ein anderes und auch nicht zwei sein können.[15] (»Der eine liebt die Bälle, der andre die Astronomie. Es wird alles entweder mit Würfel[n] oder mit Ohrfeigen ausgemacht.«[16])

Aber auch die Erzählung vom »doppelten Prinzen« wurde, bevor sie von einem antiprogrammatischen Skepsis-Programm »entbunden« werden konnte, endlos, das heißt bis zum Ende des Lebens aufgeschoben. (»Das Wort Entbindung ist zweideutig; es kann auch den Tod bedeuten.«[17]). Die unvergleichliche Ausfor-

---

14 Ralph-Rainer Wuthenow, *Das erinnerte Ich. Europäische Autobiographie im 18. Jahrhundert*, München 1974, S. 201.

15 Zum »doppelten« Lichtenberg vgl.: »So hänge ich in der Welt zwischen Philosophie und Aufwärterinnen-List, zwischen den geistigsten Aussichten und den sinnlichsten Empfindungen in der Mitte, taumelnd aus jenen in diese bis ich nach einem kurzen Kampf zur Ruhe meines beiderseitigen Ichs dereinst völlig geteilt hier faule und dort in reines Leben aufdunsten werde. Wir beide, Ich und mein Körper sind noch nie so sehr zwei gewesen als jetzo, zuweilen erkennen wir einander nicht einmal, dann laufen wir so wider einander daß wir beide nicht wissen wo wir sind.« *Sudelbuch*, B 263, Bd. I.

16 G. Ch. Lichtenberg, *Sudelbuch,* J 1138, Bd. I.

17 Ders., *Sudelbuch,* L 543, Bd. I.

mung der Lichtenbergschen Verdoppelungen, Aufschübe, Aus-
lassungen und Entstellungen hätte bei angemessener Würdigung
die Silhouette seines Zeitalters verzeichnet: Lichtenberg, der hier
nicht als Person, sondern als Figuration gemeint ist, war ein Buk-
kel in der Physiognomie seiner Zeit. Die ideengeschichtliche
Aussparung dieses Buckels, eine Scham am falschen Platz,
macht – wie das mit Verdrängungen eben so geht –, daß fürderhin, immer wenn von Lichtenberg gesprochen wird, ersatzweise
vom »leibhaftigen« Buckel die Rede ist, bis in unsere Tage; und
weil die Lichtenbergschen Texte den verzeichneten und den aus-
gesparten Buckel – den doppelten Buckel – in vielfältiger Weise
thematisieren, wird auch weiterhin von diesen und jenen Buk-
keln die Rede sein müssen.

Erscheinungen wie Hypochondrie, Melancholie und Idiosynkrasie muten auch den Textleibern einiges zu; sie machen das
Geschehen zwar vielfältiger, aber auch unberechenbarer, und
nicht eben übersichtlicher. In und mit diesen Phänomenen gerät
die Einbildungskraft aus ihren genormten Gleisen. Anlaß und
Wirkung, Ausgang und Ankunft, Routen und Anschlüsse sind
ungewiß. Das bildet den Hintergrund zu der unangemessenen
Rede von Lichtenbergs »Scheitern«. Die *Sudelbücher* können
auch gelesen werden als eine Versuchsanordnung zu der Frage
nach der Qualität solcher Entgleisungen; schließlich zeitigt das
produktfeindliche »Scheitern« eine wilde, difforme, kombinatorische Produktivität. Welche Bewegungsmuster, welche Attrak-
tionen und Distraktionen liegen ihr zugrunde, welche bringt sie
hervor? »Zu was kann dieses der Anfang sein? oder umgekehrt
was war der erste Schritt hierzu?«[18] Eine »Schraube ohne Anfang«?[19] Bis zu einem gewissen Grade stand dieses entglei-
sende Denken, ein Denken in Sprüngen sogar auf dem Plan.
Im *Goldpapierheft* heißt es: »Relationen und Ähnlichkeiten

18 Ders., *Sudelbuch*, KA, *Füllhornbuch* 338, Bd. II.
19 Ders., *Sudelbuch*, J 434, Bd. I.

zwischen Dingen zu finden, die sonst niemand sieht. Auf diese
Weise kann Witz zu Erfindungen leiten.«[20] In vielfältigen Um-
kreisungen und Wiederholungen werden die Spuren vielfältiger
Bewegungen aufgenommen: Wünschelrutengänge zum Zweck
der Aufzeichnung jener unsichtbaren »Kanäle«,[21] durch welche
das Weitauseinanderliegende, angezogen und abgestoßen von
geheimnisvollen Kräften, in einer Art elektromagnetischer Asso-
ziation unerwartet aufeinander schießt. So wie er den blitz-
werbenden Drachen für seine Studenten zum Himmel steigen
ließ und am Elektrophor allerlei elektrische Aufladung und Ab-
leitung provozierte, so hat Lichtenberg, der einmal sagte, man
müsse sagen, »*es denkt*«, so wie man sage, »*es blitzt*«,[22] für sich
selbst in einer großen Gewitterinszenierung, einer Art Zufallsbe-
schwörung, massenhaft ungeerdetes und leichtentzündliches
Material über die Seiten verteilt. Wichtig für die Provokation des
Blitzeinschlags ist es, daß die Ziele aus dem Geschehen ragen
und vereinzelt stehen. Unermüdlich hat er sie notiert und anein-
andergereiht: die verschiedenartigen äußeren Reizungen, Rei-
bungen, Anmutungen, entstanden durch kleinste Erscheinungen, die wir als solche in ihrer allgemeinen Bedeutungslosigkeit
überhaupt nur bewußt wahrnehmen, weil sich an sie aus un-
durchschaubaren Gründen plötzlich auftauchende Erinnerungspartikel anheften:[23] die Erinnerung an einen Geruch, an eine
Verletzung, an einen Lektüreschock, an eine Kränkung, an ein
Wort – Fragmente, Partikel, Splitter des Alltäglichen, Stoffe, aus
denen unsere Erfahrungen bestehen, Materialien, die Vorstellungen speisen: wie und warum kommt das unerwartet zueinander, wann reibt sich das aneinander, wie lädt sich das gegenseitig
auf? Kurz: Wann und warum schlägt der idiosynkratische Blitz

20 Ders., *Sudelbuch, Goldpapierheft* 86, Bd. II.
21 Ders., *Sudelbuch,* K 30, Bd. II.
22 Ders., *Sudelbuch,* K 76, Bd. II.
23 »In meinem Kopf leben noch Eindrücke längst abgeschiedener Ursachen«, *Sudelbuch,* F 486, Bd. I.

ein? In einem Brief an J. F. Blumenbach »erzählt« Lichtenberg
die hirnanatomischen und sinnesphysiologischen Theorien des
Engländers David Hartley. Er gibt eine Vorstellung vom muster-
haften Chaos unserer idiosynkratischen Reaktionen, davon
also, wie, ausgelöst durch äußere Reize, im komplexen raumzeitlichen Zusammenspiel von allerlei Fibern, Säften, Schwin-
gungen und Fluida blitzhaft eine Gedächtnis-Szene entsteht:

> »... so kann Ton an haut gout grenzen und Rosenfarb
> an Wollust, Fischers Menuett an Liebe sowohl als eine
> gebratene Schnepfe (...) Und wer nicht rot unter Gestalt
> von Trompetenschall, Schmerz unter Gestalt von unge-
> heuren sich daher wälzenden Bällen usw. gesehen und ge-
> hört hat, muß noch kein Fieber gehabt haben ...«[24]

Auf Dauer mußten die Versuche, sich durch die Simulation von
Blitzeinschlägen gegen Einschläge zu immunisieren, die Versuche, sich die Empfindlichkeit vom Leibe zu »sudeln«, produktiv das Ziel verfehlen.

Das Idiosynkratische (dem die Bewegung blitzhafter Einschläge vergleichbar ist) ist nicht zu bannen durch die Prophy-
laxe künstlich erzeugter Blitze, sondern nur im Zuge seiner
Selbstauflösung, um den Preis des Stillstands, das heißt seines
Umschlags in ein Vorurteil, seiner Beruhigung in einer Ideologie – das aber ist der einzige Preis, den Lichtenberg nicht zah-
len konnte. Die aufgeladene Reizbarkeit, die Beunruhigung,
der lebendige Ekel waren sein Kapital. Sie haben ihn früh zur
unsystematischen Beschäftigung mit der Physiognomik getrieben. Ein Tummelplatz für Idiosynkrasien! Er hat den Claim
seiner physiognomischen Befunde jedoch nicht abgesteckt,
nicht einmal begrifflich abgeschritten, und dann kam Lavater
und machte eine Mode daraus.

Unsere chaotischen Idiosynkrasien bewirken, das hat Lichten-

---

24 Brief 142: An Johann Friedrich Blumenbach, Göttingen 1777, Bd. IV,
S. 288.

berg, der sehr viel wußte, sicher gewußt, daß wir mehr wissen, als wir wissen. So wie er wußte, daß vermutlich »das Schicksal Roms in dem Eingeweide des geschlachteten Tieres« lag, »aber der Betrüger, der es darin zu lesen vorgab, sah es nicht darin«.[25] (Lichtenberg hat viel Zeit mit dem Kampf gegen die Betrüger verloren.) Er war ein begnadeter Hypochonder (»Ich habe die Hypochondrie studiert, mich so recht darauf gelegt.«[26]), aber er war nicht larmoyant: (»Wer wird abwimmern, was er abtragen kann?«[27]), er hat sich gegen die unvergleichbare Erbärmlichkeit seiner Gegner in Sachen Physiognomik gewehrt, wenn es sein mußte auch auf eigene Kosten: Um den Einfaltspinseln das physiognomische Sehen zu erleichtern, notiert er das Vorhaben: »Den Buckel mit birkenem Pinsel blau bemalen.«[28] So sollten sie wenigstens nicht auch noch das verfehlen, was sie unbedingt sehen wollten (sicher hat er auch dieses Projekt aufgeschoben, wie so viele andere, wie das der »Geschichte« seines »Geistes so wohl als elenden Körpers«,[29] das der »eigne[n] Naturgeschichte«,[30] wie das einer Philosophie des Aufschubs und das des Lustspiels über den »Aufschieber«[31]). Solche Offensive ist aber kein Dauerzustand. Zumal die eigenen geschmacklichen Bedenken gegen das Mehr nicht ganz aus der Welt zu schaffen sind. Wäre er ein Zeichner seiner Person gewesen, er hätte, so sagt er, der eigenen Gestalt an manchen Stellen »weniger Relief«[32] gegeben.

25 *Über Physiognomik wider die Physiognomen*, Bd. III, S. 265. So wie er auch wußte, daß »Wenn eine Erbse in die Mittelländische See geschossen wird, … ein schärferes Auge als das unsrige (…) die Wirkung davon auf der chinesischen Küste verspüren« könnte; ebd., S. 264.
26 G. Ch. Lichtenberg, *Sudelbuch,* K 22, Bd. II.
27 Ders., *Sudelbuch,* E 365, Bd. I.
28 Ders., *Sudelbuch,* D 548, Bd. I.
29 Ders., *Sudelbuch,* F 811, Bd. I.
30 Ders., *Sudelbuch,* J 26, Bd. I.
31 Ders., *Sudelbuch,* K 26, Bd. II.
32 Ders., *Sudelbuch,* B 81, Bd. I.

Solche selbstironischen Präventionen verfehlten ihre Wirkung
ganz. Man wurde nicht müde, zu suggerieren, daß »in Wahrheit« Lichtenbergs »Häßlichkeit«, seine Kleinwüchsigkeit und
Buckelhaftigkeit, ihm ein zwangloses Verhältnis zur Physiognomik unmöglich gemacht habe, insbesondere zu der Lavaters. Er sei körperlich gezwungen zu deren Ablehnung, was ja
auch stimmte, allerdings in einer anderen Weise, als die Lava-
teranhänger es meinten: Hatte Lavater doch eine Koinzidenz
statuiert von regelmäßiger äußerer Schönheit und regelmäßiger
innerer Tugend im regelgebenden Abglanz göttlicher Vollkommenheit. Kann man sich Gott mit einem Buckel vorstellen?
Lavater konnte das nicht. Lichtenberg konnte das. (Zumal
Lichtenberg unabhängig davon der Meinung war, daß die Beschaffenheit der Welt darauf hindeute, daß sie das »Werk eines
untergeordneten Wesens sein könne«.[33])
Lichtenberg konnte sich auch Newtons Geist im Körper eines
»Negers«[34] vorstellen – was ihn, wie ihm bewußt war, von seinen Zeitgenossen noch mehr unterschied als die eigene äußere
Gestalt. Die Angriffe gegen ihn waren aufgepfropft auf eine primitive Semiotik. Man (d. i. allen voran Lavaters Mitstreiter, der
Arzt Johann Georg Zimmermann, der sich mit ekligen Ausfällen
und der Aufforderung, Lichtenberg möge dem johlenden Publikum doch einen Schattenriß seiner selbst präsentieren, besonders hervorgetan hat) schafft in Korrespondenz mit volkstümli-
chen Vorurteilen ein Pseudo-Theorem, in dessen starrer
Kausalität ein Buckel das Zeichen einer inferioren geistigen und
moralischen Beschaffenheit ist. Wenn ein Buckliger dieses Konstrukt grundsätzlich bezweifelt, so gilt diese Ablehnung als Bestätigung des Theorems. Hoffnungslos. Das konnten die Leute
also auch schon vor der Vulgarisierung der Psychoanalyse.
Walter Benjamin hat die Mischung aus barbarischer Heiterkeit,

33 Ders., *Sudelbuch*, K 69 Bd. II.
34 Ders., *Über Physiognomik*, a.a.O., S. 272.

und Brutalität, die diese Denkfigur steuert, lakonisch verdeutlicht:

>    »Ja, meine Herren, daß ein Buckliger auf die Physiogno-
>    mik nicht gut zu sprechen ist, das können sie sich ja wohl
>    leicht erklären.«[35]

In diesem Satz aus dem 20. Jahrhundert ist der Nachhall eines
brutalen Gelächters aus dem 18. Jahrhundert eingefangen. –
»Hüte dich vor den Nicht-Gezeichneten«,[36] repliziert Lichtenberg.

## Sprünge

>    »Denn das Gesicht eines Menschen sagt gerade aus,
>    was er ist; und täuscht es uns, so ist dies nicht seine,
>    sondern unsere Schuld.« *A. Schopenhauer*[37]

>    »Die Physiognomik hätte keinen Sinn, wenn der
>    Mensch so wäre, wie er ist.« *R. Kassner*[38]

>    »Ich glaube der Mensch ist am Ende ein so freies
>    Wesen, daß ihm das Recht *zu sein* was er glaubt
>    zu sein nicht streitig gemacht werden kann.«
>    *G. Ch. Lichtenberg*[39]

In dem Moment, in dem gesagt werden kann, daß die Verdros-
senheit der Gezeichneten leicht erklärbar sei für »die Herren«,
also im Schein dieser Evidenz war die Sache der Physiognomik
für Lichtenberg schon verloren, war der Sieg des Lavaterschen
Paradigmas beschlossen: Knochenform ist geistiges Schicksal.

35 Walter Benjamin, *Hörmodelle.* Lichtenberg, in: W. B., *Gesammelte
Schriften*, hg. v. Tillman Rexroth, Bd. IV 2 Frankfurt 1972, S. 716.
36 G. Ch. Lichtenberg, *Über Physiognomik*, a.a.O., S. 279.
37 Arthur Schopenhauer, *Zur Physiognomik* in: *Pererga und Paralipo-
mena II*, in: A. Sch., Zürcher Ausgabe, Bd. X, Zürich 1977.
38 Rudolf Kassner, *Die Grundlagen der Physiognomik,* in: R. K. *Sämtliche Werke,* Bd. IV, Pfullingen 1978, S. 113.
39 G. Ch. Lichtenberg, *Sudelbuch* L 972, Bd. II.

Die Sache lief aus dem Ruder, bevor sie richtig begann. Aber hätte sie richtig begonnen werden können? Die Lichtenberg-sche Physiognomik – und auch das, was er kontrastierend Pa-thognomik nannte – war nicht paradigmenfähig, wie es Intui-tionen eben grundsätzlich nicht sind. Die Benennung war Verlegenheit. Erzwungen durch die unempfindliche Plausibili-tät von Lavaters Selbstbestätigungen. Lichtenberg war nun ein-mal »für und wider« die Physiognomik – auch für und wider die eigene. (*Über Physiognomik: wider die Physiognomen* lau-tet der Titel seiner Streitschrift.) Damit war er auch gegen sich selbst als Physiognom. Kann man am Ursprungsort eines Sil-houetten-Kults, in dem schnell die physiognomische Ausdeu-tung à la Lavater zu einer »allgemein beliebten und wohlfeilen Ware«[40] wurde, antreten mit einem »Für und wider«? Man kann schon, zumal wenn man ein doppelter Lichtenberg ist, aber man wird nicht modisch reüssieren. Das wäre ein göttli-cher Antidogmatiker, der ein umfangreiches, mit seinen Theo-rien sympathisierendes Publikum zu den fälligen Aversionen gleich mitzuverpflichten in der Lage wäre.

Lavater hat gestört. Das ganze Konstrukt mit Schädelformen und festen, ruhenden Teilen als eindeutigem Ausdruck für be-liebig zugeordnete moralische Qualifikationen, dieser ganze bi-gotte Beziehungswahn war mehr als lästig, er erzwang klare Oppositionen und eine Schauplatzverlagerung ins Öffentli-che – Lichtenberg beabsichtigte aber, diesen Krieg halböffent-lich mit sich selbst zu führen. Alle Einwände, die er den Win-dungen des eigenen physiognomischen Denkens einarbeiten wollte, mußte er vergröbern gegen eine grobe Theorie und wurde so – weil sie in dieser Grobheit aufs eigene nicht mehr paßten – an der Rückkoppelung gehindert.

40 Immanuel Kant, *Anthropologie in pragmatischer Hinsicht*, in: I. K., *Schriften zur Anthropologie, Geschichtsphilosophie, Politik und Pädago-gik*, hg. v. W. Weischedel, Frankfurt a. M. 1964, S. 640.

So hat er fast sein ganzes »Wider« gegen Lavater aufbrauchen müssen. Noch im Zuge der Vergröberungen und Vereindeutigungen, die zur Klärung der Frontverläufe notwendig wurden, hatte Lichtenberg die guten Argumente für sich, wenn er zum Beispiel sagt, daß allenfalls im konstellativen Zusammenspiel von Eindrücken des Körperbaus, der Mimik, der Gestik, des Gangs, der Sprache, ja sogar der gewählten Kleidung eines Menschen spukhafte Einsichten über dessen charakterliche Beschaffenheit zu gewinnen seien. Aber selbst hier wollte er doch sagen: und auch wieder nicht! Allenfalls, wenn man sehen kann, wenn man lesen kann: Aus den Sprüngen, aus den Brüchen.

»Was für ein unermeßlicher Sprung von der Oberfläche des Leibes zum Innern der Seele!«[41]

Diesen Sprung muß jede Physiognomik, aber auch jede Pathognomik, die mit der Opposition von Außen und Innen arbeitet, wagen. Meint die Rede vom »unermeßlichen Sprung«, daß die Referentialität von äußerem Anzeichen und einer innen vermuteten Wahrheit grundsätzlich zu bezweifeln ist? Muß der Sprung so groß sein, weil der Abstand so unermeßlich groß ist? Oder muß der Sprung selbst »unermeßlich« und unkalkulierbar werden, das heißt sich außerhalb der Maßstäbe dieser einfachen Zuordnungen vollziehen? Wenn das Gesuchte gar nicht »innen« läge? Wenn es allenfalls im konstellativen Verhältnis der einzelnen Phänomene zueinander zu erspüren wäre? Wenn zwischen diesen völlig heterogenen Phänomenen wirklich eine solche Kluft bestünde, daß sie allein mit unermeßlich wilden Sprüngen zu bewältigen wäre? – so daß nur eine unberechenbar sprunghafte Assoziationsfähigkeit der Physiognomik auf die Sprünge helfen könnte? Soll das vielleicht heißen: Lavater kann gar nicht springen? Für diese Spurensuche ist dessen Denken zu mechanisch, zu unelastisch. Es mangelt ihm

41 G. Ch. Lichtenberg, *Über Physiognomik*, a.a.O., S. 258.

an einer Art kybernetischer Phantasie, die die physiognomischen Sprünge riskant und eindrucksvoll werden läßt.

> »Die Bedeutung jedes Zugs ist also in einer [!] zusammen-
> gesetzten Verhältnis aus der Brüchigkeit der Fibern und
> der Zahl der Wiederholungen.«[42]

Möglicherweise ging es gar nicht so sehr um den Disput: Physiognomik versus Pathognomik, sondern wirklich ums Ganze: um
ein anderes Denken, um ein anderes – vielleicht physiognomi-
sches – Verhältnis zu den Dingen; und möglicherweise zeigte
sich Lichtenberg aus diesem Grunde in der Sache so wenig beein-
druckt und aufs Ganze etwas gekränkt von den wohlfeilen Ein-
mischungen des von ihm verehrten Moses Mendelssohn. Dessen
Differenzierung zwischen einer »Ausdrucksschönheit« und einer »Verhältnisschönheit« hatten in dieser Auseinandersetzung
eine falsche Richtigkeit; sie hatten zu sehr den Charakter einer
freundlichen Vermittlung, wo Parteilichkeit erwartet, und den
einer Begütigung, wo Radikalität verlangt wurde.

Nichts ist schlimmer auf dem Gebiet des Idiosynkratischen als
eine kleine Begütigung. Jeder physiognomischen Qualifikation
geht eine Idiosynkrasie voraus. So stritt Lichtenberg, sofern er
*für* die Physiognomie war, für das Recht auf Idiosynkrasien.
Für eine situative Physiognomik ohne Regeln. Und er stritt,
sofern er *wider* die Physiognomik war, gegen jeden Versuch
ihrer Systematisierung, auch gegen die eigenen Anfechtungen
in dieser Richtung.

> »Ich habe nachher oft und noch neuerlich in England öf-
> ters physiognomische Beobachtungen ja Versuche ange-
> stellt, die so gefährlich waren als die mit der Gewitter-
> Elektrizität, und es hätte einmal wenig gefehlt, so wäre
> ich ein physiognomischer Richmann geworden. Allein ich
> kann meine Leser auf Ehre und Gewissen versichern, es
> ist nach meiner Erfahrung alles *ein Nichts*. Ich habe meine

42 Ebd., S. 282.

Regeln von Jahr zu Jahr und von Woche zu Woche geändert (im eignen Fett ersticken) ...«[43]

Lavater aber glänzte im eigenen Fett, er hatte unter Verwendung weniger theologischer Dauerleihgaben versucht, seine Physiognomik regelgerecht zu universalisieren. Eine auf Dauer gestellte und ins Gesetzmäßige verschobene Idiosynkrasie aber ist ein bloßes Vorurteil. Bei Lavater war die Physiognomik schon ein Vorurteil, bevor sie idiosynkratisch ein Einzelnes treffen und berühren konnte. Was ist das für eine Berührung?

>»Gesetzt der Physiognome haschte den Menschen einmal, so käme es nur auf einen braven Entschluß an sich wieder auf Jahrhunderte unbegreiflich zu machen.«[44]

Das, gegen die Lavatersche gesagt, gilt auch für die eigene, die Lichtenbergsche Physiognomik. Sie hat recht und Berechtigung nur für einen Moment. Mehr kann sie nicht, mehr darf sie nicht. Der Moment dieses Erhaschens ist der Moment der Idiosynkrasie. In diesem Moment hat sie möglicherweise mehr Wahrheiten auf ihrer Seite als alle Lehrbücher. Aber sie operiert mit lauter Variablen (»Ich sehe das Grab auf meinen Wangen« – »Wer ist dieser *Ich*?«). Sie ist eine Gewißheit ohne Geltung, eine vorübergehende, querschießende Verlebendigung und Vergegenwärtigung, und in diesem Zeichen kann sie wirken als Antidot gegen Versteinerungen. Aber sie liefert keine allgemeingültigen Rezepturen, sie bleibt gebunden an ihren Anlaß und zurückverwiesen auf den, dem sie widerfuhr. Sie ist am ehesten vor dem alter ego einklagbar: »Ich verstehe mich«, diese selbstreferentielle Beschwörung, fügt Lichtenberg wiederkehrend den etwas verzwickten *Sudelbuch*-Eintragungen an: »Ich verstehe mich hier recht gut, und erkläre die Sache weiter nicht.«[45] Und weil Idiosynkrasien keine private Marotte sind,

43 G. Ch. Lichtenberg, *Sudelbuch* F 804, Bd. I.
44 Ders., *Über Physiognomik*, a.a.O., S. 269.
45 Ders., *Sudelbuch* J 1008, Bd. I.

oder nur zu einem Teil, kann das schnelle physiognomisch gesetzlose Verstehen durchaus die Handlungen und Reaktionen
anderer in sich einschließen: »Der Mann hat recht, sollte man
sagen, aber nicht nach den Gesetzen, die man sich in der Welt
einstimmig auferlegt hat.«[46]

In all dem ist eine bucklige Skepsis angelegt: eine Skepsis, die die
Prinzipialisierung und Rechthaberei auch der prinzipiellen Skepsis mitbezweifelt, die den aufeinander verwiesenen Geltungsan-
sprüchen des Behauptens und Bezweifelns auszuweichen sucht –
ohne freilich sich dem immer ganz entziehen zu können.

> »Selbst unsere häufigen Irrtümer haben den Nutzen, daß
> sie uns am Ende gewöhnen zu glauben, alles könne anders
> sein, als wir es uns vorstellen. Auch diese Erfahrung kann
> generalisiert werden, so wie das Ursachen-Suchen, und so
> muß man endlich zu der Philosophie gelangen, die selbst
> die Notwendigkeit des principii contradictionis leug-
> net.«[47]

Es ist eine idiosynkratische, anfallartige Skepsis, die, indem sie
sich jeweils kombinatorisch aufs Jeweilige einläßt, das Vertrauen in die Endgültigkeit des Sagbaren stetig unterhöhlt; ein
unsäglicher Körperzweifel, der allein dadurch, daß es ihn in
dieser einzelnen Bestimmtheit gibt, zu einer besonderen Bedrohung für die Allgemeinheitsansprüche geltender Urteilsfindun-
gen wird.[48]

Es ist diese Art der Bedrohung, die eine unabgeschlossene
Rede, ein unabgeschlossenes Werk, eine permanente Aufschie-

---

46 Ders., *Sudelbuch* E 33, Bd. I.

47 Ders., *Sudelbuch* J 942, Bd. I.

48 In manchen Momenten des Lichtenbergschen Denkens scheint die idiosynkratische Skepsis infektiös auf ganze Denksysteme überzugreifen und
sie in eine Bewegung der Selbstvernichtung mitreißen zu wollen. »Ich habe
schon lange nachgedacht, die Philosophie wird sich noch selbst fressen. –
Die Metaphysik hat sich zum Teil schon selbst gefressen.« *Sudelbuch*
J 620, Bd. I.

bung zeitigt. Lichtenberg, der »alles was ihm vorkömmt aus
dem veränderlichen Hinterhalt einer Art schwimmender Philosophie beschießt«,[49] der nach eigener Aussage im Liegen andere Meinungen hat als im Sitzen oder Stehen,[50] der den Menschen für eine Erfindung der Menschen hielt (»Es konnte nicht
fehlen, der Mensch mußte sich auch einen theoretischen Menschen schaffen«[51]), in dessen Gedächtnis »eine Menge Menschen in Einem vereint«, eine ganze »Generation von *Ichs*«[52]
vergeblich an den Fiktionen einer biographischen Einheit arbei-
teten, dieser Lichtenberg ist nicht verschont vom Gift der eigenen Idiosynkrasien.

> »Meine Hypochondrie ist eigentlich eine Fertigkeit aus je-
> dem Vorfalle des Lebens (...) die größtmögliche Quantität
> Gift zu eigenem Gebrauch auszusaugen.«[53]
> »Ich habe, seit meiner Krankheit 1789, die erbarmungs-
> würdige Fertigkeit erlangt, aus allem, was ich sehe und
> höre, Gift *für mich selbst*, nicht für andre zu saugen.«[54]
> »Ein Charakter: von allem nur das Schlimmste zu sehen,
> alles zu fürchten, selbst Gesundheit als einen Zustand an-
> zusehen da man seine Krankheit nicht fühlt ...«[55]

In dem Moment aber, in dem der körperliche Schmerz zum
Fokus aller Erfahrung und Selbsterfahrung wird, scheint die
Figur Lichtenberg in den Buckel hineinzuschrumpfen, im Buk-
kel ihre »erbarmungswürdige« Einheit zu finden.

> »Das Schlimmste, daß ich in meiner Krankheit gar die
> Dinge nicht mehr denke und fühle ohne mich hauptsäch-
> lich mit zu fühlen. Ich bin mir in allem des Leidens be-

---

49  Ders., *Sudelbuch* J 1036, Bd. I.
50  Ders., *Sudelbuch* F 557, Bd. I.
51  Ders. *Sudelbuch* J 1072, Bd. I.
52  Ders., *Sudelbuch* K 162, Bd. II.
53  Ders., *Sudelbuch* K 23, Bd. II.
54  Ders., *Sudelbuch* K 43, Bd. II.
55  Ders., *Sudelbuch* J 615, Bd. I.

wußt, alles wird subjektiv bei mir und zwar bezieht sich
alles auf meine Empfindlichkeit und Krankheit. Ich sehe
die ganze Welt als eine Maschine an die da ist um mich
meine Krankheit und mein Leiden auf alle mögliche Weise
fühlen zu machen. Ein pathologischer Egoist.«[56]

Dieser hier als »das Schlimmste« benannte, regressiv einheitli-
che Zustand ist offensichtlich nur im Buckel-Exil zu haben.
Außerhalb wäre er das Glück. Dort aber, außerhalb des Buk-
kels, regiert die Bedrohung, sich ohne Fluchtpunkte und stabile
Koordinaten im Geflecht der eigenen Assoziationen zu verlieren:

> »Man ist nie glücklicher als wenn uns starkes Gefühl be-
> stimmt, *nur* in *dieser* Welt zu leben. Mein Unglück ist nie
> in *dieser* sondern in einer Menge von möglichen Ketten
> von Verbindungen zu existieren, die sich meine Phantasie
> unterstützt von meinem *Gewissen* schafft, so geht ein Teil
> meiner Zeit hin, und keine Vernunft ist im Stand darüber
> zu siegen.«[57]

Es ist also kein Wunder, daß alle auf seinen Buckel gehauen
haben, wenn sie ihn treffen wollten. Hier ist der Ort des »doppelten Prinzen«:

> »Der Roman muß notwendig der zusammengewachsene
> Mensch werden. Sie hatten eine Stelle, wo es allen beiden
> wehe tat, da wurden sie drauf geschlagen.«[58]

Hier, im Schmerz, war er, der stets in den Bewegungen der
Verdoppelungen und des Aufschubs zu verschwinden drohte,
am wenigsten zu verfehlen.
Die Terroristen der physiognomischen Rechthaberei hätten
ihm auch dann in Korrespondenz zum Leib-Buckel einen Mo-
ral- und einen Geist-Buckel angedichtet, wenn sein Geist so

56 Ders., *Sudelbuch* J 337, Bd. I.
57 Ders., *Sudelbuch* J 948, Bd. II.
58 Ders., *Sudelbuch* J 1136, Bd. I.

buckellos, eindimensional und gradlinig gewesen wäre wie zum Beispiel der Lavaters. Da hilft schließlich kein Argumentieren mehr, da helfen nur noch körperbetonte Reaktionen:

»Aber wenn jemand sagt: du handelst zwar wie ein ehrlicher Mann, ich sehe aber aus deiner Figur, du zwingst dich und bist ein Schelm im Herzen: Fürwahr eine solche Anrede wird bis ans Ende der Welt von jedem braven Kerl mit einer Ohrfeige erwidert werden.«[59]

Hegel, der zu Recht darauf verwies, daß in Lavaters Physiognomik die Beliebigkeit irgendwelcher Knochenformen mit der Beliebigkeit ihrer moralisierenden Ausdeutung in einen beliebigen Zusammenhang gebracht wird, hielt weit drastischere Maßnahmen für angebracht, da

»die bei der Physiognomik erwähnte Erwiderung eines solchen Urteils durch die Ohrfeige« lediglich »die weichen Teile aus ihrem Ansehen« bringe, müsse »die Erwiderung eigentlich so weit gehen, einem der so urteilt, den Schädel einzuschlagen, um gerade so greiflich als seine Weisheit ist, zu erweisen, daß ein Knochen für den Menschen nichts an sich, viel weniger seine wahre Wirklichkeit ist«.[60]

Es war ein furchtbarer Schlag, mit dem Hegel Lichtenberg kämpferisch zur Seite stand, ein Schlag, geeignet, nicht nur die Lavatersche Physiognomik, sondern das ganze Projekt der Physiognomik in toto zu zertrümmern. Hegel räumte gründlich auf. Da schien auch für Lichtenbergs »Für« kein Platz mehr zu bleiben; kein Platz für die Unwägbarkeiten der Impulse, Intuitionen, Regungen, kurz: für all das, was zum Beispiel Adorno später ins Schleppnetz seines Idiosynkrasiebegriffs hineinnehmen wird, wenn er ihn braucht für die Beschreibung jener allergischen Abstoßungsprozesse, durch die sich künstlerische In-

59 Ders., *Über Physiognomik*, a.a.O., S. 258.
60 G. W. F. Hegel, *Phänomenologie des Geistes*, in: G. W. F. Hegel, *Werke*, Bd. 3, Frankfurt a. M. 1970, S. 256.

novationen aus der Kunst selbst hervortreiben (vgl. das Kapitel »Ich kann dich ja nicht leiden«, S. 86 ff.).

Der Hegelsche »Schlag« hat einen auf den Plan gerufen, der auf alles, was von Hegel kam, idiosynkratisch reagierte. Am Ende seines Kapitels »Zur Physiognomik« (und wie zum Hohn der vorausgegangenen Differenzierungen) zelebriert Schopenhauer einschlägig die Verlängerung einer physiognomischen Idiosynkrasie ins Vorurteil: Man müsse sich ja nur einmal die »Bierwirthsphysiognomie« Hegels betrachten, auf die »die Natur mit ihrer leserlichsten Handschrift, das ihr so geläufige ›Alltagsmensch‹ geschrieben« habe, um davon abzukommen, hinter dieser Fassade einen »großen Geist« zu vermuten:[61] (Ja, meine Herren …!)

Schopenhauer machte trotzig und gut lavaterianisch erneut die Bedeutung des »Ruhenden« für das physiognomische Urteil stark. Nur im unbewegten ersten Moment einer Begegnung, im »Urtheil des ersten Blicks«, wenn der Beurteilte dem Urteilenden noch keine bewegenden mimischen oder gestische Anlässe für die Kombinatorik der Pathognomik liefern konnte, komme, aus dem Zeitfluß gleichsam herausgehoben, eine physiognomische Wahrheit zutage. Die Pathognomik sei der Verstellung ausgeliefert. Sie kann zwischen Lüge und Wahrheit nicht unterscheiden. Das wahre Gesicht ist das unverstellte, das Nicht-Gesicht. Allerdings – und das ist das zweifelnde »Wider« Schopenhauers, das ihn zugleich vom zweifelsfreien »Für« Lavaters fundamental unterscheidet (und den Umschlag ins Vorteil listig bremst) – reicht das zweifelhafte menschliche Urteilsvermögen wahrscheinlich nicht hin, um diese Wahrheit zu erreichen.

> »Alle gehen stillschweigend von dem Grundsatz aus, daß Jeder ist wie er aussieht: dieses ist auch richtig; aber die Schwierigkeit liegt in der Anwendung …«[62]

---

61 A. Schopenhauer, *Zur Physiognomik*, a.a.O., S. 696.
62 Ebd., S. 690.

Das ist der Trick der Schopenhauerschen Physiognomik: Das Gesicht ist immer wahr, aber wir kommen an diese Wahrheit schlecht heran, wir können sie allenfalls »erhaschen«. Diese rettende List hatte Lichtenberg schon am Beispiel des betrügerischen römischen Auguren veranschaulicht. Wenn jeder ist, wie er aussieht, wir aber keine gültigen Kriterien haben für die qualitative Beschreibung dessen, *wie* er aussieht, und damit auch keine zur Qualifikation dessen, wie er *ist*, dann bleibt die Sache schwankend.[63]

Vielleicht unfreiwillig und auf eine vertrackte Weise ist die Schopenhauersche Physiognomik ebenfalls eine des »Für und Wider«. Aus den Perspektiven der Lichtenbergschen Kombinatorik des Für und Wider haben all diese divergierenden Optionen zur Physiognomik, sofern sie das physiognomische Denken nicht abschließen, ein gemeinsames vorläufiges Recht. Es muß nur eine Öffnung bleiben, durch die es sich selbst immer wieder aufschieben kann.

Lichtenbergs wiederholte Anmerkung, er habe die Physiognomik wiederbelebt, lange bevor Lavater sie dogmatisieren, popularisieren und auf den Hund bringen konnte (eine Anmerkung, die ihm bis heute als Eitelkeit ausgelegt wird), markiert eine Zumutung, die nicht allein die Physiognomik betraf: Durch Lavaters Abschlüsse, die in der Erfindung eines Stirnmeßgerätes gipfeln sollten, war er, Lichtenberg, endgültig zum vorläufigen Einspruch und zur vorübergehenden Eindeutigkeit gezwungen, obgleich die Sache alle Toleranz und Vieldeutigkeit

---

63 Schopenhauer sucht dem Dilemma auszuweichen mit dem Hinweis auf die Notwendigkeit strikter Objektivität (das »eigentliche« unbewegte Gesicht eines Menschen; die Miene vor der Miene, die Objektivität des Betrachters), um im Fortgang der Argumentation sogleich anschaulich unter Beweis zu stellen, daß diese »Objektivität«, spätestens wenn sie unter den Einfluß seiner Misanthropie gerät, Fiktion bleiben muß: »Inzwischen sollen wir uns nicht verhehlen, daß jeder erste Anblick meistens unerfreulich ist.« Vgl. ebd., S. 691.

erforderte. Bevor es, gegründet auf die Erfahrungsseelenkunde, so richtig das gab, was wir heute Psychologie nennen, und Lichtenberg es miterfinden und in Frage stellen konnte, mußte er schon buchstäblich am eigenen Leibe kennenlernen, was eine Psychologisierung ist. Er versuchte, die schmerzhafte Berechtigung seiner unvergleichlichen Hypochondrie durchzusetzen gegen die standardisierte Empfindsamkeit der Berufssensiblen; die leise Radikalität seiner unkonformen Einwände abzuheben von allerlei Sturm-und-Drang-Getöse. Er verteidigte seinen Hang zum Aberglauben sowohl gegen szientifische Überheblichkeit als auch gegen mancherlei Aberglauben. Er stritt für das Recht auf Idiosynkrasien gegen die zu Vorurteilen und Ressentiments geronnenen Idiosynkrasien seiner Zeitgenossen.

Er erfand das Wort »Schlappherzigkeit«.[64]

Alles war Aufschub, Umweg und Buckel. Für und Wider, Mehr und Weniger – wie es naheliegt für einen, der gehindert ist, die Sterblichkeit aus dem Auge zu verlieren. Das buckligе Leben verläuft nicht in kontinuierlich aufsteigenden, sondern in idiosynkratisch »gezackten Linien«; es kann nicht in den Maßstäben einer organischen Vervollkommnung gedacht werden; das bucklige Denken umspielt diese gezackten Linien, es verschiebt und verdoppelt sie, und mit diesen Aufschiebungen und Verdoppelungen entstehen bis heute immer neue, »unvergleichliche« und endlose Lichtenbergsche Muster.

64  G. Ch. Lichtenberg, *Sudelbuch* F 911, Bd. I.

# Ich kann dich ja nicht leiden
## Adornos Idiosynkrasiebegriff

### Zwischenraumphantasie

In der kleinen Gedächtnis-Studie mit dem Titel *Amorbach* erzählt Adorno, daß er sich als Schuljunge »unter den Worten sittlich und keusch etwas besonders Unanständiges« vorgestellt habe. Die Erzählung endet mit dem Satz:

> »Ich war schon recht erwachsen, als ich die Wahrheit meines Irrtums entdeckte, daß keusch und sittlich unanständige Begriffe sind.«[1]

So schmuggelt sich die Berechtigung einer subjektiven Wahrnehmung bedeutungsinversiv an Semantik und kommunikativer Verabredung vorbei.

Die »unanständige« (erwachsene) Empörung über vermeintliche Unanständigkeiten wird von einem (kindlichen) Verstehen, das der begrifflichen Identifikation vorhergeht, wenn auch nicht in einer »richtigen«, so doch in einer berechtigten Weise

---

[1] Th. W. Adorno, *Amorbach. Ohne Leitbild. Parva Aesthetica*, in: Th. W. A., *Gesammelte Schriften*, Bd. 10.1, Frankfurt a. M. 1984, S. 306.
Vgl. hierzu auch die folgende Erinnerung an ein »Kindheitsmißverständnis«: »Meine älteste Erinnerung an Brahms (...) ist ›Guten Abend, gut' Nacht‹. Vollkommenes Mißverständnis des Textes: ich wußte nicht, daß Näglein ein Wort für Flieder oder in manchen Gegenden für Nelken ist, sondern stellte mir kleine Nägel, Reißnägel darunter vor, mit denen die Gardine vorm Himmelbettchen, meinem eigenen, ganz dicht zugesteckt sei, so daß das Kind, in seinem Dunkel vor jeder Lichtspur geschützt, unendlich lange (...) ohne Angst schlafen könne. Wie bleiben die Blüten zurück hinter der Zärtlichkeit solcher Vorhänge.« Th. W. Adorno, *Minima Moralia*, Frankfurt a. M. 1962⁴, S. 264.

unterlaufen und enttarnt. (Die Drohung, die in dem Satz steckt: »Ich habe Sie schon richtig verstanden!« spielt auf die Möglichkeit solcher Enttarnungen an.)

Die meisten Menschen haben in ihrer Kindheit bei der Lektüre von Büchern, die für ihre Altersstufe nicht bestimmt waren, Techniken ausgebildet, sich über weite Abgründe des Nicht-Verstehens abenteuerlich hinwegzuhangeln; sie retteten den Text für sich, indem sie zwischen die identifizierbaren Sinninseln fragile Brückenkonstruktionen einzogen, die einer zum Teil völlig querliegenden Sinnerhaltung oder Sinnerzwingung dienen sollten. Daß diese Zwischenraumphantasien, diese zuweilen kontextabhängigen, zuweilen kontextvergessenden Akte der erzwungenen Vergegenwärtigung, starke Zumutungen für die äußere Kontinuität und die innere Logik eines Textes sein können, wurde spielend in Kauf genommen.

Ein Freund hat in seinen Kindertagen den Text des »Vater Unser« für sich sinnfällig gerettet, indem er über einen langen Zeitraum annahm, daß man jemandem, der »Schuldi« hieße, »gern vergeben« müsse (»Wie wir vergeben unsern Schuldigern«).

Die meisten werden sich erinnern: an die kindlichen Versuche, die Bedeutungen von noch nicht identifizierten Wörtern, noch nicht definitorisch plazierten sprachlichen Konstruktionen, entweder kontextuell zu erschließen oder wild assoziierte Kontexte zu bilden, die der Befriedigung einer Erschließung insofern vergleichbar sind, als sie zumindest punktuelle Plausibilitäten herstellen. Das ist ein artistisches Lesen, ein flottierendes Lesen, denn es muß die Konjekturen vielfältig für vielfältige Anschlüsse offenhalten, um den Text nicht ganz zu verlieren: es ist die Karikatur des »gelingenden« Lesens.

Mag diese subversive Artistik auch der kindlichen Not entspringen, etwas davon: der eruptive Ausbruch aus vorgegebenen Kontexten, das Mißtrauen gegen erstarrte Bedeutungsansprüche, scheint sich für Adorno in jenen Idiosynkrasien niederzuschlagen, mit denen Intellektuelle und Künstler auf schlechte Vereindeutigungen reagieren – etwa auf die »Konfektion des Gedankens«,[2] die »Departementalisierung des Geistes«[3] und das »Diktat des Geschmacks«.[4]

Der erwachsene Adorno hatte, nach eigener Auskunft, eine Idiosynkrasie gegen das Wort »Synthese«.[5] Das ist für den Denker des Nichtidentischen weder verwunderlich noch unerklärlich, und sicher mehr als eine bloße Schrulle.[6] (Ist es nicht, als sei jede Idiosynkrasie auch eine Idiosynkrasie gegen schnelle Synthesen, als hätte *jede* Idiosynkrasie diese Idiosynkrasie gegen erzwungene Einheitsstiftungen und Versöhnungen zur Voraussetzung?)

Die *Negative Dialektik* kann gelesen werden als Explikation dessen, was einmal eine Idiosynkrasie gewesen sein mag und als solche den theoretischen Raum für die Philosophie des Nichtidentischen initiierend eröffnete. Selbstverständlich ist es

2 Theodor W. Adorno, *Kleine Proust-Kommentare*, in: *Noten zur Literatur II*, Frankfurt a.M. 1961, S. 97.

3 Ders., *Minima Moralia*, a.a.O., S. 15.

4 Ders., *Philosophie der neuen Musik,* in: Th. W. A., *Gesammelte Schriften*, Bd. 12, S. 142.

5 Ders., *Negative Dialektik*, Frankfurt a.M. 1966, S. 157.

6 Der Begriff der Synthesis ist bei Adorno allerdings komplexer, als hier ausgeführt werden kann. Zwar hat nach Adorno die Idiosynkrasie jede Berechtigung als Reaktion auf einen bestimmten (umgangssprachlichen) Gebrauch dieses Begriffs der Synthesis: »Nicht als einzelner Denkakt, der getrennte Momente in ihre Beziehung zusammennimmt, doch als leitende und oberste Idee steht sie zur Kritik« – dort also, wo ein vulgärer Hegelianismus den Begriff ideologisiert (Stichwort bei Adorno: »Aufbau gegen Zersetzung«); aber er benennt im Gegenzug auch ein Moment der Synthesis, das für die Idiosynkrasie selbst geradezu konstitutiv ist: »Nur an der vollzogenen Synthesis, der Vereinigung der widersprechenden Momente, offenbart sich deren Differenz.« Das heißt, es gibt nach Adorno auch etwas an der Synthesis, das der Differenz Rechnung trägt, ja mehr noch: das es der Differenz erst ermöglicht, sich als Differenz zu offenbaren. (Idiosynkrasie aber könnte es ohne Differenz gar nicht geben.) Vgl. *Negative Dialektik*, a.a.O., S. 156ff.

prinzipiell nicht entscheidbar, ob dieser Idiosynkrasie als früher und grundsätzlicher Abneigung zum Beispiel gegen »Vorschläge zur Güte« und andere zwanghafte Harmonisierungen eine Funktion der Auslösung zukommt oder ob sie ein sekundärer Effekt der theoretischen Absage zum Beispiel an einen vulgären Hegelianismus oder eine »erpreßte Versöhnung« ist, also der Effekt einer Philosophie, deren Ausstrahlungen über die Kognition hinausgehend bis ins Blut, bis unter die Haut gedrungen sind.

»Idiosynkrasie«, heißt es in der *Negativen Dialektik*, »sträubt sich, das Wort Synthese in den Mund zu nehmen.«[7] Das ist eine merkwürdige Formulierung, nicht nur wegen der Personalisierung, die der Idiosynkrasie ihrerseits ein abneigendes »Sträuben« (eine idiosynkratische Gestik) und sogar einen »Mund« zuspricht, sondern auch wegen der irritierenden Kontamination von sensuellen und abstrakten Elementen. Es scheint fast, als solle in diesem etwas schrägen Bild die Idiosynkrasie zur Allegorie des »negativen Wesens (...) der dialektischen Logik«[8] avancieren. Sie steht nicht nur für die impulsive Auslösung eines Denkens, auch nicht nur für impulsive Effekte, die dieses Denken, alle Sphären durchdringend, bewirkt, sie meint vielmehr das Gemeinte selbst, das im Denken nie ganz aufgeht.

### Idiosynkrasie und Antisemitismus

Mehrfach zitiert und kommentiert Adorno einen Satz aus der Feder Richard Wagners: »Ich kann dich ja nicht leiden – Vergiß das nicht so leicht.« Eine der Zitationen dieses Satzes steht im Kontext von Überlegungen zum Antisemitismus. Er findet sich unter anderem im Kapitel über die »Elemente des Antise-

7 Ebd., S. 157.
8 Ebd.

mitismus« in der *Dialektik der Aufklärung* von Horkheimer und Adorno:

> »›Ich kann dich ja nicht leiden – Vergiß das nicht so leicht‹«, sagt Siegfried zu Mime, der um seine Liebe wirbt. Die alte Antwort aller Antisemiten ist die Berufung auf Idiosynkrasie.«[9]

Das ist ein bedenklicher Zusammenhang, in den die Idiosynkrasie mit diesem Zitat rückt. Allerdings wird nicht die Idiosynkrasie selbst als ein Merkmal des Antisemitischen bestimmt, sondern es ist zunächst nur mittelbar von ihr die Rede: die Antisemiten »berufen« sich auf sie. Wir befinden uns also schon im Raum des Sprachlichen, der bewußten Berufungen, der Vorwände, der inhaltlichen Selbstdeutung eines idiosynkratischen Impulses. Dieser Berufung auf das Idiosynkratische für den rassistischen Terror kann nach Horkheimer und Adorno nur durch ihre Einholung, ja Erhebung in den Begriff begegnet werden, also durch einen Akt der Bewußtwerdung ihrer »Sinnlosigkeit«, der zugleich ein Akt ihrer Auflösung wäre:

> »Davon, ob der Inhalt von Idiosynkrasie zum Begriff erhoben, das Sinnlose seiner selbst innewird, hängt die Emanzipation der Gesellschaft vom Antisemitismus ab.«[10]

Bald ist allerdings nicht mehr nur von der Berufung auf Idiosynkrasie, sondern von ihr selbst die Rede. Genauer von den sie auslösenden Reizen, von ihrer Initiation:

> »Idiosynkrasie aber heftet sich an Besonderes. Als natürlich gilt das Allgemeine, das, was sich in die Zweckzusammenhänge der Gesellschaft einfügt. Natur aber, die sich nicht durch die Kanäle der begrifflichen Ordnung zum Zweckvollen geläutert hat, der schrille Laut des Griffels auf Schiefer, der durch und durch geht, der haut goût, der

---

9 M. Horkheimer und Th. W. Adorno, *Dialektik der Aufklärung*, Amsterdam 1947, S. 212.
10 Ebd.

an Dreck und Verwesung gemahnt, der Schweiß, der auf der Stirn des Beflissenen sichtbar wird; was immer nicht ganz mitgekommen ist oder die Verbote verletzt, in denen der Fortschritt der Jahrhunderte sich sedimentiert, wirkt penetrant und fordert zwangshaften Abscheu heraus.«[11]

Diese Sätze provozieren die Annahme, daß es sich bei der Idiosynkrasie im Zusammenhang mit dem Antisemitismus um das Medium handle, in dem und durch das hindurch sich die Transformation eines subjektiven Impulses in einen allgemeinen Wahn und die eines allgemeinen Wahnes in eine subjektive Beglaubigung vollzöge. Das auslösende Moment für diese Schaukelbewegung des Schreckens wäre demzufolge das Erschrecken vor einer residualen Kreatürlichkeit, vor den Rudimenten einer unbeherrschten inneren oder äußeren Natur, die phylo- und ontogenetisch den Anstrengungen der Kontrollierung entgangen ist.

»Die Motive, auf die Idiosynkrasie anspricht, erinnern an die Herkunft.«[12]

»In der Idiosynkrasie entziehen sich einzelne Organe wieder der Herrschaft des Subjekts; selbständig gehorchen sie biologisch fundamentalen Reizen.«[13]

Und während eben noch von den Motiven für die idiosynkratische Reaktion des Täters die Rede ist, der undeutlich, aber fatal berührt ist von einer Erinnerung an eine dunkle »Herkunft«, an »Augenblicke der biologischen Urgeschichte«,[14] so schiebt sich die Argumentation jetzt erinnernd in diese frühe Szene selbst hinein, und es folgt die Beschreibung eines gejagten Opfers im »Zeichen der Gefahr«, dessen »Haar sich sträubte« und dessen »Herz stillstand«, das sich in einer »Form der Mimikry« der »umgebenden unbewegten Natur« angleicht. Dessen Erstarrungsreaktionen liegen »archaische Schemata der Selbsterhal-

11 Ebd.
12 Ebd.
13 Ebd.
14 Ebd.

tung«[15] zugrunde, die sich als idiosynkratische Reaktionsweisen erhalten haben.

Hier handelt es sich nicht um die Idiosynkrasie desjenigen – und das ist in diesem Zusammenhang der Täter –, der das unzeitgemäße idiosynkratische Erstarren bemerkt, sondern um eine idiosynkratische Reaktion des in einer sehr alten Furcht Erstarrten – und das ist in diesem Zusammenhang das Opfer. Das aber heißt: Der potentielle Täter reagiert idiosynkratisch auf die Idiosynkrasie des potentiellen Opfers. Oder anders: Der Täter begründet seine Reaktion auf eine idiosynkratische Reaktion durch den Hinweis auf eine nicht weiter zu beglaubigende Idiosynkrasie.

Es zeigt sich, daß es sich hier, was den Täter betrifft, gleichsam um eine Idiosynkrasie aus zweiter Hand handelt. Der Begriff der Idiosynkrasie hat sich unter der Hand gespalten und verdoppelt. Offensichtlich haben wir es bereits an dieser Stelle der Argumentation mit zwei Formen der Idiosynkrasie zu tun: Da gibt es zum einen jene schon zitierte Form der Mimikry, in der sich die Organe des schreckerstarrten Opfers partiell der subjektiven Kontrolle entziehen und in der sich eine »Angleichung an die umgebende unbewegte Natur«[16] vollzieht – hier verschmilzt der Begriff der Idiosynkrasie zeitweilig mit dem der »(unbeherrschten) Mimesis«,[17] und es gibt zum anderen die Idiosynkrasie als »Motiv«, zum Schutz nicht vor einer äußeren Gefahr, sondern vor dem Anspruch der »eigenen tabuierten mimetischen Züge«[18] und als Reflex auf »das erbarmungslose Verbot des Rückfalls«[19]; eine Regung, die ihrerseits eine Reaktion auf das »Unzeitgemäße jener Regung«[20] ist. Adorno spricht hier schon von einer »rationalisierten Idiosynkrasie«:

15  Ebd., S. 213.
16  Ebd., S. 212.
17  Ebd., S. 213.
18  Ebd., S. 214.
19  Ebd.
20  Ebd.

»In den chaotisch-regelhaften Fluchtreaktionen der niederen Tiere, in den Figuren des Gewimmels, in den konvulsivischen Gesten von Gemarterten stellt sich dar, was am armen Leben trotz allem sich nicht ganz beherrschen läßt: der mimetische Impuls. Im Todeskampf der Kreatur, am äußersten Gegenpol der Freiheit, scheint die Freiheit unwiderstehlich als die durchkreuzte Bestimmung der Materie durch. Dagegen richtet sich die Idiosynkrasie, die der Antisemitismus als Motiv vorgibt. Die seelische Energie, die der politische Antisemitismus einspannt, ist solche rationalisierte Idiosynkrasie.«[21]

Steckt in der Wendung von der »rationalisierten Idiosynkrasie« nicht eine Selbstsuspendierung? Bezeichnet diese Rationalisierung nicht schon den Umschlag der Idiosynkrasie in ein Vorurteil, eine Ideologie oder eine rassistische Rechtfertigung? Und ist im Zuge dessen nicht aus einem unwillkürlichen Reflex eine willkürliche Begründung geworden?

Im Fortgang der Argumentation verschiebt sich jenes Verständnis der Idiosynkrasie, das ein Phänomen unwillkürlicher, auch körperlicher Reaktionen meint (z. B. das der Konvulsion oder der Erstarrung) immer mehr zu dem, was im folgenden als die »echte Mimesis«[22] bezeichnet wird, in betonter Differenz zum Begriff der »rationalisierten« und »konformierenden« Idiosynkrasie[23] – eine Begrifflichkeit, die sich ihrerseits vorübergehend dem assimiliert, was als das »falsche Konterfei der schreckhaften Mimesis«[24] firmiert und als »mimetische Chiffre«, als »vergiftete Nachahmung«,[25] als »Mimesis der Mimesis«[26] und schließlich als »falsche Projektion«[27]:

21 Ebd., S. 216.
22 Ebd., S. 220.
23 Ebd., S. 218.
24 Ebd., S. 216.
25 Ebd.
26 Ebd.
27 Ebd., S. 220.

»Vom Wehlaut des Opfers, der zuerst Gewalt beim Namen rief, ja, vom bloßen Wort, das die Opfer meint: Franzose, Neger, Jude, lassen sie sich absichtlich in die Verzweiflung von Verfolgten versetzen, die zuschlagen müssen. Sie sind das falsche Konterfei der schreckhaften Mimesis.«[28]

»Der Antisemitismus beruht auf falscher Projektion. Sie ist das Widerspiel zur echten Mimesis.«[29]

Warum entgleitet der ambivalente Begriff der Idiosynkrasie, kaum daß er in die Differenzialität dieser Begriffskombinationen eingerückt ist, auch schon wieder, warum wird er durch konkurrierende Begriffe und Metaphorisierungen verdrängt?

Hat sich die einer Freudschen Argumentationsfigur geschuldete Beschreibung des Phänomens einer projektiven Verkehrung idiosynkratischer bzw. mimetischer Impulse durch die antisemitischen Verfolger bereits von der anderen (wenn man so will »frühen«) Variante der Idiosynkrasie so weit entfernt, daß die beiden Varianten nicht mehr in einen Begriff rückzubinden sind? Besteht die Gefahr, den Begriff entweder in einer geradezu beliebigen Überdehnung ganz zu verlieren oder aber die Einheit des Begriffs nur noch auf dem Weg einer ungewollten und willkürlichen Vereinheitlichung – etwa im Sinne einer Denunziation beider Varianten – gewährleisten zu können? Da Adorno den Begriff der Idiosynkrasie vor allem in seinen kunsttheoretischen Schriften zumeist positiv akzentuiert, könnte in diesem Dilemma der Grund für den schleichenden Auszug des Begriffs aus der Diskussion über den Antisemitismus liegen.

Was hat es mit den Epitheta »echt« und »falsch« auf sich, die nun stellvertretend der Mimesis und der Projektion beigegeben werden? Wären diese polaren Prädikationen auch auf die Idiosynkrasie anwendbar? Gibt es falsche Idiosynkrasien? Ent-

28 Ebd., S. 215 f.
29 Ebd., S. 220.

spricht der Gegensatz von »echt« und »falsch« dem von »alt«
und »neu«, dem von »primär« und »sekundär«? Geht es also
um die Frage der Authentizität? Wenn ja, dann wäre die Ausni-
stung des Begriffs plausibel, weil eine nichtauthentische, nach-
geahmte, eine erschlichene »falsche« Idiosynkrasie keine mehr
wäre. So wie der Antisemit sich ja auch nur auf eine Idiosynkrasie »beruft«, sie als »Motiv« vorgibt.

Vielleicht aber handelt es sich dabei gar nicht nur um eine
rationalisierte Idiosynkrasie, sondern vor allem um die Idiosynkrasie als Rationalisierung.

Das argumentative Scharnier, das die beiden diametral ausein-
anderstrebenden Beschreibungen der Idiosynkrasie noch ver-
bindet, das ihre Doppelgestalt in diesem Kontext über eine
Wegstrecke zumindest zusammenhält, liegt im Rekurs auf einen sehr alten archaischen Schrecken und auf einen diesen
alten Schrecken (wieder)erkennenden Schrecken.

Der Schrecken ist beiden Varianten eigen: im schreckhaften Erstarren, in dem sich das Opfer mimetisch ans Unbelebte, ans
»Tote«, angleicht, und in der erschreckten Reaktion des Täters,
der im verhärteten Haß auf diese Erstarrung die eigene Sterblichkeit zu leugnen sucht. So wird, wie Alexander García Düttmann schreibt, der Schrecken »zum Paradigma der Idiosynkrasie«:

> »Die Idiosynkrasie ist die Abscheu, die vom Schrecken
> herrührt, da dieser die Erfahrung einer Destitution des
> Subjekts festhält. Allerdings konstituiert sich auch das
> Subjekt im Augenblick seiner Destitution, im wiederkeh-
> renden Augenblick seiner Angleichung an das, was seinen
> Fortbestand fraglich erscheinen läßt.«[30]

Das aber heißt, daß der Idiosynkrasie nur für einen sehr kurzen
Moment eine Struktur der Ungeschiedenheit zugestanden wird,

---

30 Alexander García Düttmann, *Das Gedächtnis des Denkens*, Frankfurt
a. M. 1991, S. 118.

bevor sie sich gabelt, nahezu unüberbrückbar aufspaltet und sich in der eine Variante schließlich selbst suspendiert.

Dieser Aufspaltung in eine primäre und sekundäre Variante des Idiosynkratischen korrespondiert die Verzeitlichung des Phänomens, seine Eintragung in den Kontext einer Geschichtsphilosophie.

Aber im Verlauf dieser Eintragung verflüchtigt sich der Begriff im Argumentationsgeflecht, und seine zwiespältigen Funktionen für die Demonstration einer sozialpsychologischen und geschichtsphilosophischen Zwiespältigkeit werden weitgehend übernommen vom Begriff der Mimesis.

Die Sache kompliziert sich dadurch, daß auch der Mimesisbegriff einen außerordentlich metamorphen Charakter aufweist, daß auch er in Konstellationen[31] gedacht werden muß, dann zum Beispiel, wenn er von den Autoren der *Dialektik der Aufklärung* in ein kompliziert gegensätzliches und zugleich analoges Verhältnis zu dem der Projektion gebracht wird.

> »Wenn Mimesis sich der Umwelt ähnlich macht, so macht falsche Projektion die Umwelt sich ähnlich. Wird für jene das Außen zum Modell, dem das Innen sich anschmiegt, das Fremde zum Vertrauten, so versetzt diese das sprungbereite Innen ins Äußere und prägt noch das Vertrauteste als Feind.«[32]

Das Idiosynkratische bleibt ambivalent: Während es in der Variante der mimetischen Schutzreflexe eher eine kreatürliche Unschuld suggeriert, rückt es, in seiner »rationalisierten«, der subjektiven Verfügung und sprachlichen Selbstinterpretation bis zu einem gewissen Grade zugänglichen Form, in den Schuldzusammenhang des Antisemitismus.

---

31 Vgl. Josef Früchtl, *Mimesis. Konstellation eines Zentralbegriffs bei Adorno*, Würzburg 1986.
32 Max Horkheimer und Theodor W. Adorno, *Dialektik der Aufklärung*, a.a.O., S. 220.

Die Idiosynkrasie als »archaisches Schema der Selbsterhaltung«,[33] auf die der Antisemit idiosynkratisch reagiert, wird
zum Zeichen für eine Störung, eine punktuelle Aussetzung gerade der kulturgeschichtlichen Prozessualität, die das Subjekt
konstituiert, sie steht als Phänomen der schreckhaften Angleichung für eine Bedrohung. Es ist die Bedrohung einer »Dekonsti-
tution des Subjekts« (Düttmann). Sie reklamiert *und* denunziert
einen Entwicklungsschritt, den die *Dialektik der Aufklärung* selber schon in eine »Konstellation des Schreckens« einschreibt:

> »In der Verhärtung dagegen (gegen die Mimikry, S. B.)
> ist das Ich geschmiedet worden. Durch seine Konstitution
> vollzieht sich der Übergang von reflektorischer Mimesis
> zu beherrschter Natur. An Stelle der leibliche Angleichung
> an Natur tritt die ›Rekognition im Begriff‹, die Befassung
> des Verschiedenen unter Gleiches. Die Konstellation aber,
> unter der Gleichheit sich herstellt, die unmittelbare der
> Mimesis wie die vermittelte der Synthesis, die Anglei-
> chung ans Ding im blinden Vollzug des Lebens wie die
> Vergleichung des Verdinglichten in der wissenschaftlichen
> Begriffsbildung, bleibt die des Schreckens.«[34]

Verwirrenderweise sollte doch gerade die Einholung in den Begriff – wie eingangs zitiert – den Weg für die Erlösung der
Idiosynkrasie aus blinder Reflexhaftigkeit weisen; hier aber
werden beide Formen: die, deren »Inhalt zum Begriff erhoben«
sich schließlich selber suspendiert, wie auch die, die begriffs-,
ja bewußtlos in der mimetischen Angleichung (bzw. idiosynkratischen Erstarrung) zum Ausdruck kommt, gleich ursprünglich derselben Schreckenskonstellation zugeschrieben.

Es ist ein weitverzweigtes und vielfältig verschlungenes Geäder
von Relationen, durch das hindurch Adorno dem Idiosynkrasiebegriff Kontur gibt; die Argumentation beschreibt dabei ge-

---

33  Ebd., S. 213.
34  Ebd.

radezu idiosynkratische Figuren der Anziehung und Abstoßung, der Spaltung und Verdopplung:
»Schreckhafte Idiosynkrasie« steht gegen die »falsche Mimesis«, »echte Mimesis« gegen »rationalisierte Idiosynkrasie« in
ständig wechselnder Konfrontation. »Falsche Projektion« wird
zum »Widerspiel« der »echten Mimesis«, die in einen Gegensatz zur »begrifflichen Synthesis« gebracht ist. Es gibt eine
»Mimesis der Mimesis« und eine idiosynkratische Reaktion
auf Idiosynkrasien.
Das Späte arbeitet gegen das Frühe und gegen das Frühe im
Späten; das Eigene gegen das Andere und gegen das Eigene im
Anderen.
Idiosynkrasie meint sowohl die schreckerfüllte Anschmiegung
ans Unbelebte, Tote, als auch eine Reaktion auf diese verhaßte
Erstarrung beim anderen, die zur abzuwehrenden Mahnung an
die eigene Vergänglichkeit wird.
Dieses Geflecht widerstreitender, sich assimilierender und voneinander abstoßender, teils parallelgeführter, teils sich aufsplit-
ternder Begrifflichkeiten ist sicher nicht die Folge eines Mangels
an begrifflicher Präzision oder Resultat einer Unachtsamkeit,
sondern es entspricht der (historischen, psychologischen, politischen und philosophischen) Ausdifferenzierung eines Moments,
in dem, wie Düttmann zeigt, die vielfältigen binären Oppositionen noch nicht und/oder nicht mehr unterscheidbar sind, in dem
sie gewissermaßen implodieren: es ist der Moment des Schrekkens in der Begegnung mit dem Anderen.

»Es wäre jedoch kein Bezug zum Anderen möglich ohne
den Schrecken, der den Mechanismus ›reflektorischer Mimesis‹ in Gang setzt und zum Opfer des Anderen führt.
Zu der Alternative zwischen einer ›reflektorischen Mimesis‹ und einer ›organischen Anschmiegung ans Andere‹
kann es im Augenblick der ursprünglichen Erfahrung des
Anderen nicht kommen: im Augenblick der konstituieren-
den Destitution und der destituierenden Konstitution –

der De-Konstitution – gibt es kein ›eigentliches mimetisches Verhalten‹, das man dem uneigentlichen der ›reflektorischen Mimesis‹ entgegenhalten könnte. Öffnung und
Reduktion bilden kein abstraktes Oppositionspaar. Die
Andersheit des Anderen impliziert als solche die Möglichkeit des Schreckens.«[35]

In dieser Figuration weist der Begriff, der jede Beiläufigkeit
schon durch seine Aktualisierung für den Antisemitismus verloren hatte, über diesen Zusammenhang hinaus und wird zum
Signum eines allgemeinen Grauens. Jede Begegnung mit dem
anderen, so ist es in der *Dialektik der Aufklärung* nachzulesen,
zeitigt schließlich eine Idiosynkrasie in nuce:

»Die bloße Existenz des anderen ist das Ärgernis. Jeder
andere ›macht sich breit‹ und muß in seine Schranken verwiesen werden, die des schrankenlosen Grauens.«[36]

Das erinnert an das an anderer Stelle zitierte Bild von Roland
Barthes (vgl. das Kapitel »Ach wie schön«, S. 123), wonach
sich aus den Schraffierungen der Idiosynkrasien (der eigenen
und auch der der anderen in der Reaktion auf uns) das abzeich-
net, was er »die Figur eines Körperrätsels« nennt:

»Hier beginnt die Einschüchterung des Körpers, der den
anderen dazu zwingt, mich liberal zu ertragen ...«[37]


*Idiosynkrasie und Seismographie*


Idiosynkratisch ist, nach Adorno, auch das gespannte Verhältnis, in dem Kunstwerke zu anderen stehen, in dem sich unversöhnlich Stile von Stilen abstoßen, Kompositionselemente von

35 Alexander García Düttmann, *Das Gedächtnis des Denkens*, a.a.O.,
S. 118.
36 Max Horkheimer und Theodor W. Adorno, *Dialektik der Aufklärung*,
a.a.O., S. 216.
37 Roland Barthes, *Über mich selbst*, München 1978, S. 127.

Kompositionselementen; der Begriff der Idiosynkrasie bezeichnet das allergische Verhältnis von Formen und Materialien zu- und untereinander; und endlich die ausschließliche Form, in der Künstler, auf bestimmte Form- und Materialkonstellationen reagierend, illiberal neue Formen an deren Stelle setzen.

In den kunsttheoretischen Schriften Adornos erfährt der Begriff in seiner negativierenden Funktion eine weitgehend positive Bewertung. Das macht ihn gleichwohl nicht eindeutig. Er taucht beiläufig auf, sporadisch und plötzlich. Er wird nicht systematisiert, er wird nicht eingeführt, nicht genau plaziert. Er spukt in den Zwischenräumen der großen Oppositionen.

Er hält losen Kontakt mit vergleichbar ambulanten Begriffen, dem des Kitsches, des Geschmacks, des Takts: Begriffsfiguren (mit Ausnahme der des Geschmacks) aus der zweiten Garde der Ästhetik mit unklaren, eher alltagsästhetischen Zuständigkeiten.

So ist beispielsweise der Takt, nach Adorno, etwas, das »gar nicht sich messen läßt«, dessen »Leistungen« »paradox« sind, weil sie eine »unmögliche Versöhnung zwischen dem unbestätigten Anspruch der Konvention und dem ungebärdigen des Individuums« verlangten. »Takt ist eine Differenzbestimmung. Er besteht in wissenden Abweichungen.«[38]

Fällt der Takt als hohles Gebot der Konvention den sich einstellenden Idiosynkrasien zum Opfer, wird also die Verachtung für all das, was er meint, selber zur selbstgefälligen Konvention und weicht nun oppositionellen Formen, die Adorno (unverkennbar idiosynkratisch) mit den Worten »Kameraderie« und »Anrempelei« skizziert, so hinterläßt sein Fortfall eine Leerstelle für die Markierung einer Unerträglichkeit im menschlichen Zusammenleben.

In solchen Differenzbestimmungen ist die Bewegung des Kippens markiert. Ausgelöst und alltagsästhetisch organisiert wird

38 Theodor W. Adorno, *Minima Moralia*, a.a.O., S. 38.

diese Bewegung durch die Idiosynkrasie. Auch und gerade dem Begriff des Geschmacks kommt die Funktion einer Differenzbestimmung zu.

Die »vorkünstlerische Erfahrung«, sagt Adorno, bleibe »befangen im Umkreis des Geschmacks«.[39] »Autonom« sei »die künstlerische Erfahrung« nur dort, wo sie »den genießenden Geschmack«[40] abwerfe. Das bloß Geschmäcklerische ist dubios. Dennoch kann auf den Begriff zumindest in seiner kritisch-diagnostischen Funktion nicht verzichtet werden. »Geschmack ist der treuste Seismograph historischer Erfahrung.« Künstler von »hochgesteigerter Empfindlichkeit des Geschmacks wie Strawinsky und Brecht« hätten »aus Geschmack den Geschmack gegen den Strich gebürstet«.[41]

So gesehen bildet sich Geschmack in ständiger Opposition zu sich selbst. In dem Moment aber, in dem er sich als solcher formprägend zu erkennen gibt und sich ästhetisch selbst bestätigt, kippt er in die Konformität und wird zu dem Ekelphänomen, das man gemeinhin »guten Geschmack« nennt.

> »Gerade den ästhetisch avancierten Nerven [!] ist das selbstgerecht Ästhetische unerträglich geworden. (...) Im Widerwillen [!] gegen allen künstlerischen Subjektivismus, gegen Ausdruck und Beseeltheit sträuben sich die Haare gegen den Mangel an historischem Takt ...«[42]

Über die seismographische Instanz des Geschmacks wird der Selbstekel gesteuert:

> »Wie kaum ein anderes Vermögen ist er [der Geschmack, S. B.] fähig, sogar das eigene Verhalten aufzuzeichnen. Er reagiert gegen sich selber und erkennt sich als geschmacklos. Künstler, die abstoßen, chokieren, Sprecher der unge-

39 Ders., *Ästhetische Theorie*, a.a.O., S. 514.
40 Ebd., S. 26.
41 Ebd., S. 60.
42 Theodor W. Adorno, *Minima Moralia*, a.a.O., S. 191.

milderten Grausamkeit lassen in ihrer Idiosynkrasie vom Geschmack sich leiten.«[43]

Der Geschmack, den Adorno in den Rang eines Vermögens hebt, kann so im Vollzug der idiosynkratischen Reaktion gegen sich selbst zu einer Art ästhetischen Gewissens werden. Wenn der Geschmack die Idiosynkrasien leitet, so konstituieren Idiosynkrasien gleichzeitig den Geschmack; sie sind – in einem unendlichen Prozeß wechselseitiger Überbietungen – die andere Seite des Geschmacks, die dafür sorgt, daß er nicht zur Regel oder zum Diktat verkommt.

>»Gelingt es einmal, die Nerven ganz abzuschaffen, so ist gegen die Renaissance des Liederfrühlings kein Kraut gewachsen.«[44]

Diese idiosynkratische Selbstreferentialität des Geschmacks bringt ihn in eine Nähe zu dem Phänomen der Scham. Nichts ist so beschämend für idiosynkratisch Disponierte wie die Selbstbeobachtung bei einem Kotau vor dem guten Geschmack, wenn eine geschmackvolle Geschmacksverletzung angebracht wäre. In der Scham darüber, der Opposition des Geschmacks gegen den Geschmack, reagieren wir idiosynkratisch auf uns selbst. Die Hypostase des guten Geschmacks ist oftmals selber geschmacklos, so wie verabsolutierte Spießerkritik immer spießig ist. Es gibt keine intellektuelle oder kulturkritische Instanz, die das Spießige, das Geschmacklose, das Kitschige verbindlich festlegen könnte, weil diese Qualitäten nicht den Gegenständen anhaften – wie es das blöde Gelächter über Gartenzwerge nahelegt; vielmehr ist diese Qualifikation eine Frage der Kontexte, in denen diese Phänomene zu anderen stehen, und der Relationen, in die sie in unserer Wahrnehmung zu anderen Wahrnehmungen und Erfahrungen rücken. Ob aber eine Äußerung über den Wert eines Arrangements von Beuys oder den von Gartenzwergen sel-

43 Ebd.
44 Ebd., S. 192.

ber geschmackskonform der Geschmacklosigkeit verfällt, ist
eine Frage von Kontexten und Konstellationen. In solchen Unterscheidungen spiegelt sich vermutlich der Unterschied zwischen starren und beweglichen Formen der Aneignung von Welt.
Adorno weist darauf hin, daß die Idiosynkrasie immer in der
Ambivalenz steht, sich dem gegenüber, worauf sie reagiert, entweder ganz zu verhärten oder aber sich ihm zu überantworten,
das heißt, der idiosynkratisch Reagierende ist von dem auslösenden Reiz zugleich affiziert – damit eignet dieser Reaktion stets
zugleich eine Außen- und eine Innenperspektive.
Im Kitsch kommt der Geschmack zur Ruhe. Kitsch ist daher
mit »dem Diktat des Geschmacks«[45] durchaus verträglich. Er
ist auch nicht dialektisch verwiesen auf eine stabile künstlerische Wahrheit, sondern er ist deren permanente konstellative
Infragestellung.

> »Kitsch ist sowohl von Kunst qualitativ verschieden wie
> deren Wucherung (...) Nichts ist von der Kritik am Kitsch
> nachzulassen, aber sie greift über auf Kunst als solche.
> (...) Was Kunst war, kann Kitsch werden. Vielleicht ist
> diese Verfallsgeschichte, eine der Berichtigungen von
> Kunst ihr wahrer Fortschritt.«[46]

In postmoderner Zeit wäre dem vielleicht hinzuzufügen, daß
auch das, was Kitsch war, Kunst werden kann. Die autodestruk-
tiven Elemente des Idiosynkratischen, die Möglichkeit der
Selbstbeobachtung und der Selbstbekämpfung und schließlich
des Selbsthasses, scheinen von der Idiosynkrasie als Movens und
Ferment künstlerischer Prozesse auf die Kunst selbst überzugreifen:

> »Kitsch ist ein idiosynkratischer Begriff, so verbindlich,
> wie er nicht sich definieren läßt. Daß Kunst heute sich zu
> reflektieren habe, besagt, daß sie ihrer Idiosynkrasien sich

45 Theodor W. Adorno, *Theorie der neuen Musik*, a.a.O., S. 142.
46 Ders., *Ästhetische Theorie*, a.a.O., S. 67.

bewußt werde, sie artikuliere. In Konsequenz dessen nähert Kunst sich der Allergie [!] gegen sich selbst; Inbegriff der bestimmten Negation, die sie übt, ist ihre eigene.«[47]

Wenn sich aber Kunst, herausgehoben aus den großen Geschichtserzählungen und kunsthistorischen Fortschreibungen, in der idiosynkratischen Wendung gegen sich selbst schließlich ganz zur Disposition stellt, »entkunstet«,[48] wenn sie sich weder einfach durch das erklärt, was sie nicht ist, noch in irgendeiner »Wirklichkeit« oder einem äußeren Konzept, einer weltanschaulichen oder politischen Verbindlichkeit oder einem normativen Prinzip, ja nicht einmal in dessen Widerlegung ihr Regulativ hat, ist sie dann nicht in der Figur des Idiosynkratischen vollständig beschlossen, hat sie in ihr nicht zugleich ihre Innen- und Außenperspektive, ihre permanente Introspektion, Korrektur und Widerlegung?

Und wäre dann nicht der Kunst in all den idiosynkratischen Akten ihrer infiniten Setzung und Selbstwiderlegung die Differenz von Kunst und Nichtkunst inhärent, so daß sie in jedem Zug (also nicht etwa nur in einer äußerlichen Programmatik oder einer begrifflich einholbaren Inhaltlichkeit) immer auch über die Sphäre der Kunst hinauswiese?

Möglicherweise läge ihr mimetisches Moment dann nicht in der Angleichung an ein Wirkliches, ja nicht einmal in der an eine schon vorhandene Textur oder Bildlichkeit, sondern in der unendlichen Imitation jener immer neu sich aufbauenden schreckhaften Anziehung und Abstoßung der Bilder, Wörter und Klänge untereinander; gleichsam in der Struktur der Befremdung der Artefakte vor sich selbst, der Befremdung der Kunst vor der Kunst?

Daß es sich dabei nicht um ein leeres Kreiseln in sich selbst handeln kann, ergibt sich daraus, daß im Moment der idiosyn-

---

47 Ebd., S. 61.
48 Ebd., S. 32.

kratischen Befremdung heterogene und natürlich auch außerästhetische Impulse zusammenschießen.

Wenn dem Idiosynkratischen und dem Mimetischen diese Bedeutung eines Anschubs ästhetischer Ablösungen und Differenzierungen zukäme, so beträfe dies nicht nur die Akte der künstlerischen Hervorbringungen, sondern auch die ihrer Wahrnehmung: In dem Maße, in dem sich die Aufpfropfung rein externer Maßgaben (die gesellschaftskritische Relevanz, die Fortschrittlichkeit der Medien, kurz alles, was sich einmal um den Avantgardebegriff gruppierte) zunehmend für die Beurteilung von künstlerischen Prozessen in ihrer Komplexität als problematisch erweist, gewinnt die Forderung Adornos zusätzlich an Plausibilität, daß nämlich die Erfahrung, die wir mit Kunstwerken machen, in den ästhetischen Prozeß selbst mit einrücken müssen, und zwar, wie Christoph Menke ausführt, in der Weise eines »mimetischen Nachvollzugs«:

> »Die ästhetische Mimesis versetzt uns in die Binnenperspektive des Verstehens, in jenen durch gegenläufigste Kräfte bestimmten Prozeß, in dem ästhetische Materialien zu signifikanten Einheiten, signifikante Einheiten zu Bedeutungen gebildet werden. Die ästhetische Erfahrung ist mimetisch, weil wir in ihr den Prozeß, der die Dimensionen des ästhetischen Verstehens aufeinander bezieht, intern im Spiel der Kräfte nachvollziehen.«[49]

Es ist also denkbar, daß auch hier zum Beispiel die Aversion gegen obsolete Formen oder die Empfindlichkeit gegenüber verbrauchten sprachlichen Materialien, die Idiosynkrasie also, den »Nachvollzug« des »internen Kräftespiels« überhaupt erst möglich macht.

Das Uneindeutige der Idiosynkrasie, ihre undurchsichtigen Einwirkungen, ihre ursprüngliche Heterogenität, das Changie-

---

**49** Christoph Menke, *Die Souveränität der Kunst. Ästhetische Erfahrung nach Adorno und Derrida*, Frankfurt a. M. 1991, S. 121.

ren zwischen einzelner Obsession und der Indikation von allgemeiner Verödung und Heuchelei, korrespondiert ihrer kuriosen Mehrörtlichkeit: dem »Zugleich« von Innen- und Außenperspektive. Und weil sie immer berechtigten Alarm wie übertriebene Reizbarkeit bedeuten kann, hat sie sowohl etwas Faszinierendes als auch etwas Windiges.

Sind unsere kleinen Ekelanfälle, die sich in uns alltagsästhetisch gegen eine Wortwahl, eine Verhaltensweise etc. mobilisieren, wirklich strukturell vergleichbar mit der von Adorno beschriebenen »idiosynkratischen Genauigkeit« des Schriftstellers »in der Wahl seiner Worte«, und reagieren wir zuweilen idiosynkratisch, wenn ein Künstler es seinerseits an dieser Genauigkeit fehlen läßt und sich den »konformierenden« Idiosynkrasien überantwortet?

Ist das Idiosynkratische ein Strukturelement sowohl ästhetischer als auch außerästhetischer Erfahrung?

Die Frageform ist keine Rhetorik. Vielleicht stehen ja solche Nobilitierungen der Idiosynkrasie schon in der Gefahr, das Thema zu überfrachten und einer neuen Dogmatisierung zu überantworten. Gerade bei dieser Thematik wäre es unangemessen, das Unentschiedene, Fragile und Liquide preiszugeben.

Allerdings hat Adorno – und das erhöht das Gewicht solcher Fragen – die Idiosynkrasie sogar als den letzten Zufluchtsort für die vom totalisierenden Zugriff der »Kulturindustrie« bedrohten Vernunft gedacht:

> »Ihr gegenüber [der Ära des Positivismus und der Kulturindustrie, S. B.] hat Vernunft vollends, und fensterlos, in die Idiosynkrasien sich geflüchtet, denen die Willkür der Gewalthaber Willkür vorwirft, weil sie die Ohnmacht der Subjekte wollen, aus Angst vor der Objektivität, die allein bei diesen Subjekten aufgehoben ist.«[50]

---

50 Theodor W. Adorno, *Minima Moralia*, a.a.O., S. 85.

# Lob der Nuance
## *Idiosynkrasie und Exzentrizität*

Mit einem Exkurs über eine Geschichte
von Hans Erich Nossack

> »Es handelt sich nicht darum, auf der Linie den vor-
> findlichen Segmenten ein weiteres, neues hinzuzufü-
> gen (ein drittes Geschlecht, eine dritte Klasse, ein
> drittes Lebensalter), sondern darum, inmitten der
> Segmentlinie, inmitten der Segmente eine andere Li-
> nie zu ziehen, die sie mit wechselnder Geschwindig-
> keit in einer Flucht- oder Strombewegung mit sich
> reißt.« *Gilles Deleuze / Claire Parnet*[1]

### *Die exzentrische Bahn*

Soviel scheint sicher: Wenn es kein anerkanntes Zentrum mehr
gibt, gibt es auch keine von ihm abweichende Peripherie, gibt
es auch nicht die Möglichkeit, aus ihm, dem Zentrum, aner-
kannt in die Peripherie abzuweichen. Wenn niemand mehr um
den Verlust der Mitte bangt, besteht keine Lust mehr, willentlich ihren Verlust zu provozieren. Das aber war die Provokation des Exzentrikers und zugleich seine grenzmarkierende Be-
grenztheit; diese Topologie von Mitte und Randständigkeit
war Voraussetzung für seinen steten, wohldosierten zentrifuga-
len Kraftaufwand, sein verläßliches Sich-Stemmen gegen den
Sog verläßlicher Normierungen. Kurzum: Seine Außerordent-
lichkeit entsprach einer Ordnung, seine Außergewöhnlichkeit
einer Gewöhnlichkeit.

1 Gilles Deleuze, Claire Parnet, *Dialoge*, Frankfurt a. M. 1980, S. 141.

Jetzt, da der Niedergang des Exzentrikers betrauert wird, jetzt, im nachhinein, nimmt sich der Außenposten, den der Exzentriker dereinst dauerhaft beziehen konnte, fast ebenso idyllisch aus, wie es der Platz in der Mitte zumindest dem Scheine nach gewesen sein mag. Was für eine schöne Aussicht: aus dem Stick der Gewöhnlichkeiten, aus dem Muff der Üblichkeiten einfach hinauszutreten in das erkennbar Ungewöhnliche, das Unübliche; was für eine schöne Hoffnung: von dort einen fremden Blick auf die anderen zu gewinnen; was für eine schöne Illusion: darüber befremdend für die anderen und vertraut mit sich selbst werden zu können. Ein Wunsch nur. Der Exzentriker war die Personifikation dieses Wunsches.

Anders als der Rebell, der Verbrecher, anders sogar als der Skeptiker bezweifelte der Exzentriker die Grenzen nicht – im Gegenteil, er brauchte sie, und er war zugleich ihre Bestätigung. Seine Andersheit war streng bezogen auf das, wovon er sich unterschieden wußte und dessen Geltung und Dauerhaftigkeit er durch Erscheinung oder Tun markierte. Sein Pathos – das Exzentrische ist immer pathetisch – kam aus diesem Grenzwächtertum. Der Exzentriker leistete die Ausstellung dessen, was man sich leisten konnte.

Er war ein Kolonialist, kein Exilant. In seiner Anmaßung lag immer Maß, in seiner Absage auch eine geheime Zusage für die Einhaltung dieses Maßes. Und ihm widerfuhr in Graden Anerkennung für diese Sorgfalt: Exzentriker wurden oft belächelt, zuweilen von den Geometern der normativen Mitte verachtet, aber in der Regel nicht verfolgt, nicht gehenkt. In guten Zeiten (das waren für den Exzentriker die, in denen das vorgegebene Ordnungsgefüge allerlei Anbauten, Nischen und Durchlässe aufwies und in denen deren Vorhandensein selber zur Norm erhoben war) avancierte er (vor allem im heimatlichen England) zum Konservator einer traditionellen Liberalität. (Ächtung und Gewalt widerfuhren Oscar Wilde nicht wegen seiner Exzentrizität, sondern weil sein ernsthafter

Grenzübertritt zum Gegenstand öffentlicher Auseinandersetzung gemacht wurde.) Die Artistik des Exzentrikers bestand
darin, *fast* aufs Ganze zu gehen. Exzentrizität war immer mehr
als ein Tic und immer weniger als der Wahnsinn. Der Exzentriker war ein Balancekünstler, der sich stetig am Rande des auf
die Norm zentrierten Kraftfeldes zu halten wußte: Es genügte
nicht, zu Zeiten, da alle Zylinder und Gamaschen trugen, keine
zu tragen; der abweichende Auftritt mußte eine Perfektion der
Abweichung geltend machen. Auf diese Weise gelang es dem
Exzentriker, seiner Person den Schein einer Autonomie zu geben, so als läge es bei ihm, den Geltungsbereich des Gravita-
tionszentrums irgendwann ganz zu verlassen, als sei er nur zu
exzentrisch, diesen scheinbar letzten und naheliegenden Schritt
auch noch zu tun. Gleichzeitig und dem zuwiderlaufend sugge-
rierte der Exzentriker die Zwangsläufigkeit seiner Außergewöhnlichkeit, so als habe ihn die Fliehkraft eines besonderen
Schicksals unversehens aus dem Zentrum geschleudert. Selbstverständlich hat sich der Exzentriker selbst gemacht, er hat sich
verabredungsgemäß abweichend inszeniert, aber er war zugleich bedacht, diese Absichtlichkeit zu verwischen, als könne er
nur so und nicht anders. Damit erwarb er sich eine Unschuld
obendrauf. Das Manöver, sich in einem zu exponieren und zu-
rückzunehmen, konnte wegen seiner Durchsichtigkeit wiederum als kleine Reverenz an die Norm durchgehen. Die exzentrische Existenz oszillierte scheinhaft zwischen den Polen von
zwanghafter Determination und dem Anspruch der Selbsterzeu-
gung, von Notwendigkeit und Kontingenz, von Unschuld und
Hybris – ohne sich je in einem dieser Extreme zu beruhigen.
Der Exzentriker inszenierte eine bemessene Abweichung. Seine
Position war gut justiert. Das lebende Bild, das der Exzentriker
bisweilen lebenslänglich am eigenen Leibe vorführte, war ge-
sellschaftlich exakt lokalisiert und auf Dauer gestellt (eine
Haltbarkeit, die allerdings strikt abhängig war von der Stabili-
tät der Konventionen). In dieser inszenierten raumzeitlichen

Erstarrung lag sein Heroismus. »Denn der moderne Heros«, sagt Benjamin, »ist nicht Held – er ist Heldendarsteller.«[2] Gemünzt ist der Satz auf den Dandyismus Baudelaires. Baudelaire selbst hatte über den Dandy – einen Verwandten des Exzentrikers, der mit diesem nicht gleichzusetzen ist, dem aber exzentrische Züge eignen können – gesagt, daß er »bestrebt« sein müsse, »ohne Unterbrechung erhaben zu sein. Er muß leben und schlafen vor einem Spiegel.«[3] Im Ausstellungsraum ununterbrochener Selbstinszenierungen stand das Exzentrische ständig in Gefahr, ins Lächerliche zu kippen. Dem Exzentriker alten Schlags war die Lächerlichkeit in kleineren Dosen nicht gefährlich, sie steigerte sein Pathos. Das unterscheidet ihn von seinem Epigonen heute. Dessen Griff in den Fundus hat etwas Läppisches: ein müder Versuch, mit Hilfe großer Schlapphüte, skurriler Bärte, dieser oder jener bizarren Angewohnheit noch einmal den Heroismus des Exzentrischen zu beschwören. (Männer scheinen dieser Versuchung häufiger zu erliegen.) Mit dem Verfall der Idee des Zentrums haben die raumzeitlichen Konstruktionen, in denen der Exzentriker plausibel war, ihrerseits an Plausibilität verloren. Der Exzentriker ist ein Opfer dessen, was man als Ordnungskrise der abendländischen Kultur bezeichnet hat. Die exzentrische Behauptung Nietzsches, die Mitte sei »überall«,[4] läutete den Niedergang ein. Das schwindende Vertrauen in metaphysische Beglaubigungen und absolut gesetzte Wertordnungen, der Zusammenbruch religiöser und kultureller Identitäten, schuf schließlich auch Legitimationsprobleme für die Verbindlichkeit von traditionalen

2 Walter Benjamin, *Charles Baudelaire. Ein Lyriker im Zeitalter des Hochkapitalismus*, in: W. B., *Gesammelte Schriften*, hg. v. R. Tiedemann u. H. Schweppenhäuser, Bd. I. 2, Frankfurt a. M. 1974, S. 600.
3 Charles Baudelaire, *Mein entblößtes Herz*, in: Ch. B., *Sämtliche Werke/ Briefe*, hg. v. F. Kemp u. C. Pichois, Bd. 6, München 1991, S. 224.
4 Friedrich Nietzsche, *Also sprach Zarathustra*, in: F. N., *Werke*, hg. v. H. Schlechta, Frankfurt-Berlin-Wien, Bd. II, S. 463.

Lebensformen. Mit der Aufweichung dieser Verbindlichkeiten, etwa des topologischen Musters von Innen und Außen, Mitte und Peripherie, sind die Koordinaten für das Exzentrische weggefallen.

Der traditionelle Exzentriker ist keine Grenzfigur mehr: In der bloßen Zitation des Exzentrischen kann der Exzentriker seine Ambivalenz nicht mehr zeigen, und damit nicht mehr seine Exzentrizität.

Die Moden, einst Spielstätten der Ausdifferenzierung des Exzentrischen, überrollen einander in der schnellen Zitation vergangener Exzentrizitäten; das Versandhaus preist kriterienlos das Spießerinterieur von Gestern als Exzentrizität von heute; Lebensstilmagazine überbieten sich gegenseitig in der Andienung abweichender Lebensstile, die von allem und von nichts abweichen. Mit anderen Worten: Wenn das, was man der Gewohnheit nach für das Exzentrische hält, nicht mehr zuverlässig außergewöhnlich ist und das Gewöhnliche als das, was man der Gewohnheit nach dafür hält, allenfalls dieser trägen Gewöhnung noch folgt und kein verbindliches Maß mehr außer sich hat, dann ist das Exzentrische nicht mehr sicher identifizierbar, dann geraten die Dinge in Fluß. Dementsprechend sind die Redefiguren, die sich einmal topologisch auf so etwas wie ein Zentrum bezogen, wenn sie das Verbindliche oder das Gewöhnliche ansprechen wollten, der Rede vom »mainstream« gewichen. Gleichwohl scheint sich das Exzentrische in dessen Strudeln nicht ganz verloren zu haben.

Wie aber wäre es zu retten? Wie kann es unter diesen Bedingungen überdauern? Wie kann sein Überdauern gedacht werden?

Es gibt eine Möglichkeit, auf die Heidegger in seiner Vorlesung zu Hölderlins Hymne *Andenken* hinweist. Er erinnert an einen Gedanken, mit dem die erste Fassung des *Hyperion* beginnt. Dort nämlich heißt es:

> »Die exzentrische Bahn, die der Mensch, im Allgemeinen und im Einzelnen, von einem Punkte (der mehr oder weni-

ger reinen Einfalt) zum anderen (der mehr oder weniger vollendeten Bildung) durchläuft, scheint sich, nach *ihren wesentlichen Richtungen* immer gleich zu sein.«[5]

Dem Exzentrischen widerfährt in dieser Formulierung eine Verallgemeinerung, eine Dehnung und eine Beschleunigung – es beschreibt eine immer gleichartige Bewegung: eine Bahn. Das aber heißt, daß die Reklamation der Mitte in diesem Fall auf keine statische Befindlichkeit zielt, sondern auf eine Bewegung, die stets eine exzentrische Bewegung ist, auf eine Bahn, die aus dem Zentrum hinausweist; daß der Weg zur Mitte, wenn eine Ankunft überhaupt zu denken ist, über die Kolonien führt. Das Exzentrische gilt diesem Denken nicht als Zustand, als eine einzunehmende Position, vielmehr als ein Prozeß, dessen Verlaufsform die gewohnten Ordnungsvorstellungen von Anfang und Vollendung, von Mitte und Peripherie verkehrt – das Exzentrische wird gegenläufig verzeitlicht:

>»Der Anfang«, kommentiert Heidegger, »fängt nicht immer mit dem Anfang an. Auch der Mensch ist geschichtlich nicht unmittelbar im Zentrum seines Seins.«[6]

Im Vorgang dieser Verzeitlichung und Verkehrung ist die Räumlichkeit des Exzentrischen – die Topologie von Zentrum und Ex-Zentrum – zwar verschoben, aber nicht prinzipiell ausgesetzt.

Ein weiterer Beitrag zur Rettung des Exzentrischen könnte in der Radikalisierung dieses Gedankens liegen, in dem Versuch, nicht nur seine zeitlichen, sondern darüber hinaus seine räumlichen Eintragungen zu unterlaufen. Damit wird das nicht mehr auf Dauer gestellte Exzentrische auch ortsunabhängig, es gehört nicht länger zur fixen Ausstattung einer Person, es ist

---

5 Friedrich Hölderlin, *Fragment von Hyperion*, in: F. H., *Werke und Briefe*, hg. v. F. Beißner u. J. Schmidt, Bd. I, Frankfurt 1969, S. 440.
6 Martin Heidegger, *Hölderlins Hymne ›Andenken‹*, in: M. H., *Gesamtausgabe*, Bd. 52, Frankfurt a. M. 1982, S. 189.

allenfalls ein Strukturelement der mentalen Disposition dieser Person: der Disposition, allergisch auf alle erneuten Versuche der dogmatischen Zentralisierung von Sinn, Macht, Geschmack etc. zu reagieren. Exzentrizität hat, so verstanden, einen Spürsinn für Verfestigungen, eine Idiosynkrasie gegen Totalisierungen zur Voraussetzung. Sie aktualisiert die alte Ambivalenz, aber für jede Situation neu und anders. Sie provoziert gleichzeitig eine setzende und dem zuwiderlaufend eine entziehende Bewegung, durch die in einem Moment, an einem Ort und nur für *diesen* bestimmten Moment und nur für *diesen* bestimmten Ort ein Zentrum angezeigt und zugleich unterminiert wird. Diese Bewegungen sind zu gegenläufig und zu flüchtig, als daß durch sie fürderhin die personale Einheit des Kulturtyps »Exzentriker« bestätigt werden könnte (der »neue Exzentriker« wäre allenfalls als der Schemen eines Tänzers vorstellbar, ein Tänzer, der im selben Moment einen Schwerpunkt markiert und verläßt). Daher soll im folgenden nicht so sehr von *dem Exzentriker,* wohl aber von der *Exzentrizität* die Rede sein.

Das ist eine konstellative Exzentrizität, vagabundierend, in wechselnder Erscheinung. Eine situative Exaltation, ein plötzliches Herausspringen aus den jeweiligen An-Ordnungen, deren Gefüge sich gerade erst ausbildet; eine grundsätzliche strukturelle Absage an jede unangebrachte Gemütlichkeit, jede schlechte Beruhigung, jede Verfestigung. Sie ist eine Unterbrechung, eine idiosynkratische Aufstörung. Sie ist zugleich die Indikation einer Konventionalisierung und deren Dementi. Aber sie ist zudem auch immer schon die Parodie des bloß Antikonventionellen, des konformen Nonkonformismus.

Das Exzentrische muß sich ganz ohne identifizierbare Merkmale permanent, das heißt für jede neue Konstellation neu, organisieren, neu plazieren und in jeder Konstellation eine neue punktuelle Exzentrizität schaffen. Das Movens für diese bizarre Exposition von Anzeige und Absage ist das Gespür für

Nuancen; eine dispositionelle Empfindlichkeit, die diejenigen,
die sie aufweisen, dem Angriff der faulen Üblichkeiten fatal
ausliefert und gleichzeitig gegen sie impft. Unter dem Stichwort
»Raketen«, notiert Baudelaire:

> »Verachte niemandes Empfindlichkeit. Das Empfindlich-
> keitsvermögen eines Menschen ist sein Genie.«[7]

Diese Empfindlichkeit steuert eine differentielle Exzentrizität,
die in ihrer jeweiligen Qualität unabhängig von der Qualität
all dessen ist, wovon sie sich jeweils abstößt. Wenn ihm auch
ein antiautoritärer Impuls eignen mag, so ist das nuanciert Exzentrische doch nicht zu verwechseln mit dem jugendbewegten
Affront gegen das Alte, Überkommene. Jeder »Ismus« ist
nuancenfeindlich, sogar der zum Prinzip erhobene Antiautori-
tarismus. Oder wie Nietzsche schreibt:

> »Man verehrt und verachtet in jungen Jahren noch ohne
> jene Kunst der Nuance, welche den besten Gewinn des
> Lebens ausmacht, und muß es billigerweise hart büßen,
> solchergestalt Menschen und Dinge mit Ja und Nein über-
> fallen zu haben.«[8]

Das Schema des Ja oder Nein ist gebunden an die Annahme,
daß den *Menschen und Dingen* gleichbleibende, situationsun-
abhängige Merkmale anhaften, die mit festen Wertungen belegt werden können. Wer aber hätte sich nicht einmal dabei
entdeckt, einem besonders rechthaberischen Menschen gegenüber eine Position eingenommen zu haben, die ihm außerhalb
dieser Gesprächskonstellation nicht einmal im Traum eingefal-
len wäre.

»Die Deutschen«, sagt Nietzsche in einer empfindlichen Reaktion auf den zeitgenössischen Chauvinismus, »sind für mich
unmöglich«:

7  Charles Baudelaire, *Raketen,* in: Ch. B., *Sämtliche Werke,* Bd. 6, a.a.O.,
S. 206.
8  Friedrich Nietzsche, *Jenseits von Gut und Böse,* in: F. N., *Werke,* Bd. II,
a.a.O., S. 596.

»Ich halte diese Rasse nicht aus, mit der man immer in
schlechter Gesellschaft ist, die keinen Finger für nuances
hat.«[9]

Heute könnte sich das Gespür für Nuancen zum Beispiel im Gespür dafür erweisen, daß solche Urteilssprüche über die nationale
Mentalität der Deutschen in den Verabredungen deutscher Intel-
lektueller selber längst einer Konventionalisierung verfallen sind.
In der Konvention dieser Selbstbezichtigung vollzieht sich, ge-
winnbringend für den, der sie vorträgt, das geheime Ritual seiner
eigenen, völlig unverdienten Entlastung. Im richtigen Moment ge-
äußert, verschafft der verabsolutierte Argwohn gegen das Deutsche, vom deutschen Intellektuellen anderen deutschen Intellektuellen vorgetragen, den absurden Adel des Undeutschen, eine
Negativ-Identität. So gemütlich kann es sogar in Schuldzusam-
menhängen werden. Im publizistischen Dekor dieser Zerknir-
schungshybris lassen sich Karrieren machen. Berechtigung und/
oder Unerträglichkeit solcher Verdikte hängen davon ab, *wer* sie
*wann* und *wie* vorträgt. »Wir waren 1968 keine Demokraten«
sagte ein »68er«, der 1968 kein Demokrat war. Nachdem er dafür
seinerzeit im politischen Muskelspiel demonstrierter Radikalität
den Beifall einstrich, holt er sich jetzt im Schutz eines historisie-
renden *Wir* einen zweiten Applaus für die verspätete Moral einer
kostenlosen Einsicht in einen vermeidbaren Irrtum. Um diese
doppelte Ernte einfahren zu können, ist es wichtig, zweifelsfrei,
fix, laut und eindeutig zu sein, schließlich lebt die Talk-Show-Kultur, die einen großen Bedarf an vermeintlichen Exzentrikern hat,
vom Redestakkato des unverzüglichen Ja oder Nein.

Die Autorin Marie-Luise Scherer wurde von der Illustrierten
*Bunte* im Stil der direkten Anrede zur Ordnung gerufen. Sie
hatte im *Spiegel* unter dem Titel *Die Hundegrenze*[10] eine Prosa
verfaßt über die Nuancen des »ungeheuren Alltags« auf der

---

9 Ders., *Ecce Homo,* in: *Werke,* Bd. II, a.a.O., S. 1150.
10 *Der Spiegel,* Nr. 6, vom 7. 2. 1994.

östlichen Seite der Grenze, die einmal Deutsche von Deutschen trennte: über die Ordnungen der Überwachung und die Topographie der Befestigungen dieser Grenze; über gefährliche Regelwerke, die den dort lebenden Menschen ein grausam normales und den dort eingesetzten Hunden ein ausschließlich grausames Schicksal bescherten. Unter anderem geht es in diesem Text um das Zugleich von maßloser Leidensmißachtung und bemessener Gemütlichkeit, von Katastrophe und Norm, Gewöhnlichkeit und Ungewöhnlichkeit, kurz: um eine denkwürdige Kongruenz von Grenze und Mitte.

Die Maßregelung, die der Autorin durch die *Bunte* widerfuhr, wurde eingeleitet mit der ordnungsbewußten Frage, ob Marie-Luise Scherer »noch alle Tassen im Schrank« habe:

> »Draußen in der Welt detonieren Granaten auf dem Marktplatz von Sarajewo, Somalia blutet, bei uns stirbt die Liebe jeden Tag, und Sie schreiben über ausrangierte Wachhunde der ehemaligen deutsch-deutschen Grenze?!«

Die Mahnung stand unter anderem im Kontext von Themen wie: »Bei Schalke geht's jetzt um die Wurst«. »Eisprinzessinnen. Haß und Tränen«. »Die Fünfziger Jahre«. »Ich bin der Bruder von Mick Jagger«. »Tiere. Killerwal«. Und/aber vier Seiten des Blattes waren immerhin dem Thema gewidmet: »Sarajevo. Tun wir alle genug. Ein Test«. »Bunte vergibt Punkte (von 0 bis 5) für Worte, Taten und persönlichen Mut.«[11] Eine Helfer-Hitparade also, erstellt nach dem Prinzip des Preisrichtertums beim Eiskunstlauf (der Artikel erschien zur Zeit der Winterolympiade). Das alles ist eher komisch und natürlich obszön: etwas daran aber greift auch in weniger brutalen Zusammenhängen. Die Annahme nämlich, daß Verlaß ist auf die Sogwirkung zentral gesetzter Bedeutungen und daß die Berufung auf sie Vorteile verschafft.

Nun könnte es aber sein, daß ein eindeutig belangloser Artikel

---

11 *Bunte*, Heft 8, vom 17. 2 1994.

über einen grausamen Krieg weitaus belangloser und nichts-
würdiger ist als die thematisch abgelegene, aber nuancierte Beschreibung von der Rücksicht oder Rücksichtslosigkeit, mit der
Menschen durch eine Drehtür gehen. Eine ähnliche Vermutung
über die Bedeutung scheinbar bedeutungsloser Nuancen in der
Beschreibung zurückliegender kriegerischer Ereignisse findet
sich bei Adorno:

> »Reimt Schiller in Wallensteins Lager Potz Blitz auf die
> Gustl von Blasewitz, so übertrumpft das an Abstraktheit
> den blassesten Klassizismus; dieser Aspekt verurteilt Stücke
> wie den Wallenstein zur Unerträglichkeit.«[12]

Das idiosynkratische Gespür für Nuancen erlaubt situativ Unterscheidungen, die nicht *prinzipiell*, allenfalls *konstellativ* ge-
troffen werden können, etwa die zwischen:

Exzentrizität und Albernheit,

Empfindlichkeit und Zimperlichkeit,

Nuanciertheit und Korinthenkackerei,

Nonchalance und Gleichgültigkeit,

Flexibilität und Opportunismus,

Konsequenz und Sturheit,

Eleganz und Protzigkeit,

Feinsinn und Prätention,

Schlichtheit und Banalität,

Gnade und Willkür,

Sensibilität und Wehleidigkeit,

Souveränität und Selbstgerechtigkeit,

Würde und Dünkel,

Bescheidenheit und Bescheidenheit,

Witz und Witz,

Unsinn und Unsinn.

---

12 Theodor W. Adorno, *Ästhetische Theorie*, in: Th. W. A., *Gesammelte
Schriften*, hg. v. G. Adorno u. R. Tiedemann, Bd. 7, Frankfurt a. M. 1970,
S. 450.

Die Exzentrizität, die diese Gratwanderung der Unterscheidungen provoziert, schräg zu den gängigen Alternativen stehend, ohne Netz, ohne Konsens, ist selber in bedrohlicher Nähe zum Absturz in geschmäcklerische Willkür und Beliebigkeit. Das exklusiv Exzentrische in diesem Nuancenkarussell liegt in dem Moment der Einsamkeit, der Gefährdung, der Fremdheit zu allem und zu sich selbst; im Moment der Leere und des Schwebens, rückhaltloser Selbstvergessenheit und Verlorenheit. Benjamin hat dieses Moment dem »spleen« zugeordnet: er spricht vom »spleen« als dem »Gefühl, das der Katastrophe in Permanenz entspricht«,[13] und vom »Charakter des nackten Schrekkens, der Baudelaire im spleen heimsuchte«:[14]

> »Das entscheidend neue Ferment, das, in das taedium vitae eintretend, dieses zum spleen macht, ist die Selbstentfremdung.«[15]

Der Spleen war immer das liquide Element des Exzentrischen, das, in der Habitualisierung des alten Exzentrikers zum Charakterindiz geronnen, seine Schrecklichkeit vorübergehend etwas einbüßte. Entlassen aus der schrulligen Verharmlosung einer ganzheitlichen Schrulle, markiert der spleen die nervöse Sprungbereitschaft, die das Überdauern des Exzentrischen begünstigt. Er setzt das Exzentrische frei, er schält es aus seinen sozialromantischen Einkleidungen, aber er setzt es auch aus, er bringt es aus der Bahn, auf unberechenbare Wege. Im spleen manifestiert sich das Mißtrauen gegen die aufdringlichen Alternativangebote des »Ja oder Nein«, des »Entweder – Oder«, des »Links oder Rechts«, des »Richtig oder Falsch«, die das Denken in die gewohnte Bahn locken und in ihr halten. Die Aufdringlichkeit dieser Angebote scheint sich in

13 Walter Benjamin, *Zentralpark*, in: W. B., *Gesammelte Schriften*, Bd. II. 2, a.a.O., S. 660.
14 Ebd., S. 658.
15 Ebd., S. 659.

dem Maße zu steigern, in dem sich ihr starrer Schematismus
als unzulänglich erweist bei der Sichtung und Befindung komplexer Zusammenhänge. Die Anforderungen, die gesellschaft-
lich aufklaffen etwa im Entwicklungsgang neuer Forschungsbe-
reiche (Gentechnologie, künstliche Intelligenz etc.), lassen das
Schemadenken von bloßer Zustimmung oder Ablehnung
schnell an Grenzen kommen; Grenzen, an denen auch der Versuch, mit den alten politischen Entschiedenheiten auf neue politische Konstellationen zu reagieren, längst schon gescheitert
ist: Das Beispiel »Algerien«, genauer: der Hinweis auf die un-
demokratischen Mittel, mit denen dort zur Zeit eine undemo-
kratische Bewegung zur Erleichterung der Demokraten von
Kräften, die man nur mit Vorbehalten demokratisch nennen
kann, niedergehalten wird, mag veranschaulichen; daß Konstellationen dieser Art mit der Prinzipientreue des »Ja oder
Nein« zulänglich nicht einmal mehr darstellbar sind.

Je weniger die alten Vereindeutigungen greifen, je wichtiger in
der Folge dessen das nuanciert Exzentrische wird, desto größer
wird im Gegenzug die Sehnsucht nach fundamentalistischen,
also nach durchgefügten und endgültig austarierten Ordnungs-
prinzipien.

Diese Sehnsucht ordnet nicht nur tautologisch das Denken derer, die immer schon die Rückkehr zu vermeintlich stabilen
Ordnungen verordneten; hinterrücks hat sie sich längst auch
in das Denken derer eingeschlichen, die einmal außenseiterisch
und erneuerungstüchtig die innere Ausgrenzungslogik alter
Ordnungen anzeigten. Die Kampagne der *political correctness,*
das ist der unangenehm prinzipialisierte Einspruch gegen Un-
angenehmes, der Versuch, alle menschlichen Lebensäußerun-
gen einem Regelwerk der eindeutigen Bewertbarkeit, ja der
Verrechtlichung zu unterwerfen, ist der derzeit massivste Angriff auf die Nuance, wo es oft um nichts anderes als um nuancierte Betrachtungen gehen sollte: Es ist eben nicht gleichgültig,
wer in welcher Situation wem gegenüber einen Witz über

Behinderte, Frauen, Homosexuelle, Schwarze oder Dumme macht und wer darüber in welcher Situation herzlich lacht. Die *political-correctness*-Kampagne kann über solche Scherze, da es ihr auf Kodifizierungen ankommt, nur das allgemeine Lachverbot verhängen. Für die unkorrekt Heimgesuchten, für die »Betroffenen« selbst, bedeutet das – wollen sie sich nicht die Sympathien ihrer korrekturfreudigen Verteidiger verscherzen –, daß sie nicht mehr über sich selbst lachen dürfen, daß sie sich, in dem, was sie *auch* sind (weiblich, schwarz, behindert), verallgemeinern müssen, daß sie gehalten sind, korrekt das zu bleiben, was die anderen immer schon in ihnen sehen wollen. Spätestens dann allerdings, wenn sich ganze Lachabteilungen in den Medien am Verstoß gegen die politische Korrektheit kommerziell gesundstoßen, kommen wieder Sympathien für die sprachwächterlichen Einsprüche auf.

## Ja oder Nein

Freiheit, behauptete Adorno einmal, sei nicht, zwischen Schwarz und Weiß zu wählen, sondern sich einer solch vorgeschriebenen Wahl zu entziehen.

Selbstverständlich hat diese Formulierung nichts mit der scheinhaft lebensklugen Kompromißempfehlung zu tun, die krassen Schwarz-Weiß-Optionen zugunsten milderer Grautöne aufzugeben (eine Empfehlung, die auf all das abhebt, was gern in die Bildlichkeit vom »Mittelweg« und von der »goldenen Mitte« gebracht wird). Adornos Satz meint dem entgegen eine exzentrisch zu nennende Absage an bipolare Vorgaben, eine idiosynkratische Aufkündigung des Denkens in starren Alternativen. Nun eignet den Idiosynkrasien selbst zwar etwas Starres, Absolutes, Unbedingtes, indem sie uns unwillentlich eine abwehrende Reaktion aufzwingen. Zugleich aber entstehen gerade im regellosen Gewebe solcher Empfindlichkeiten jene Impulse, die seismographisch die Untauglichkeit schlechter Alternativen anzeigen.

In der aktuellen Diskussion über die Mordattacken Jugendlicher gegen Asylsuchende schlägt das Dilemma der Schwarz-Weiß-Optionen grell durch. Gerade diejenigen, die zuvor jedwede Verfehlung mit dem Verweis auf kulturelle und psychische Verstrickungen in die Sphäre einer den Täter entlastenden Zwangsläufigkeit überführten, fordern jetzt harte, signalgebende Bestrafungen. Mit dem gleichen Eifer, der einmal ihren sozialtherapeutischen Einspruch bestimmte, verabschieden sie nun jede relativierende Bedenklichkeit, als seien sie es plötzlich müde, im Täter auch das ehemalige Opfer zu sehen. Diesem fliegenden Wechsel der Perspektive von Weiß zu Schwarz, dem wohl auch ein Wechsel von optimistischen zu pessimistischen Grundannahmen über die Beschaffenheit der menschlichen »Natur« und ihre potentielle Läuterbarkeit zugrunde liegt, ging vermutlich die herbe Erkenntnis voraus, daß der Unterschied zwischen Verstehen und Entschuldigen eben doch nicht so groß ist, wie es einige sehen wollten. Das entschlossene Verstehen-Wollen ist ohne Empathie nicht möglich. Irgendwie landet man immer bei Hitlers schwerer Kindheit. Die »schwarze« Antwort auf diese böse Bruchlandung eines gutgewollten Denkvorgangs liegt in der desillusionierten Rückkehr zu rigorosen Erwägungen, von denen man sich einmal recht unduldsam verabschiedet hatte – Erwägungen wie die: ob es einen Grad der Brutalität und Verrohung gebe, der Entstehungsfragen nicht mehr angebracht erscheinen lasse; ob man bei den genannten Erscheinungen ausgehen müsse von der totalen Abwesenheit jedweden Unrechtsbewußtseins, von einer absoluten Gewissenlosigkeit, vom grundlos Bösen, auf das man nur mehr mit Maßnahmen wie Ausgrenzung, Verwahrung und Abschreckung reagieren könne.

Wie geht man mit der Koexistenz von berechtigten, aber einander ausschließenden Positionen um? Die Schwierigkeit liegt wohl im Begriff der Position selbst: erscheint es doch zunehmend unmöglich, sich aus den Widersprüchen gedanklicher Verstrikkung in die Sicherheit einer einzigen, unanfechtbaren Position zu bringen. Die Frage, ob wir in einem Menschen das Opfer, den Täter oder beides zugleich sehen sollen/wollen, kann nicht prinzipiell, sondern nur kontextuell und nur sehr nuanciert entschieden werden. Gerade hier käme es auf die exzentrische Möglichkeit an, unterschiedliche Perspektiven nicht nur zu dulden, sondern auch die Unbehaglichkeit ihrer Gegensätzlichkeit, ja gegensätzlichen Ausschließlichkeit ertragen zu können, ohne in eine bequeme Beliebigkeit auszuweichen.

## Das Prinzip des kleinen Vorsprungs

Als Gegentypus zum Kulturtypus des Exzentrikers galt einmal die unbeweglich positionierte Figur des Spießers. Ihn zeichnete eine standpunktfeste Unbeirrbarkeit aus. Der Spießer war *die* Figur des Juste Milieu. Auch die Konstruktion des Spießers war Effekt kultureller Zuschreibungen. Sie war einmal angesiedelt in der »médiocrité«, das ist nach Nietzsche »ebenso so weit weg von sterbenden Fechtern wie von vergnügten Säuen«.[16] Seit das Bild vom sterbenden Fechter zum Kriegerdenkmal inflationierte, seine Würde und Eindringlichkeit zunehmend einbüßte und auch die Säue der Mut zur Vergnügtheit verlassen hat, seit die extremen Eckdaten für die Vermessung der Abstandswahrung, also für die Ermittlung der Mitte, abhanden kamen, muß, analog zur Ortlosigkeit des Exzentrischen, an jedem möglichen Ort mit der Erscheinung des Spießigen gerechnet werden. Nur in dieser Weise scheint die Reklamation des Spießigen, der selber etwas Spießiges anhaftet, angemessen. Zur Disposition gestellt,

16 Friedrich Nietzsche, *Also sprach Zarathustra*, in: F. N., *Werke*, Bd. II, a.a.O., S. 420.

geistert das Spießige als mentale Disposition in allen Lagern, ja, es ist Garant des Lagerdenkens selbst: der lebhaften Bemühung, das einmal Erreichte wenigstens in Teilbereichen und für Teilzeiten stillzustellen, als progressive Bürgschaft zu konservieren und in starre Konfrontationen zu bringen zu allem, was diesen Besitzstand auszehren könnte. Das Spießige liegt nicht so sehr in der Beruhigung selbst, als vielmehr in dem unruhigen Bemühen um immer neue Einfriedungen und Grenzmarkierungen. Zu dieser ruheversessenen Ruhelosigkeit passen die alten Bebilderungen des Spießigen nicht mehr. Der abgedroschene Fingerzeig auf die vergleichsweise liebenswerten Sonntagsbraten- und Schrebergartenidyllen hat ablenkende Funktion. Wenn heute noch ein Typ des Spießigen benannt werde könnte, dann wäre es wohl eher der des gestylten Hektikers: der Yuppie als spießiger Antispießer. Es handelt sich um einen Typus, der sich nur punktuell, nicht aber auf lange Sicht an seinen Ausstattungen und Angewohnheiten erkennen läßt, es sei denn an der Angewohnheit, sein jeweiliges Normzentrum jeweils aufs neue terroristisch gegen jede Irritation zu verteidigen. Es ist der Typus, der in den fünfziger Jahren ausschließlich Feuerzangebowle, in den sechziger Jahren Kullerpfirsich, in den siebziger Jahren Edelzwicker, in den achtziger Jahren Kir Royal und in den Neunzigern Prosecco trank, der dieses Trinkverhalten immer aufs neue signalgebend verabsolutierte und alle verachtete, die seinem Wechselschritt nachhinkten. Nichts verabscheut er mehr als den, der heute so ist, wie er gestern noch war, nichts ist ihm unangenehmer als die Wiederbegegnung mit einem Menschen, der – ob nun aus Unbeweglichkeit oder Beständigkeit – noch immer die politischen Positionen vertritt, die auch er einmal dogmatisierte. Er mag keine Zeugen seiner vorangegangenen Lebensstationen. Nach dem *Prinzip des kleinen Vorsprungs* verkauft sich der Spießer neuen Typs als Exzentriker alten Typs. Das aber ist eine Täuschung: das Moment der »Selbstentfremdung«, das Benjamin am »spleen« faszinierte, geht ihm völlig ab; er kennt keine Verlo-

renheit, kein Befremden vor sich selbst: der Spießer ist ungeachtet seiner wechselnden Optionen immer bei sich. Nicht die Geschmeidigkeit, mit der er aus der Mao- in die Kenzo-Jacke
sprang, macht ihn verdächtig, sondern die Starre, mit der er bei
anderen auf der Einhaltung der jeweiligen Kleiderordnung besteht, und die Geschwindigkeit, mit der er seine alten Kostüm-
wechsel aus der Erinnerung drängt. Dieses Spießertum der
wechselnden Ein- und Ausgrenzungen muß heute den Einspruch
wertkonservativer oder sozialrevolutionärer Überzeugungen
nicht mehr fürchten, ihm kann allenfalls die Liquidität des Exzentrischen noch gefährlich werden. Dessen allgegenwärtige
Zuständigkeit erschwert die Abgrenzungen, denn die Irritation,
die von ihr ausgeht, kann jederzeit auch in den jeweils einge-
grenzten Binnenbereichen auftauchen. Der Spießer ist zumindest situativ angewiesen auf die Verläßlichkeit einer Trennung
von Innen und Außen, von Zugehörigkeit und Nichtzugehörig-
keit. Da die idiosynkratische Exzentrizität gerade diese Unterscheidungen nicht achtet, da sie anders ist, ohne die Andersartig-
keit zu repräsentieren, löst dies allergische Reaktionen aus.

»Das Primitive«, schreibt Hans Erich Nossack, »ist niemals so primitiv, daß es nicht über einen abgründigen In-
stinkt für das Andersgeartete verfügte.«[17]
In dieser allergischen Abwehr sind sich die Zeloten, alle Lager
übergreifend, über alle ideologischen Gräben hinweg, seltsam
ähnlich. (Vielleicht liegt hier die Erklärung dafür, daß in den
Revolutionen die der Abweichung bezichtigten Revolutionäre
zuerst geköpft werden, noch bevor man sich den klassischen
Gegnern zuwendet.)
Die letzte Volte spießiger Geschmeidigkeit besteht darin, nicht
nur die Aufgabe von Überzeugungen, mit denen man noch vor
wenigen Jahren frei von jedem Zweifel andere drangsalierte, die

17 Hans Erich Nossack, *Die Schalttafel*, in: H. E. Nossack, *Begegnungen im Vorraum. Erzählungen*, Frankfurt a. M. 1963, S. 104.

aber heute nicht mehr karriereförderlich sind, als einen überzeugungsgelenkten Prinzipienwechsel zu verkaufen, sondern in einem zweiten Schritt die Überzeugung zu dogmatisieren, daß der prinzipielle Verrat von Überzeugungen selber ein Überzeugungsakt sei. Nun kann es ja in der Geschichte eines Lebens ehrbare Gründe dafür geben, Meinungen zu ändern, Überzeugungen abzulegen und Irrtümer einzugestehen. Das aber ist nicht gemeint. Die Hymne auf den Verrat als Tugend, wie sie jüngst von einem Autor im *Kursbuch* zelebriert wurde, ist die hohle Umkehrvariante des Dogmatismus. Sie besitzt nicht einmal mehr die idiotische Harmlosigkeit der hessischen Schlawinerdevise: »Was geb' ich auf mein dumm' Gebabbel von gestern.« So wie man einst die terrorisierte, die sich von den verordneten Überzeugungen wegbewegten, versucht man jetzt jene zu blamieren, die über den Tag hinaus an einer Überzeugung festhalten. Das ist der Terror des kleinen Vorsprungs. Strukturell sind solcher Tugendterror und Opportunismus sehr verwandt.

Das Lob der Nuance spricht nicht der Beliebigkeit und der Verkehrung das Wort. Die Treue zur Nuance bietet ihrerseits Gewähr, daß es Treue, die diesen Namen verdient, überhaupt geben kann. Treue kann nicht kodifiziert, nicht verordnet werden.

Sie ist ein Versprechen, dessen Einlösung sich in jeder Situation, in jeder Konstellation in immer neuen Nuancen neu beweisen muß. Allenfalls im Rückblick – das ist nach dem Tod eines Menschen – läßt sich ahnen, daß er sich, einem anderen, einer Sache treu geblieben war, und zwar in der Weise einer flexiblen Beständigkeit. Aber der einzige, der das wirklich beurteilen könnte, ist dann nicht mehr. So gesehen ist die Treue zur Nuance das Gegenteil zur frivolen Relativierung. Die Möglichkeit, sich selbst nuanciert treu zu bleiben, besteht gerade auch im permanenten Argwohn gegen die eigenen Anfälligkeiten: in der Aversion gegen die Versuchung, sich prinzipiell in einem Prinzip zu bestätigen, oder – das ist die bloße Kehrseite –, sich an eine prinzipielle Verratsbereitschaft zu verraten.

Die Treue zur Nuance ist vielleicht Grundlage jeder Treue. Das Lob der Nuance ist ein Rettungsunternehmen: verteidigt werden soll die exzentrische Möglichkeit einer ernsten Rede von Treue und Verrat.

## Anhang

Der hier vorgenommene Versuch, das Exzentrische zu retten, vollzieht sich argumentativ über weite Strecken in der Figur des negierenden Vergleichs: im Hinweis darauf, was es nicht ist, was es nicht mehr sein kann – etwa in der Abgrenzung zu älteren Bestimmungen des Exzentrischen. Das mag darin gründen, daß die Bemühung um eine gestaltgebende, charakterisierende Demonstration unweigerlich in der Gefahr steht, die Eignung des Nicht-Charakteristischen, des nicht einmal mehr Anti-Charakteristischen zu ignorieren. Das Exzentrische ist weder Bejahung noch Verneinung, aber es erschöpft sich auch nicht im »Weder – Noch«. Wie ist das zu sehen, welche Möglichkeit gibt es, sich das vorzustellen?

Aus dieser performativen Verlegenheit kann die Literatur beispielgebend helfen. Zu denken wäre etwa an Herman Melvilles Romangestalt *Bartleby the Scrivener*, dessen besondere Exzentrizität in der berühmten Formel »I would prefer not to« beschlossen ist.

In einem beeindruckenden Essay über *Bartleby oder die Formel* schreibt Gilles Deleuze:

> »Man hat bemerkt, daß die Formel – I prefer not to – weder eine Affirmation noch eine Negation war. (...) Bartleby verweigert nicht, er weist lediglich ein Nicht-Gemochtes zurück. Und Bartleby akzeptiert auch nicht, er bejaht nicht etwas, was vorzuziehen wäre (...) er weist nur auf dessen Unmöglichkeit hin.«[18]

18 Gilles Deleuze, *Bartleby oder die Formel*, Berlin 1994, S. 13.

Bartlebys unerbittlich widerstandslose Widerständigkeit, durch die er sich in einen diffusen Abstand zu anderen setzt, bewirkt eine Verstörung, erodiert die alltäglichen Abläufe; seine Formel wirkt wie eine schleichende Infektion. »Man« sieht sich schließlich gezwungen, ihn hinter die Mauern eines Gefängnisses zu bringen, aber die Formel, die er grammatisch korrekt, doch semantisch irritierend in die Welt setzte, bleibt, und sie wirkt, darüber gibt es für Deleuze »keinen Zweifel«, »verheerend, verwüstend, und läßt nichts übrig«.[19]

> »Man drängt ihn, ja oder nein zu sagen. Würde er aber nein sagen (...) oder würde er (...) ja sagen, wäre er rasch bezwungen, für unnütz befunden (...) Nur durch sein Kreiseln in einem Aufschub, das jeden auf Abstand hält, kann er überleben. (...) Die Formel kennt zwei Zeiten und lädt sich selber ständig wieder auf, indem sie dieselben Zustände nochmals durchläuft.«[20]

> »Die Regel bestünde dann in dieser Logik der negativen Präferenz, des Negativismus jenseits jeder Negation.«[21]

Diese opake Logik einer Weigerung, die mit Bestimmtheit etwas Unbestimmtes dem jeweils Geforderten vorzieht, diese Figur der unabgeschlossenen Negierung, unterläuft, nach Deleuze, die Mittel der Verständigung selbst, zerstört die Sprache, treibt sie in eine Leere, ins Schweigen.

Das Exzentrische an Bartleby, ausgestattet mit dem »Willen zum Nichts«, könnte für diesen Zusammenhang in der Figur seiner unabgeschlossenen Negierungen (Deleuze spricht von einem »hypochondrischen ›Negativismus‹«[22]) gesehen werden. Deleuze, der die Melvillesche Personnage um die Pole der monomanisch dämonischen Gestalten einerseits und die der »stu-

19 Ebd., S. 12.
20 Ebd., S. 14f.
21 Ebd., S. 15.
22 Ebd., S. 35.

piden Heiligen und Engel« andererseits gruppiert, steigert die
Figur Bartleby am Ende seines Essays typologisch in schwin-
delnde Höhe:

> »Selbst als Katatoniker und Magersüchtiger ist Bartleby
> nicht der Kranke, sondern der Arzt eines kranken Ame-
> rika, der Medicine-man, der neue Christus oder unser al-
> ler Bruder.«[23]

Hans Erich Nossack spricht in einer poetisch unendlich vom
Melvilleschen Erzählkosmos entfernten Novelle von einer
»Wehrlosigkeit«, durch die man »venichtet« werden könne.
Sein Held, der ebenfalls, wenn auch in literarisch ganz anderer
Weise, zur Bebilderung der hier gemeinten Exzentrizität taugt,
sieht am Ende dieser Geschichte im Traum einen Engel – und
für einen kurzen Moment scheint es, als leuchte die Figur Bar-
tlebys noch einmal auf.

In dieser Erzählung, die unter dem Titel *Die Schalttafel* in den
fünfziger Jahren entstand, entwirft Hans Erich Nossack einen
Exzentriker, der auszog, um in der Mittelmäßigkeit zu verschwinden, der versucht, die Möglichkeit der Exzentrizität im
Vollzug einer Überanpassung zu bewahren: ein junger Mann
mit einem »spleen«.

Der »Held« in Nossacks Erzählung trägt den Namen Schneider – ein unauffälliger Name, in dem aber anders als in den Namen Müller oder Schmidt die Unauffälligkeit noch nicht zum
Prinzip erhoben ist. Er beobachtet in seiner frühen Jugend mit
wachsendem Entsetzen die allgemeine erzieherische Einwirkung
auf die mentale Entwicklung seines älteren Bruders, die in seinen
Augen einem »unsichtbaren Mord«[24] gleichkommt. Er studiert
dessen allmähliche Zurichtung auf die Norm, dessen schleichende Abrichtung auf die Mittelmäßigkeit, und schließlich
dessen eigene ergebene Einrichtung in der Gewöhnlichkeit. Er

---

23 Ebd., S. 60.
24 Hans Erich Nossack, *Die Schalttafel*, a.a.O., S. 90.

veranschaulicht sich diesen Vorgang im Bild einer imaginären
Schlinge, die er um den Hals seines Bruders, um den Hals aller
Menschen liegen sieht: eine Art Würgehalsband, befestigt an
einer Laufleine, die sie alle im Machtbereich eines Zentrums
hält.

> »Wenn sie den Ruck an der Schnur merken, wenden sie sich
> erhobenen Hauptes dem Inneren des Kreises zu, so als ob
> sie es aus freien Stücken täten, und man glaubt ihnen das.
> Sie geben vor und glauben es am Ende selber, es sei ihre Auf-
> gabe, für die Erhaltung und Verbesserung des bisherigen
> Zustands zu sorgen. Sie machen aus ihrer Prostitution eine
> Pflicht. Man denke nur an Juristen, Mediziner, Soziologen,
> Seelsorger und dergleichen Leute.«[25]

Für Schneider geht es in kalter Panik darum, sich selbst diesem
würgenden Zugriff, dem »Konformismus« (so lautete ein
Schlagwort aus der Entstehungszeit dieser Geschichte), zu entziehen.

> »Ich sagte mir, wenn ich ausreiße, bin ich verloren (...),
> denn wenn man ausreißt, zieht sich die Schlinge zu.«[26]

Er sinnt auf eine Strategie, um diesem Schicksal entgehen zu
können, und er erkennt schnell, daß der Nonkonformismus,
die normierte Abweichung, also der Exzentriker alten Typs,
keine annehmbare Rolle für ihn ist:

> »Doch immer sind da auch noch ein paar ganz Wider-
> spenstige. Sie bleiben zornig am Rand des Kreises hocken,
> die Schlinge um den Hals, und erheben Geschrei (...). Und
> weil sie nach außen schreien, nimmt man sie auch nicht
> allzu ernst. Sie sind eine Abwechslung im Alltag und sogar
> nützlich als Ventil für alles, was nicht einmal mehr im
> Traum zu schreien wagt.«[27]

25  Ebd., S. 96.
26  Ebd., S. 94.
27  Ebd., S. 96 f.

Um dem Schema von Außen oder Innen, Schwarz oder Weiß, Ja und Nein zu entrinnen, erfindet Nossacks Held das Schalttafelsystem:

> »... man muß herausfinden, wie sie einen haben wollen. Ihre Wünsche immer schon im voraus erfüllen ... sie dumm machen durch die Gewohnheit ... Ich entspreche ihren Erwartungen und übertreffe sie sogar ...«[28]

Auf der Schalttafel sollen die »Nuancen« dieser Erwartungen systematisiert werden, eine Aufgabe, die Schneider zunächst nahezu unlösbar erscheint, bis er merkt, daß es einen Trick gibt, die Vielfalt möglicher »Nuancen«[29] wirksam zu reduzieren: Man muß dafür sorgen, daß man die anderen durch sein eigenes Verhalten bestätigt. Ihre Eitelkeit, ihre Gier nach Selbstbestätigungen ermöglichen ein unnuanciertes, ja primitives Schaltsystem, das gleichwohl noch die ganze Bandbreite ihrer möglichen Erwartungen umfaßt. So löst sich Schneider allmählich in der Durchschnittlichkeit auf. Mitte und Exzentrizität kommen zur Deckung. Während er überall dort ist, *wo* man ihn erwartet, und immer so ist, *wie* man ihn erwartet, erfährt seine Existenz zugleich eine äußerste Dehnung und eine absolute Schrumpfung. (Es besteht die Gefahr, »daß ich, während ich den Gestorbenen spiele, eines Tages wirklich gestorben bin«.[30]

In diesem Zustand, in dem Fülle und Leere scheinbar zusammenfallen, hat Schneider ungewöhnliche Träume: Er träumt einen höllischen Traum von der barbarischen Teufelei der Mitte:

> »Denn ich habe unaussprechliche Dinge geträumt. Man vergißt sie, da sie sich nicht aussprechen lassen, aber ich – ich weiß fortan, daß es sie gibt, und zuweilen sehe ich sie

28 Ebd., S. 105.
29 Ebd. S. 99.
30 Ebd., S. 112.

nun auch wachend. So furchtbar, so entwürdigend scham-
los, so unmenschlich entblößt und alles nur Gier, und zu
wissen, daß man im Bruchteil einer Sekunde wieder so
werden kann ...«[31]

... und er träumt einen himmlischen Traum von einer reinen
(das ist unnuancierten), aber unerreichbaren (bartlebyschen?)
Exzentrizität:

>... Aber ich habe auch von Engeln geträumt und war
nicht weniger erschrocken. Es gibt sie also. Allerdings haben sie kein langes Nachthemd an, auch Flügel hatten sie
nicht. Doch es waren Engel, ich wußte es gleich ... Ich
würde mich nicht wundern, wenn ich einem von ihnen
auf der Straße begegnete. (...) Man erkennt ihn an seiner
entsetzlichen Wehrlosigkeit, die so offenbar ist, daß man
davon vernichtet wird. Man darf ihn nicht verraten, sonst
ist man verloren.«[32]

31 Ebd., S. 109.
32 Ebd., S. 109f.

# Ach wie schön
## Freundschaft und idiosynkratische Befremdungen

### Mit einem Exkurs über ein Stück
### von Nathalie Sarraute und einem Anhang

> »... was für unendliche und unerforschliche Sympa-
> thien, Antipathien, Idiosynkrasien überkreuzen sich
> nicht!« *J. W. Goethe*[1]

### Triviale Epiphanie

»*Ich liebe*: Salat, Zimt, Käse, Gewürze, Mandelteig, den
Geruch frisch geschnittenen Heus (Ich hätte es gern, wenn
eine ›Nase‹ ein solches Parfüm herstellen könnte), Rosen,
Pfingstrosen, Lavendel, Champagner, leichte Stellungnah-
men in der Politik, Glenn Gould, über alle Maßen eis-

---

1 J. W. Goethe, *Johann Baptist Porta*, in: J. W. Goethe, *Sämtliche Werke*,
Frankfurter Ausgabe, Bd. 23 I, *Zur Farbenlehre*, hg. v. Manfred Wenzel,
Frankfurt am Main 1991, S. 672. Der zitierte Ausruf ist einer kurzen Ab-
handlung Goethes entnommen, die die magisch/naturkundlichen For-
schungen Portas würdigt. Zuvor ist von den unterschiedlichsten Reaktionen der Metalle auf den Prozeß des Galvanisierens die Rede. Diese
Prozesse werden mit den empfindlichen menschlichen Reaktionen auf die
Reize und Zumutungen ihrer Umwelt analogisiert. Das Zitat im engeren
Zusammenhang lautet: »Tun wir einen Blick auf die Bezüge der spezifizier-
ten organischen Wesen, so sind diese von unendlicher Mannigfaltigkeit
und oft erstaunenswürdig seltsam. Man erinnere sich, im gröberen Sinne,
an Ausdünstungen, Geruch; im zarteren, an Bezüge der körperlichen Form,
des Blickes, der Stimme. Man gedenke der Gewalt des Wollens, der Inten-
tionen, der Wünsche, des Gebetes. Was für unendliche Sympathien, Antipathien und Idiosynkrasien überkreuzen sich nicht!«

gekühltes Bier, flache Kopfkissen, geröstetes Brot, Havan-
nazigarren, Händel, abgemessene Spaziergänge, Birnen,
weiße Pfirsiche oder Weinpfirsiche, Kirschen, Farben, Uhren, Federhalter, Schreibfedern, Zwischenspeisen, rohes
Salz, realistische Romane, das Klavier, das Café, Pollock,
Twombly, die ganze romantische Musik, Sartre, Brecht,
Verne, Fourier, Eisenstein, die Züge, Médoc, den Bouzy,
Kleingeld, Bouvard und Pécuchet, am Abend Spaziergänge in Sandalen auf den kleinen Landstraßen des Süd-
westens, die Flußbiegung des Adour, vom Haus des Dr. L.
aus gesehen, die Marx Brothers, den serrano um sieben
Uhr morgens beim Verlassen von Salamanca usw.

*Ich liebe nicht*: weiße Rocker, Frauen in langen Hosen, Geranien, Erdbeeren, das Cembalo, Miró, Tautologien, Zeichen-
trickfilme, Arthur Rubinstein, Villen, Nachmittage, Satie,
Bartok, Vivaldi, das Telefonieren, Kinderchöre, Chopins Kon-
zerte, burgundische Reigentänze, die Tänze der Renaissance,
die Orgel, M.-A. Charpentier, seine Trompeten und Kessel-
pauken, das Politisch-Sexuelle, die Szenen, Initiativen, Treue,
Spontaneität, Abende mit Leuten, die ich nicht kenne, usw.«[2]

---

2 Roland Barthes, *Über mich selbst*, München 1978, S. 127.
Diese Aufzählung, wie vor allem auch die Arbeit Julia Kristevas über den
Ekel (*Pouvoirs de l'horreur. Essai sur l'abjection*, Paris 1980), hat Ulrich
Raulff schon 1982 zu dem plausiblen Vorschlag inspiriert, »idiosynkratische oder Ekel-Profile von Menschen« aufzuzeichnen, und zu der weiterge-
henden Hypothese angeregt: »(...) man kann Gesellschaften (wie übrigens
auch Einzelpersonen) danach beschreiben und beurteilen, wie sie chemisch
reagieren, welche Transsubstantiationen sie fördern und welche sie unter-
binden. Man kann viel über Gesellschaften erfahren, wenn man ihren che-
mischen Regulierungen nachforscht, statt, wie die Soziologie meist tut,
ihren mechanischen und optischen, statt unverdrossen den Massenbildun-
gen, Pressionen und Supervisionen des Sozialen nachzugehen, könnte man
auch ihren Gemengen, Amalgamen und Brühen folgen.« Ulrich Raulff, *Chemie des Ekels und des Genusses*, in: *Die Wiederkehr des Körpers*, hg. v. Dietmar Kamper und Christoph Wulf, Frankfurt a. M. 1982, S. 247-250.

Was ist das für ein chaotisches Gewirr von Details, Stoffen, Gegenständen, Artefakten, Umständen, Gerüchen, Eigenschaften? Offensichtlich handelt es sich bei dieser Aufzählung um Bruchstücke aus einer Welt, die einem bestimmten Menschen angehört. Hinter all diesen unverbundenen Notationen – sie sind wie Fußnoten zu einem unbekannten Text – wird schemenhaft die Gestik einer Liebe und eines Unmuts spürbar.

Gerade das Schemenhafte und Gesetzlose dieser polarisierenden Bewegung provoziert Unbehagen bei denen, die sich plötzlich konfrontiert sehen mit solch unzusammenhängenden Figuren von Neigung und Abneigung und der beliebigen Folge alltäglicher Anlässe, an die sie rühren, aus denen sie einmal entstanden sein mögen.

Der fragmentarische und regellose Charakter solcher Reihungen erzeugt einen Gestaltdruck; in einer Art von detektivischem Ergänzungszwang bemüht sich unsere auf Sinnzusammenhänge und Bedeutungen abgestellte Phantasie flugs um Konjekturen: gleichsam um die Rekonstruktion des Textes aus dem Geist der Anmerkungen. Damit öffnet sich ein assoziativer Raum; wir vermuten in diesen mannigfaltigen Bruchstücken Zeugnisse für die Eindeutigkeit eines Charakters, für die Einheit einer Existenz; wir sehen in ihnen: Scherben verwirklichter oder verfehlter Lebensentwürfe, Splitter erfüllter oder enttäuschter Sehnsüchte, Engramme eingelösten oder verflüchtigten Glücks, Spuren nie verwundener Kränkungen, Fragmente vergangener Gewohnheiten, verdunkelter Erlebnisse …

Der Raum ist schnell möbliert mit dem Polsterwerk dieser assoziierten Vermutungen, Erläuterungen und Verdächtigungen, kurz: allerlei interpretatorischer Anstrengung, die insgeheim darauf angelegt ist, für das Chaos der Reize und der ihnen antwortenden Impulse eine strukturelle Gemeinsamkeit zu finden, sie auf ein unsichtbares affektives Zentrum zu fokussieren.

An die Heterogenität der Empfindungen werden, als Vermu-

tung getarnt, vorsichtig externe Ordnungsfaktoren herange-
führt, in der Hoffnung, aus der spontanen Hinwendung ein
ergründbares Motiv oder aus der spontanen Abneigung ein be-
gründbares Urteil zu machen. Solche Mutmaßungen lassen
hinter der wirren Ansammlung von Impulsen eine psychologisch begehbare Biographie oder ein in seinem ästhetischen
Kalkül nachvollziehbares Programm aufscheinen.

Das gibt die Aufzählung, so wie sie vorgefunden wurde, aber
nicht her. In diesem Stadium der Lebensäußerung ist alles noch
möglich: hinter der Vorliebe zu Zimt kann ein Kindheitszauber,
ein Pubertätstrauma, der Skandal einer anderen verdorbenen
Süßspeise oder auch nur eine bestimmte geschmacksnervliche
Verfassung stehen.

Die Ansammlung heterogener Reaktionen auf heterogene Erscheinungen zeitigt einen starken Eindruck, aber kein beglaubigtes Psychogramm. Sie scheint dem, was eine psychologisch
ergiebige Seelenbotschaft, ein gestandenes Vorurteil, eine be-
handlungsbedürftige Phobie oder ein reflektiertes Geschmacks-
urteil werden könnte, in uneindeutiger Weise vorauszuge-
hen.

Zwar begünstigen manche der genannten Reize und die ihnen
zugeordnete positive oder negative Reaktion eine psychologi-
sierende Vermutung (»Frauen in Hosen«, »weiße Rocker«),
möglicherweise ließe sich aus den Optionen für eine Musik,
eine Literatur, eine Philosophie ein intellektuelles Auswahlprin-
zip oder zumindest ein ästhetisches Muster ersehen; was aber
macht man mit »Erdbeeren« und »Initiativen«? Wovon legen
»Pfingstrosen«, »Nachmittage«, »Flußbiegungen« Zeugnis ab?
Sollen sie in ihrer kulturellen Unschuld und ihrer psychologischen Unergiebigkeit Gewichtigeres verdecken? All das läßt
sich zunächst nicht sagen, auch nicht, wie diese affektauslösen-
den Optionen entstanden und wie bedeutsam sie für die gesamte Verfassung eines Menschen sind. Nur soviel läßt sich
sagen: Diese abwehrenden und hinwendenden Bewegungen ha-

ben ihren Fluchtpunkt in einer Person, die von sich sagt, daß sie dieses liebe und jenes nicht. Die Person ist der Philosoph Roland Barthes, und der Text, dem das Sammelsurium der Alltagsoptionen entnommen wurde, trägt den Titel *Über mich selbst*.

> »Ich liebe, ich liebe nicht, das hat für niemanden Bedeutung, das hat anscheinend keinen Sinn. Und doch bedeutet all das: *mein Körper ist Eurem nicht gleich*. So tritt in diesem anarchischen Aufschäumen der Neigungen und Abneigungen, dieser Art zerstreuten Schraffierens, langsam die Figur eines Körperrätsels hervor, das nach Komplizität oder Gereiztheit verlangt. Hier beginnt die Einschüchterung des Körpers, der den anderen dazu zwingt, mich liberal zu ertragen, schweigend-höflich zu bleiben vor den Genüssen und Verweigerungen, die er nicht teilt.«[3]

Das Chaos der idiosynkratischen Impulse zeitigt einen ausschließenden, terroristischen Körper-Anspruch. Diese besondere Mischung »Zumutung« , ja »Einschüchterung« soll nun, wie Barthes sagt, von anderen »liberal ertragen« werden. Duldsamkeit ist gefordert. Alle Regelwerke des zivilen Verkehrs – die Möglichkeit des Einklagens, der Rechtfertigungen, der Kompromisse – drohen vor den Idiosynkrasien zu versagen, die für die, die sie nicht teilen, nicht anders als befremdend und für die, die sie teilen, nicht anders als anziehend sein können. Idiosynkrasien provozieren ein unzivilisiertes Entweder – Oder. Die duldsame Höflichkeit als Reaktion auf idiosynkratische Konstellationen mag wünschenswert sein, naheliegend ist sie nicht.

Die Frage, wie wir mit dem, was wir spontan lieben, und dem, was wir spontan ablehnen, für uns selbst und andere erträglich sind, lenkt den Blick auf die Grauzone, in der zum Beispiel unsere Freundschaften (Komplizität) und Feindschaften (Gereiztheit) entstehen, sich bekräftigen, aber sich auch verlieren

3 Ebd.

können. Es ist die Grauzone dessen, was der Begriff der Mentalität zu erfassen sucht. Ein Begriff, in dem individuelle und überindividuelle Momente changieren, in dem das Affektive, das Kognitive, das Kulturelle und das Historische ineinandergreifen. In der blitzhaften Übereinstimmung, in der fast reflexhaften Gemeinsamkeit von Sympathien und vor allem der der gemeinsamen Aversionen gegen etwas oder jemanden feiert die Freundschaft ihre größten Triumphe. Das ist ihr Ferment; ihr Kitt, der schwerer zu lösen ist als etwa der der gemeinsamen Überzeugungen.

Diese »Komplizität«, von der Roland Barthes spricht, die schnelle Verständigung vor jeder Reflexion bezeugt die Möglichkeit, daß sich in diesen chaotischen Impulsen punktuell gemeinsame kulturelle Erfahrungen oder, besser: vergleichbare Formen der Verarbeitung dieser Erfahrungen ablagern – eine wohl eher strukturelle denn inhaltliche Gemeinsamkeit mit wenigen, in wenigen glückhaften Momenten. Daß sie möglich ist, erweist, daß es sich bei diesen Impulsen doch um mehr handelt als um eine bloße private Marotte.

Diese Übereinstimmungen signalisieren eine Verläßlichkeit, auf die jedoch kein Verlaß ist, sie kann nicht beliebig abgerufen werden.

Bevor aber eine solche mentale Übereinstimmung mit anderen zünden kann, beansprucht mit der strikten Behauptung dieser Vorlieben und Abneigungen ein Einzelner einen einsamen Raum, er schüchtert andere ein, wie Roland Barthes sagt, mit platzgreifenden Setzungen seiner Körper- und seiner Geschmackspräsenz – mit der Behauptung seiner Individualität.

Möglicherweise sind solche Hinweise auf unsere kleinen Hinwendungen und unsere kleinen Aversionen die zuverlässigsten Aussagen, die wir über uns selbst überhaupt machen können – bevor die automatisierten Interpretationen (unsere eigenen und die erbetenen und unerbetenen der anderen) einsetzen, vor deren großen Erklärungsgesetzen es dann wieder gleichgültig ist, ob wir frisches Heu gerne riechen und Geranien nicht mögen (es sei denn, diese Affekte paßten in ein Neuroseschema). Aber wie wichtig sind Geranien für unseren mentalen Haushalt? Wäre es möglich, daß diese kleinen Impulse in ihrer anarchischen Vielfalt und Verwobenheit unsere großen geistigen Bewegungen lenken, lange bevor wir auf ein Bild, ein Wort, einen Begriff, einen Grund stoßen? Oder sind das Beschäftigungsfelder für luxurierende Neurastheniker? Wenn es sich bei dieser Impulsivität aber nicht nur um Marginalien, nicht bloß um Fußnoten, sondern um ein Strukturelement des Textes, der unser Leben ist, handelte, ließen diese Details dann tief blicken, gäben sie, wie Valéry behauptet, Einblick in die ganze »elende Tiefe« unserer selbst?

> »Das wahre Portrait von jemandem bestünde darin, den Ort derjenigen Dinge zu umreißen, die ihm angenehm und wünschenswert sind, genauso wie den Ort dessen, was ihn abstößt. Alles definiert über seine besondere Sensibilität. Das heißt durch eine Tabelle seiner potentiellen Antworten auf die Fragen, die ihm entweder seine ›Welt‹ oder sein Organismus stellt.«[4]

Das, was wir Individualität nennen, läge demzufolge im Koordinatensystem unserer Zu- und Abneigungen.

Das große Interesse, das den allwöchentlichen Antworten Prominenter auf den »Proustschen Fragebogen« in der illustrierten Wochenendbeilage einer Tageszeitung entgegengebracht wird, verwischt den vorschnellen Eindruck der Harmlosigkeit etwas; es bezeugt, daß Heerscharen von Psychokriminalisten in einer kollektiven Spurensuche hinter den Aussagen über Lieblingsblumen, Lieblingsnamen, Lieblingsvögel, Lieblingsfarben, verabscheuungswürdige geschichtliche Gestalten und das größte Unglück einen Aufschluß in Richtung auf irgendeine »Tiefe« vermuten. Und vielleicht haben sie zumindest darin recht, daß

4 Paul Valéry, *Cahiers/Hefte*, Bd. 4, Frankfurt a. M. 1990, S. 516.

im Großen mehr gelogen wird als im Kleinen; vielleicht handelt es sich bei diesen Lieblingsangelegenheiten tatsächlich um kleine Indikationen für andere kleine Indikatoren für andere kleine Indikationen ... Vielleicht liegen die Aufschlüsse über das Rätsel einer Körperindividualität gar nicht so sehr in einer »Tiefe«, sondern in dem Arrangement der Empfindlichkeiten; vielleicht steckt das, was uns am meisten prägt, in den Besonderheiten der Windungen dieser Ketten von Reizen und Reaktionsformen, und vielleicht sieht der »Aufschluß« dann so aus, wie ihn Botho Strauß beschreibt:

> »Merkwürdig, ja unangenehm, wie man das Wesentliche eines flüchtig berührten Menschen, je älter man wird, fast zwanghaft auf Anhieb erfaßt. Das Fluidum der Fingerstellung, das Antlitz eines Gangs, und sogleich wird das ›erfahrene Vermuten‹ (Heidegger) tätig, durch das wir mit Hilfe weniger Blicke, weniger Sinnesdaten den gesamten Verhaltens-Raum eines Menschen plötzlich hochberechnen können, ja oft uns innerlich gezwungen fühlen, dies zu tun, und eine beliebige Folge möglicher Situationen rasch herausspielen, in denen wir ihn ganz authentisch vor uns haben, wie er dasteht, wie er spricht.
> Die arrogante Intelligenz des PH-Professors, Ende dreißig, Leser der ›Tageszeitung‹, dessen Höchstes es ist, in einem fort (›wie der Kleinbürger‹ eben) über Motoren, ausgezeichnete Gaststätten, traumhafte Reiseziele zu sprechen. ›Von dem (Auto)-Typ liegen jetzt die neuen Tests vor, der setzt also glatt 250 PS auf die Straße.‹ Ein Blick, ein abgelauschter Satz erfaßt so viele und mehrwertige Wesenspartikel, daß man, eigentlich im selben Augenblick, auch sehen kann, wie dieser Mann die Nagelfeile benutzt, oder hört, was er antwortet, wenn seine Frau ihn einen Lügner nennt.«[5]

5 Botho Strauß, *Paare, Passanten*, München 1981, S. 68 f.

Roland Barthes' Geranie verliert offensichtlich in dem Maße ihre Harmlosigkeit, in dem die Liebe zu ihr oder die Abneigung gegen sie zu einem Datum wird, das im Verbund mit einem oder wenigen anderen Daten der Vorstellungskraft plötzlich Einsicht in ein ganzes Tableau von Bildern, von verschiedenartigen Szenen aus einem »Verhaltens-Raum« ermöglicht und schließlich das belebt, was Botho Strauß mit Heidegger das »erfahrene Vermuten« nennt. Wie in parallel geordneten »Schaufenstern« wird eine bestimmte Befindlichkeit synchron in ganz unterschiedlichen lebensweltlichen Ausschnitten sichtbar – die alltägliche Handhabung der Nagelfeile, die alltägliche Form der ehelichen Auseinandersetzung, eine besondere Fingerstellung, der alltägliche Gang, die alltäglichen Lektüre-Vorlieben, die ganz besondere Trivialität des beruflichen Imponiergehabes, der ebenso besondere wie gewöhnliche Alltag ...

Diese Alltagsvisionen erhellen das Spektrum der durchschnittlichen Besonderheit in der besonderen Alltäglichkeit dieses Menschen. Für die Entstehung dieser trivialen Epiphanien können kleine Beobachtungen kleiner Details ausschlaggebender sein als das große Wissen über einen bedeutsamen Sachverhalt.

Unter bestimmten Umständen können bestimmte Reize soziale Phantasmen mit Stoff versorgen: triviale Epiphanien, eine merkwürdige Gleichzeitigkeit ganz ungleichzeitiger und eine ebenso merkwürdige Gleichberechtigung ganz ungleichgewichtiger Details. Im Zusammenspiel mit anderen Beobachtungsdetails rücken sie blitzartig in einen neuen Erscheinungszusammenhang, in eine phänomenologische Verdichtung. Die Trivialepiphanie ist keine Erkenntnisform, sie paßt in kein hermeneutisches Regelwerk, sie ist nicht charakterisiert durch eine Bewegung von Außen nach Innen auf der Suche nach einem Bedeutungskern für die Symptomatik der Alltagsgestik, sondern sie hat ihren Ursprung und ihren Austragungsort in diesen Spielformen reiner Äußerlichkeit.

Es gibt nicht *den* Schlüssel für *den* »Aufschluß« über *die* Tiefe, sondern ein kleines Detail an irgendeiner Stelle in der Kombination mit einem anderen schafft die Voraussetzung für eine unvermutet klare Sicht zum Beispiel auf die Haltung eines Menschen zu Dingen, die womöglich in einem ganz anderen Bereich liegen.

Jedes noch so harmlose Phänomen kann plötzlich in der Konstellation zu anderen ins Zentrum einer Szene rücken und von dort die Aussicht auf eine alltägliche Hölle freigeben – etwa auf die Alltagsästhetik eines Menschen, deren Formationen ebenso strikte wie unangenehme Vermutungen in Richtung auf seine moralische und geistige Formation nahelegen; gute Filmausstattungen leben von dieser Kombinatorik.

Natürlich ist dieses Vermuten berechtigt, natürlich ist es terroristisch. Natürlich ist die Art und Weise, wie jemand einen Stuhl an einen Tisch zieht, ein Kind aus einem Kinderwagen hebt, einen Hund zu sich ruft, für die Glaubwürdigkeit seiner propagierten Humanität ausschlaggebender als die politischen Parolen, die er laut verkündet, aber das ist kaum objektivierbar. Daß diese intuitiven Gewißheiten ohne jede öffentliche Beweiskraft und daher ohne jede soziale Einklagbarkeit sind, hat durchaus sein Gutes, denn eine programmatische Detailbespitzelung, die unspielerisch auf die aktive Ausführung solcher Konjekturen ausginge, hätte eine widerliche psychopolizeiliche Seite.

Eine Gewißheit aber, die sich nicht objektivieren kann, schafft ein enormes Bedürfnis nach Komplizenschaft. Die Literatur lebt von der Komplizität zwischen Autor und Publikum: von der unausgesprochenen Verabredung, kleine versteckte Hinweise und verrätselte Anspielungen zu beanspruchen als Chiffren für bestimmte Verhaltensdispositionen, für Schräglagen des Denkens, Handelns und des Empfindens, kurzum: für die Symbolik der Formen, mit denen Menschen in der Welt stehen und in denen sie sich die Welt erklären. Je deutlicher diese Hinweise plaziert sind, je suggestiver und eindeutiger die Metaphorik ist, je konventioneller die sprachliche Vorgabe, desto weniger wahrscheinlich sind die Überraschungsmomente plötzlicher Gewißheiten; die Trivialliteratur etwa macht aus der Komplizenschaft eine auf Dauer und Gewohnheit gestellte plumpe Kumpanei, deren stabile Verabredungen sie gegen jede Überraschung immunisieren. Die hier gemeinte Komplizenschaft aber ist instabil, situativ, störanfällig und nicht kalkulierbar; sie hat ihre Voraussetzung in einer offenen, oszillierenden Metaphorik, in der sich virtuell alles mit allem verbinden und verdichten kann. Texte bieten so Assoziationsanreize für die imaginative Entfaltung großer fiktionaler Räume in der Vorstellung der Leser. Genaugenommen entsteht der Text überhaupt erst in diesem Akt der Kompilation und der Kombinatorik. Solche Komplizenschaft hat ihre Heimat im Alltäglichen. Jeder kennt die Situation: man beobachtet ein Detail, hört eine Redeweise, bemerkt eine Angewohnheit, eine Geste und ist im gleichen Moment von einem Spontanekel befallen, der mit der Gewißheit einhergeht mit einem Menschen, einer Situation, einer Konstellation nichts, aber auch gar nichts zu tun haben zu wollen.

In der Einsamkeit dieser Gewißheit, die mit einem schlechten Gewissen verbunden sein mag, weil man sich über ihre Entstehungsgründe nur sehr undeutlich Rechenschaft abzulegen weiß, bemerkt man plötzlich an der Reaktion eines anderen, daß es ihm genauso ergeht. Das ist ein Moment des Glücks. Dieser Augenblick kann – wie haltbar solche Spontanbündnisse auch immer sein mögen – eine größere Nähe zu diesem anderen ermöglichen als eine jahrelange Gesinnungsgemeinschaft. Die Übereinstimmung ist bei dieser Komplizenschaft merkwürdigerweise nicht das Ergebnis des Geschehens, sondern seine geschichtslose Voraussetzung, sie steht am Anfang, nicht am Ende eines Prozesses. Und so, wie es das spontane Bündnis durch die Gemeinsamkeit einer Idiosynkrasie gibt, gibt es auch die spontane idiosynkratisch gezündete Feindschaft.

## Sprechen wir über die Freundschaft

Nur zur Erinnerung: Idio-syn-krasia: die eigentümliche Mischung, meinte stets beides: sowohl die Gemischtheit, die wir sind, weil wir sind, wie wir sind, und nicht wie andere (wobei durch den Kontext dieses Meinens eine Einheit des Gemeinten konstruiert wird), als auch eine Vermischung in Permanenz, die den Kontext selbst modifiziert (aufmischt), eine Vermischung, durch die wir uns nicht nur mehr oder weniger skurril von anderen, sondern auch von dem, was wir für unser Ich halten, immer wieder unterscheiden. Soll der idiosynkratische Reflex in der Abwehr äußerlicher Zumutung unser Selbst schützen, so provoziert er doch gleichzeitig eine turbulente Mischung identitätsfeindlicher Abweichungen.

Im Versuch, all diesen Konnotationen gerecht zu werden, könnte man die idiosynkratische Turbulenz, diese Ensembles von Reizen und Reaktionen, von Ansteckung und Abwehr, Entzündung und Immunisierung mit Gilles Deleuze als die verdeckte Spur einer Individualität, als deren Geheimschrift betrachten:

> »Auf dem tiefsten Grund der Subjektivität gibt es kein Ich, sondern eine eigentümliche Kombination, eine Idiosynkrasie, eine geheime Chiffre wie die einmalige Chance, daß gerade diese Wesenheiten behalten und gewollt wurden und gerade diese Kombination gewählt: diese hier und keine andere.«[6]

Demzufolge wären die Idiosynkrasien nicht bestimmbar als akzidentielle Spielformen einer fest strukturierten Individualität; eher ließe sich sagen, daß sie, die Idiosynkrasien, es schließlich

---

6 Gilles Deleuze, *Kritik und Klinik*, Frankfurt a. M. 2000, S. 160.
Zum Begriff der Freundschaft vgl. auch: Gilles Deleuze/ Félix Guattari, *Was ist Philosophie?*, Frankfurt 1996, S. 79 ff.

selbst sind, die so etwas wie Individualität überhaupt erst und immer wieder (und immer wieder anders) ermöglichen, virtuell ins Spiel bringen.

Wie kann man sich das vorstellen? Gilles Deleuze, im Dialog mit Claire Parnet auf der Suche nach Vergegenwärtigungen, findet vor allem in der angelsächsischen Literatur Verständnis für diese Konfigurationen.

> »Nehmen wir, exemplarisch, Thomas Hardy. Seine Figuren sind weder Personen noch Subjekte, sie sind Ensembles intensiver Empfindungen, jede einzelne Gestalt ist ein solches Ensemble, ein Paket, ein Block variabler Empfindungen. Bei Hardy herrscht ein außerordentlicher Respekt vor dem Individuum, dem Einzelwesen, doch nicht in dem Sinne, daß dieses Einzelwesen sich selbst als Person erfassen oder von anderen als solche anerkannt würde, vielmehr so, daß es sich wie die übrigen als ›einzigartige Chance‹ erlebt, als *einzigartige Chance, daß diese bestimmte Kombination gezogen wurde.* Subjektlose Individuation. Und diese scharfen Empfindungspakete, diese Ensembles oder Kombinationen folgen Glücks- oder Unglückslinien da, wo sie einander begegnen – wenn's denn sein muß auch unglückseligen Begegnungen, die zu Mord oder Tod führen.«[7]

Vorgreifend sei gefragt, ob nicht die Freundschaft als eine dieser Glückslinien verstanden werden könnte. Zunächst aber interessiert die Beschreibung der idiosynkratischen Individualität. Sie erinnert an die Behauptung Valérys, daß das wahre Portrait eines Menschen durch die Benennung seiner Zu- und Abneigung zu erstellen wäre (vgl. S. 125); und sie erinnert an den Kommentar, den Roland Barthes der Aufzählung seiner Sympathien und Antipathien beigibt.

Das ist der Hintergrund, vor dem die Aufkündigung eines statischen Freundschaftsbegriffs erfolgen soll.

7 Gilles Deleuze, Claire Parnet, *Dialoge*, Frankfurt a. M. 1977, S. 48.

Freundschaften sind Bewegungen, in denen verschiedenartige idiosynkratische Impulse ineinandergreifen, »Glückslinien« bilden, die sich unkoordiniert und wechselhaft miteinander verflechten, einander überlagern, parallel zueinander, aber auch auseinanderstrebend verlaufen. Diese Glückslinien können abreißen. Es kann Kurzschlüsse in diesem Geflecht geben, Kurzschlüsse, die zu einem Stillstand, zu einem Abbruch der freundschaftlichen Bewegungen führen.

Es handelt sich offensichtlich um einen unübersichtlichen Vorgang, wenn die »scharfen Empfindungspakete«, von denen Deleuze spricht, diese Ensembles heterogener Anziehungs- und Abstoßungsimpulse, zu ihrem Glück oder Unglück aufeinandertreffen. Im Moment der Begegnung, der ein Moment unendlicher Möglichkeiten ist, gibt es so etwas wie einen Stillstand, einen weißen Fleck, eine Leere. Dann aber entstehen vielfältige idiosynkratische Bewegungen, Anstöße zur Vermischung der unterschiedlichen Kräfte und Vermögen (des Denkens, des Fühlens, des Erinnerns): sich vermischende Perzepte und Affekte, deren Genese nicht mehr klärbar oder datierbar ist; geeignet, die Gegensätze von Innen und Außen, Eigenem und Fremdem, Fühlen und Denken, Wissen und Nichtwissen zu chaotisieren – ein Mahlstrom, der die konventionellen Ordnungssysteme, die kulturellen Konstrukte der Spartenteilungen, der szientifischen Zuständigkeiten, der genormten Rubrizierungen unterspült.

Ein unkalkulierbares, verzweigtes Geschehen also, dominiert von Sensationen, die mit den Begriffen der Sympathie beziehungsweise der Antipathie zwar traditionsfest und nicht unzutreffend, aber zu eng, zu eingefahren, zu einsträngig beschrieben sind. Der Heterogenität und Beweglichkeit angemessener sind die Amplifikationen, die Deleuze und Guattari mit dem Begriff der Verkettung assoziierten. Wobei es nicht darum geht, den Begriff der Vermischung einfach durch den der Verkettung zu ersetzen, sondern darum, eine Sprache zu finden, für die

gleichzeitige Verlebendigung höchst ungleichzeitiger und ver-
schiedenartiger Elemente im Akt einer einzigen idiosynkratischen Infektion:

> »Was ist eine Verkettung? Eine Vielheit, die, zahlreiche
> heterogene Glieder umschließend, zwischen diesen Glie-
> dern Verbindungen, Beziehungen unterschiedlicher Natur
> stiftet – über Zeitalter, Geschlechter und Reiche hinweg.
> So bildet die einzige Einheit der Verkettung denn auch nur
> die des gemeinsamen Funktionszusammenhangs: sie ist
> Symbiose, ›Sympathie‹. Wichtig sind niemals die Abstam-
> mungen, wichtig sind die Bündnisse und Mischungen;
> wichtig sind nicht die Nachkommen, wichtig sind die An-
> steckungen, die Epidemien, der Wind.«[8]

Es kommt im Rekurs auf diese Überlegungen darauf an, auch
das Denken über die Freundschaft aus der Kalenderblattbetu-
lichkeit herauszuholen; es wieder zu einem beunruhigenden
Thema zu machen, ihm die entgrenzende Radikalität, die ihm
gebührt, zurückzugeben. Unordnung in die Symmetrien ge-
dachter Anziehungsordnungen zu bringen: »auf keinen Fall
Konversation«, schreiben Deleuze und Parnet,

> »sondern Konspiration – ein Schock der Liebe und des
> Hasses. In der Sympathie liegt keine Wertung, lediglich
> Übereinstimmung zwischen unterschiedlich beschaffenen
> Körpern. (...) Genau das bedeutet verketten: im Milieu,
> mittendrin sein, auf der Linie der Begegnung, des Zusam-
> mentreffens einer inneren und äußeren Welt.«[9]

Wie nachdrücklich die Freundschaft immer wieder empfohlen
sein mag, als die Gemeinsamkeit der Überzeugungen und der
Glaubenssätze, als die Solidarität Gleicher – wir alle wissen,
daß in diesem Parteitagsjargon nichts über unsere Freundschaften gesagt ist. Es muß anders gesprochen werden über die

8 Ebd., S. 76.
9 Ebd., S. 60.

Eigentümlichkeiten – die Glückslinien – unserer Freundschaften, über jene einzigartigen Vermischungen einzigartiger Mischungen.

Jede Freundschaft ist regiert von einer besonderen, unvergleichbaren (idiosynkratischen) Form der Sympathie. Das ist das Geheimnis ihrer Mischung. Und das ist auch der Grund dafür, daß es gefährlich ist, die Freundschaften, die wir haben, zu vergleichen oder gar vergleichend zu hierarchisieren. Unsere Freunde wissen, daß wir Freunde haben außer ihnen. Aber sie haben das Recht, nicht in Rangfolgen abgelegt zu werden. Denn wenn wir ihnen diese festen Plätze tatsächlich in einer inneren Hierarchie zuwiesen, wären die Bewegungen dieser Freundschaften zum Stillstand gebracht. Die Vielfalt der Mischungsverhältnisse wäre vereindeutigten Verabredungen, die situative subversive Komplizität wäre dem Kalkül gewichen: nuancenlose Kumpanei des Nutzens und der Gewohnheiten.

Es hat seit den frühen Tagen der geschriebenen Menschheitsgeschichte nicht an Versuchen gefehlt, Freundschaft und Feindschaft als eine Entsprechung allgemeiner Gesetzmäßigkeiten der Anziehung und Abstoßung zu bestimmen: Versuche, dem Chaos der Mischungen Regeln abzugewinnen, die Mikrokosmen der Beziehungen zwischen den Menschen einer makrokosmischen Harmonie zu unterstellen; Sympathie, Antipathie, Idiosynkrasie sollten in einen kosmologischen, physikalischen, alchemistischen, mathematischen, medizinischen Ordnungszusammenhang gerückt (hypothetisch unter dem Einfluß der Elemente, der Gestirne, der Temperamente, der Säfte) werden. (Vgl. die Ausführungen zur Begriffsgeschichte, S. 173 ff.)

Auch die Bewegungen der Freundschaften wurden als Effekte kosmischer und elementarer Einflüsse gedacht. Überall sah man jene Anziehungs- und Abstoßungskräfte am Werk, von denen Magie, Physik, Astrologie, Chemie und Alchemie, von denen die Wissenschaften vom Blut, von den Nerven, von den Fibern kündeten. Noch das 18. Jahrhundert war reich an solchen Projekten, die »Wahlverwandtschaften«[10] auf eine Formel der Naturlehre zu bringen, sie als Teil eines naturkundlichen Untersuchungsfeldes anzusehen. (In der Redeweise, daß die Chemie zwischen zwei Menschen stimme oder nicht stimme, klingt heute noch etwas von dieser Tradition nach.)

Die Anstrengungen galten der Abwehr von Kontingenz und impulsiver Willkür, dem Ziel, die Neigungen und Abneigungen als Teile eines harmonisch geregelten Ganzen zu sehen; das vorgefundene Chaos der Vermischungen in einer vorgängigen oder noch zu erreichenden Einheit aufzuheben. Hermeneutik der *Entmischung*! Darum ging es, um Vereinheitlichung, Integration, Versöhnung, darum, die Mehrdeutigkeiten, die Asymmetrien, Abspaltungen in einer Ökonomie des Ganzen zu widerrufen. In den Ordnungsgefügen und Ablagesystemen, in die die »qualitates occultae« mit dem Ziel der Entmischung eingetragen wurden, spielt die Idiosynkrasie (sofern sie überhaupt thematisiert wurde) eine eher desintegrative Rolle. Der Begriffsbastard Idiosynkrasie ist ohne Gegenbegriff (es sei daran erinnert, daß er in seiner medizingeschichtlichen Karriere nicht nur für Aversionen, sondern zeitweise auch für anomale Verträglichkeiten, zum Beispiel für eine ungewöhnliche Giftfestigkeit, stand). Er kann also keineswegs gradlinig in Opposition zum Sympathiebegriff gesehen werden. Als Figur des gemischten Mischenden selbst bringt er Unordnung in die symmetrische Kombinatorik der Begriffspaare Zuneigung und Abneigung, Kohäsion und Adhäsion, Sympathie und Antipathie, Freundschaft und Feindschaft. Der Idiosynkrasiebegriff umspielt und konterkariert diese Oppositionen.

Es gibt in der Diskussion über das Ideal der Freundschaft einen alten Streit, ob sich eher gleichartige oder gegensätzliche, ein-

---

10 Vgl. speziell zum Begriff der »Wahlverwandtschaften« und zum Sympathiebegriff: Jeremy Adler, »*Eine fast magische Anziehungskraft*«. *Goethes ›Wahlverwandtschaften‹ und die Chemie seiner Zeit*, München 1987.

ander ähnelnde oder ergänzende Charaktere in der Freundschaft finden. Wobei die Stimmen, die der Freundschaft der
Gleichen oder Ähnlichen eine größere Chance geben, historisch
überwiegen: Gleichheit, bezogen auf eine Metaphysik der Tugend, bezogen auf die Idee der Gerechtigkeit, der Glückselig-
keit, des Übermenschentums (aber schon Aristoteles nimmt
hierin Einschränkungen vor und gibt auch asymmetrischen
Freundschaftsbeziehungen eine Chance).

Möglicherweise liegt der Grund dafür, daß man sich über diese
Frage niemals so recht einigen konnte, in der Fragestellung
selbst. Sie wird der intersubjektiven Vermischung von Impulsen, Reizungen, Reflexen, Anziehungen und Abstoßungen
nicht gerecht: Es scheint, als ließe sich diese Vermischung der
eigentümlichen Mischungen nicht mehr auf der Achse der Opposition von gleich und ungleich hinlänglich beschreiben –
eher schon in der rhizomatischen Dialogizität von Deleuze und
Parnet:

> »An Bedingungen der Homogenität sind die Strukturen
> gebunden, nicht aber die Verkettungen. Verkettung ist der
> gemeinsame Funktionszusammenhang, ist ›Sympathie‹,
> Symbiose. Sympathie nun ist kein vages Gefühl der Wert-
> schätzung und Hochachtung, der geistigen Teilnahme,
> sondern im Gegenteil die Anstrengung oder Penetration
> von Körpern: Haß oder Liebe; denn auch der Haß ist ein
> Gemisch, ein Körper, gut nur dann, wenn er sich mit dem
> vermischt, was er haßt. Die Sympathie, das sind die einan-
> der liebenden oder hassenden Körper, und in diesen Kör-
> pern sind stets Populationen am Werk.«[11]

Die Freundschaft war stets ein großes Thema. Ihr literarischer
Ort ist die Essayistik, ein angemessenes, weil instabiles Me-
dium, eine Gemengelage unterschiedlichster Textsorten, ein
Medium, das sich den Versuchen einer Gattungsbestimmung

---

11 Deleuze, Parnet, *Dialoge*, a.a.O., S. 59.

immer wieder entzogen hat. Und auch das essayistische Lob der Freundschaft, das seit alters gesungen wurde, ist uneinheitlich, dissonant: ein Gewirr unterschiedlichster Stimmen, Paraphrasen, Bestätigungen, Einsprüche, Widerreden überlagern einander – eine Kakophonie aus leisen Tönen und gewaltigen Akkorden. Und immer wieder einmal ein vergeblicher Versuch, das Stimmengewirr zu harmonisieren. Aber im Moment der Beschwörung der Freundschaft, dem Versuch ihrer Vereindeutigung, droht sie sich zu verflüchtigen.

Um eine Einigung über den Gegenstand, um den es geht, zu erzielen, wurde die Freundschaft gerne vergleichend diskutiert. Das heißt, sie wurde in der Differenz zur Verwandtschaft, zur Kameradschaft, vor allem zur Liebe gesehen. Man hat sich ihr von den Rändern genähert. Anders als in der Liebe gibt es keine Freundschaft auf den ersten Blick, keine Freundschaftsaffäre, keinen Freundschaftsakt, kein Freundschaftsabenteuer, kein Freundschaftsgeständnis, keine unerwiderte Freundschaft, keinen Freundschaftsbrief (– wohl aber Briefe an Freunde).

Im Unterschied zur Freundschaft hat die Liebe ihre eigene Zeit, ihren eigenen Raum, ihre eigenen Rituale (ihres Anfangs, ihrer Höhepunkte, ihres Endes), ihre eigenen Institutionen, ihre eigenen Objektivationen, ihre eigene Sprache und ihre eigenen Bilder – all die vielen Romane, all die vielen Filme. Wie legenden- und bilderarm nimmt sich dagegen das Sprechen über die Freundschaft aus. Wie alt und traditionsreich es auch immer sein, wie emphatisch man sich diesem Thema auch immer genähert haben mag, es gibt gleichwohl keine Sprache der Freundschaft – so, wie es eine Sprache der Liebe gibt. Es fehlt das selbstreferentielle Element, das Luhmann an der Sprache der Liebe ausmachte: die Sprache, in der Liebende über die Liebe sprechen.

Aber bei genauerer Untersuchung findet sich doch ein Charakteristikum, das alle Emphatiker der Freundschaft anführen, von Platon über Cicero und Montaigne zu Nietzsche und den Modernen: es ist merkwürdigerweise gerade dies: das freundschaft-

liche Gespräch. Wenn auch das Sprechen über die Freundschaft
nur geringe Kodierungen aufweist, ebenso wie das freundschaftliche Gespräch, so ist doch das Gespräch das Ferment der
Freundschaft. Aber eben nicht das Gespräch über die Freundschaft, sondern das freundschaftliche Gespräch über potentiell
alles. Während das Gespräch der Liebenden, sofern es sich nicht
im Sprechen über die Liebe erschöpft, das Äußere in sich hinein-
zieht, einschlägig aromatisiert, greift das Gespräch der Freunde
aus, durchdringt unterschiedslos alle Stoffe, alle Sphären dieser
Welt. Das freundschaftliche Gespräch hat kein Ziel, es ist ein
gemischtes Gespräch, ein einmischendes Gespräch, gleitend
zwischen Erhabenem und Profanem, Öffentlichem und Priva-
tem, Nahem und Entlegenem – ohne räumliche oder zeitliche
Ausschlüsse. Und es geht der Freundschaft voraus. Die Freundschaft hat keinen genauen Anfang: Wenn man feststellt, daß
man befreundet ist, ist man es schon gewesen, man hat, wie
Aristoteles es ausdrückt, bereits »etliche Scheffel Salz miteinander gegessen«, man hat schon viel miteinander gesprochen. Für
Heidegger ist das Gespräch nicht ein begleitendes, sondern ein
konstitutives Element der Freundschaft

> »Gleichwohl ›machen‹ nicht erst die Freunde ihr Gespräch;
> denn das Gesprochene solchen Gespräches ist nur, was es ist,
> das Erinnerte, wenn die Sprechenden, d. h. die Sagenden und
> Hörenden, selbst schon angesprochen sind von dem, was im
> Gespräch gesprochen und doch niemals ausgesprochen
> wird. Das Gespräch ›macht‹ erst die Freunde, bringt sie in
> ihr eigentliches Wesen, dem sie nie geradehin genügen.«[12]

Wenn aber das Gespräch die Freundschaft ›macht‹, dann kann
damit nicht ein einziges, initiales, anfängliches Gespräch gemeint
sein. Vielmehr wird die Freundschaft in *jedem* Gespräch neu »ge-

---

12 Martin Heidegger, *Hölderlins Hymne ›Andenken‹*, in: M. H., *Gesamtausgabe*. Bd. 22, II. Abt., *Vorlesungen 1923-1944*, Frankfurt a. M. 1982,
S. 162.

macht«, neu gemischt: Im Gespräch wird sie immer wieder neu erfunden, wird ein bestimmtes Mischungsverhältnis hergestellt und bestätigt, aber – möglicherweise – auch gefährdet und verraten. Dann nämlich, wenn das notwendige Ungenügen, von dem Heidegger spricht, vergessen, mißachtet wird. Die Unmöglichkeit der Rückversicherung auf gültige Muster, Konventionalisierungen und Institutionalisierungen bewirkt die hohe Störanfälligkeit der Freundschaft. Alexander García Düttmann hat in einem fingierten Dialog diese Störanfälligkeit, die schon in den Bedingungen des freundschaftlichen Gesprächs liegt, angezeigt:

»– Sprechen wir über die Freundschaft. (...)

– Aber seien wir vorsichtig. Wenn wir über die Freundschaft sprechen, sind wir am Ende vielleicht keine Freunde mehr. Wir sind dann auseinandergeraten, weil wir einander zu nahe gekommen sind oder uns zu sehr voneinander entfernt haben.

– Können wir also nur darüber sprechen, warum wir nicht über die Freundschaft sprechen können?

– Wenn wir nicht über die Freundschaft sprechen können, wenn es etwas gibt, worüber wir nicht sprechen dürfen, sind wir keine Freunde mehr. Müssen wir uns nicht mit jedem Gespräch der Gefahr aussetzen, daß wir am Ende keine Freunde mehr sind? Was wäre ein Gespräch ohne eine solche Gefahr? (...)

– Du hast recht. Denn wir wissen ja bereits am Anfang des Gesprächs nicht, ob wir Freunde sind.

– Wann sind wir also Freunde?

– Vielleicht dann, wenn wir sprechen und nicht mehr sprechen können ...

– Du meinst, wenn wir uns alles und zugleich nichts zu sagen haben?«[13]

---

13 Alexander García Düttmann, *Feinde im Diesseits und im Jenseits*, in: A. G. D., *Freunde und Feinde. Das Absolute*, Wien 1999, S. 113.

Jedes freundschaftliche Gespräch steht demzufolge in der Gefahr, das Ende der Freundschaft zu sein. Das gebietet aber gerade nicht eine besondere kommunikative Angestrengtheit und schon gar nicht den Versuch betulicher Absicherungen, Konservierungen, Festschreibungen, sondern nur ein Bewußtsein von der Möglichkeit dieser Gefahr, die stets gegeben ist. Die Ignoranz dieser Gefahr gegenüber erhöht die Gefährdung ebenso wie der gegensätzliche Versuch, ihr durch Regel und Gewohnheit vorzubeugen. Die Vorstellung von der Freundschaft als Vertrag ist absurd. Da die Freundschaft im Unterschied zur Liebe keine Regel außer sich und keine Sprache für sich hat, sich also im Gespräch selbst erschafft, ihr eigentümlich nuanciertes Mischungsverhältnis der Gestik, des Stils, des Klangs, der Farben, der Spielformen jeweils hervorbringt, liegt die vielbeschworene Verläßlichkeit der Freunde im Eingedenken dieser Störanfälligkeiten. Sie, die Verläßlichkeit, besteht eben nicht in gedanklichen Rückversicherungen und emotionalen Hinterlegungen (im Verlaß darauf, daß auf die Freundschaft Verlaß ist), sondern im Bewußtsein der latenten Gefährdung. Das macht die Freundschaft anfällig gegen den Verrat. Während in der Liebe der Verrat – zumindest der sexuelle Verrat – oftmals verziehen werden kann, weil er die Qualität dieser Liebe nicht wirklich berührt, bringt er die Freundschaft ernstlich in Gefahr, weil deren Qualität in den Nuancen der Mischung steckt, weil sie detailabhängig ist, oder, um es ein letztes Mal mit Deleuze zu sagen:

> »Die großen Brüche und Oppositionen sind allemal noch zu kitten, vermittlungsfähig, nicht so der kleine Riß, die unsichtbaren Brüche (...).«[14]

Wenn die Freundschaft auch keinen deutlichen Anfang hat, so kann sie doch ein schnelles Ende nehmen: einen leisen Tod sterben – zumeist ohne das große Getöse, die Dramen und Ausbrüche, die den Tod der Liebe begleiten.

14 Deleuze, Parnet, *Dialoge*, a.a.O., S. 142.

## »Nicht der Rede wert«

In einem Einakter von Nathalie Sarraute wird die Nicht-Kommunizierbarkeit von idiosynkratischen Alltagsirritationen in der Freundschaft veranschaulicht. Das Stück heißt *Für nichts und wieder nichts (Pour un oui ou pour un non)*[15], und es handelt von einem »kleinen Riß«, von einem »unsichtbaren Bruch«, von einer Störung, von der idiosynkratischen Reaktion eines Mannes auf eine Redeweise seines Freundes. Das, was zunächst aussieht wie eine unwesentliche Befremdung, eine vorübergehende Distanzierung, erweist sich schließlich als das Ende dieser Freundschaft und der Anfang einer nicht mehr zu überbrückenden Feindschaft. Es ist die Geschichte eines Verrats, aber nicht in der Dimension einer objektivierbaren Ruchlosigkeit, in der wir das Wort »Verrat« gemeinhin verstehen, sondern ein Verrat, der in einer Nuance steckt, ein Verrat ohne Beglaubigung, ohne Skandalon, ohne Anerkennung – aber mit großer Wirkung.

Auf den ersten Blick geht es um eine verfehlte Formulierung in einem freundschaftlichen Gespräch, um eine Unempfindlichkeit, auf die eine Überempfindlichkeit antwortet. Der Verlauf der literarischen Demonstration zeigt aber, daß es sich um mehr handelt, nämlich um den idiosynkratischen Tod einer Freundschaft.

Diese Geschichte von der idiosynkratischen Reaktion auf einen ebenso unspektakulären wie ungeheuerlichen Verrat wird in einem Dialog zwischen den Figuren M1 und M2 erzählt.

> » – M1: Hör mal, ich wollt' dich was fragen ... Eigentlich bin ich nur deshalb gekommen ... ich möchte nämlich wissen ... Was ist passiert? Was hast du gegen mich?
> – M2: Gar nichts ... Wieso?

---

15 Nathalie Sarraute, *Für nichts und wieder nichts*, in: N. S., *Drei Einakter*, Bad Homburg o. J. (Stefani Hunzinger Bühnenverlag).

– M1: Ach, ich weiß nicht ... Ich habe den Eindruck, daß
du dich zurückziehst ... du läßt nie mehr was von dir
hören ... ich muß immer auf dich zukommen ...«[16]

Das geht noch lange in diesem Stil weiter, das heißt: M1 rückt
vor, in dem Versuch, dem Grund oder wenigstens dem Anlaß
für die Befremdung auf die Spur zu kommen; M2 weicht zurück mit einer verbalen Gestik der Abwehr und des Verber-
gens, die aber gerade in dem Maße, in dem er die Irritation zu
verbergen sucht, offenbart, daß es in der Tat etwas zu verbergen gibt. M2 ist als Tarnender enttarnt, seine Ausweichmanö-
ver sind hier schon von Vergeblichkeit gezeichnet:

» – M2: Was soll's ... das tut der Liebe keinen Abbruch ...
Glaub' doch sowas nicht ... aber ich kann einfach nicht
dagegen an ...
– M1: Wogegen nicht? ... Warum sagst du's nicht? Da
war also was ...
– M2: Nein ... wirklich nicht ... Nicht der Rede wert
...«[17]

Natürlich war da etwas, und dieses Etwas tut der Liebe angeblich keinen Abbruch. Das jedoch ist eine Redensart. Der
Freundschaft, so argwöhnt M1 völlig zu Recht, tut es sehr
wohl Abbruch. Und gerade er, der Abbruch, ist zu fürchten.
Der redensartlichen Verharmlosung steht das Bekenntnis im
Wege, daß M2 gegen dieses Etwas nicht mehr ankomme, daß
also die Bedingungen einer Bereinigung nicht mehr im Zuständigkeitsbereich seiner willentlichen Entscheidungen liegen.
Im folgenden wiederholt sich die Figur der vergeblichen Beteuerung: M2 kann nun nicht länger behaupten, es gäbe seinerseits keinen Anlaß zur Distanzierung (denn wenn etwas nicht
der Rede wert ist, dann ist es zumindest etwas); er versucht
jetzt, den bislang noch ungenannten Anlaß für sein Zurückwei-

16 Ebd., S. 46.
17 Ebd., S. 47.

chen zu marginalisieren. Aber indem er seine Bemühungen, die Sache zu verharmlosen, verstärkt, verstärkt sich bei seinem Gegenüber zugleich der Verdacht, daß es sich um eine maßgebliche Verletztheit handeln müsse, eine Gekränktheit, deren Berechtigung für jedermann – also auch, ja in besonderem Maße für ihn, den Freund – unmittelbar einsichtig sein müsse; das heißt: in umgekehrt proportionalem Verhältnis zu den Anstrengungen der Marginalisierung auf der Seite von M2 wächst die Erwartung auf der Seite von M1, endlich einen handfesten, jederzeit nachvollziehbaren Grund für die Befremdung des anderen in Erfahrung bringen zu können.

» – M1: Ist es denn so schlimm?

– M2: Nein, nicht schlimm … das nicht …

– M1: Also was dann?

– M2: Nichts … das ist es ja: es ist eben nichts … soviel wie nichts … was man soviel wie nichts nennt … es auszusprechen, zu erwähnen, genügt schon … kann dazu führen, daß …Wie stünde man da … kein Mensch übrigens … keiner wagt je … keiner hört je ein Wort davon …«[18]

Das ist das Problem der Idiosynkrasie: für den von ihr Befallenen ist sie alles, für den anderen soviel wie nichts.

M2 befindet sich nun in einem Dilemma: Seine Beteuerung der Abwesenheit eines Anlasses für seine Abweisung und sein im Widerspruch dazu stehender Versuch der Bagatellisierung dieses Anlasses – »nichts« kann man nicht kleiner machen – legen die gegenteilige Vermutung nahe, daß die Enthüllung des Anlasses, der hier krampfhaft im Verborgenen gehalten wird, einen augenfälligen Verhaltensskandal zutage bringen müsse. Die Provokation dieser Annahme hat aber zur Folge, daß, läge ein solcher »objektiv« skandalöser Anlaß (oder wenigstens ein als skandalös darstellbarer Anlaß) nicht vor, das heißt: wäre (was M2 zu Recht voraussieht) der tatsächliche, bislang noch

18 Ebd., S. 48.

nicht bekannte Anlaß in den Augen der anderen nicht einmal
»Nichts«, sondern einfach nur herzlich wenig, so wäre M2 nicht
nur der Verständnislosigkeit, sondern auch noch der Lächerlichkeit (»wie stünde man da« ) preisgegeben; er gälte nicht nur als
extrem reizbar, d. h. überempfindlich, darüber hinaus läge eine
andere Charakterisierung nahe: die der Hysterie – begriffs-
geschichtlich übrigens eine Weggefährtin der Idiosynkrasie.

> » – M1: Ah, wir kommen der Sache schon näher … Ge-
> rade wegen dieses Nichts hast du dich zurückgezogen und
> wolltest mit mir brechen?
> – M2: (seufzt) Ja … deswegen … Das wirst du nie verste-
> hen … Niemand wird es verstehen …
> – M1: Versuch es wenigstens … Ich bin doch nicht völlig
> borniert …«[19]

Zu diesem Zeitpunkt ist sich M2 schon der Tatsache bewußt,
daß es aus dem Dilemma keinen Ausweg gibt, nicht auf der
Ebene der Erläuterungen und der Verstehensakte. Gleichwohl:
Er nimmt verzagt die diskursive Spur einer Erklärung auf, von
der er weiß, daß sie zu keinem Erfolg führen wird.

> » – M2: Nun ja … du hast vor einiger Zeit mal gesagt …
> du hast gesagt … als ich mich rühmte, ich weiß nicht
> mehr weswegen … wegen welchen Erfolgs … ach …
> nicht der Rede wert … Als ich dir davon erzählte, hast du
> gesagt: ›Ach, wie schön!‹.«[20]

Endlich. Jetzt ist der Anlaß für die idiosynkratische Reaktion
verbalisiert. Aber diese Aufdeckung verschafft keine Erleichterung. Im Gegenteil: Im Kontext dieses Gesprächsverlaufs ist
auf Verstehen nicht zu hoffen, die nun anstehenden Auslegungen führen nicht weiter. Ihr für M2 ungünstiges Resultat ist
unausweichlich. Die Qual von M2 verdoppelt sich, weil seine
Erklärung gekoppelt ist mit dem Eingeständnis einer Schwä-

19 Ebd., S. 49.
20 Ebd.

che – M2 hat sich in dem Gespräch, auf das hier rekurriert
wird, mit einem Erfolg gebrüstet –, einer kleinen Schwäche,
einer Eitelkeit, die von M1 ausgenutzt wurde. Die Peinlichkeit
hat sich zu diesem Zeitpunkt schon potenziert. Mit seiner tük-
kischen Rückfrage nach diesem Erfolg – eine Rückfrage, die
mit dem Problem unmittelbar gar nichts zu tun hat und um
deren Unterlassung M2 mit dem verlegenen Hinweis darauf,
daß er diesen Erfolg vergessen habe, indirekt gebeten hatte –
aktualisiert M1 in der folgenden Dialogsequenz diese Verdoppelung der Pein.

> » – M1: Hör mal, ich träum doch nicht ... ich täusch mich
> doch nicht ... Du hättest mir erzählt von einem Erfolg? ...
> Von welchem Erfolg denn? ...
>
> – M2: Ach, egal ... irgend einem ...
>
> – M1: Und ich soll daraufhin zu dir gesagt haben: ›Ach,
> wie schön?‹
>
> – M2: (seufzt) Nicht ganz so ... es war zwischen ›Ach‹
> und ›wie schön‹ eine längere Pause. ›Ach ... wie schööön‹!
> Die Betonung lag auf ›schön‹ ... es war ein kurzes ›ach‹
> und ein Zögern, bevor das ›wie schööön‹ kam ... das hat
> seine Bedeutung.«[21]

M2 weiß, daß es auf dem Weg der Reklamation von Inhalten
und Wortbedeutungen keine Überzeugungschance gibt. Und
weil er kein Vertrauen in die Semantik hat oder davon ausgeht,
daß das Problem nicht auf der semantischen Ebene liegt, unter-
nimmt er nun einen weiteren Erklärungsversuch, der in zwei
Richtungen ausgreift: Er versucht, eine Evidenz zu schaffen über
die lautliche Imitation des von M1 einst Gesagten, und er reklamiert die Bedeutung des Nicht-Gesagten, der Pause. Es ist aber
nur eine müde Hoffnung, er weiß, daß er in diesem Gespräch
verlieren wird. Er hat nämlich, wie sich im weiteren Verlauf des
Stückes herausstellt, die Schwierigkeiten der Objektivation

21 Ebd., S. 50.

schon kennengelernt, die Erfahrung der Nicht-Kommunizierbarkeit, der Nicht-Einklagbarkeit bereits gemacht. Seine Strategien der Verbergung (und als Ersatz dafür: der Verkleinerung)
sind schon vor diesem Hintergrund eines Scheiterns zu sehen. Er
hat, wie sich zeigt, absurderweise einmal versucht, das Problem
vor einem Tribunal zu erläutern (also den Weg der Einklagun-
gen, der Erläuterungen, der Kompromisse, der Vermittlungen zu
gehen).

> » – M2: Ja, ich hatte einen Antrag eingereicht …
> – M1: Bei wem denn?
> – M2: Bei denen, die so etwas glauben: Normale Leute
> mit gesundem Menschenverstand … wie die Geschwore-
> nen beim Schwurgericht … Bürger, für deren Ehrbarkeit
> man einsteht …
> – M1: Und? Was haben die dir gesagt?
> – M2: Tja … Es war vorauszusehen … Mein Fall war
> übrigens nicht der einzige: Es gab andere; ähnliche Fälle –
> zwischen Eltern und Kindern, zwischen Geschwistern,
> zwischen Eheleuten, zwischen Freunden …
> – M1: Die sich erlaubt hatten, ›Ach … wie schön‹ zu
> sagen, mit einer gaaanz langen Pause? …
> – M2: Nein, nicht diese Worte … andere, noch eindeuti-
> gere … Aber es war nichts zu machen: ihre Klagen wur-
> den alle abgewiesen. Sie wurden zur Zahlung der Kosten
> verurteilt, Und einige wurden sogar, wie ich, verfolgt …
> – M1: Verfolgt? Du?
> (…)
> – M2: Man hat erfahren, daß ich imstande war, mit Leu-
> ten, die mir sehr nahe standen, für immer zu brechen …
> aus Gründen, die niemand verstehen konnte …«[22]

Idiosynkrasien kann man nicht einklagen. Ohne die Vorgabe
idiosynkratischer Komplizität – um deren Scheitern es aber

22 Ebd., S. 51.

gerade geht – haben sie keine Evidenz, keine Bedeutung, keine Geltung.

Es ist der Kunstgriff der Autorin, daß die Leser oder die Zuschauer zugleich beide Positionen verstehen können: Die Worte »Ach, wie schön« haben (sieht man einmal davon ab, daß das gemächliche »Ach« mit der kleinen folgenden Pause für die Empfindlichen eine kleine Herablassung signalisiert) auf den ersten Blick, auf das erste Hören nichts Verfängliches; im gesprächsgestischen Kontext aber, in einer bestimmten lautlichen Ausprägung, bezogen auf eine bestimmte Situation, auf eine bestimmte Konstellation und auf das, was nicht gesagt wurde, wird die Irritation von M2 plausibel, und es wird zugleich plausibel, daß diese Plausibilität denen, die sie nicht sehen können oder nicht sehen wollen, nicht erklärbar ist. Die Sentenz »Ach, wie schön« ist eine Beiläufigkeit mit zentraler Bedeutung, eine Bagatelle, die aufs Ganze geht. Die falschen Worte, der falsche Klang, die falsche Pause, die falsche Geste in diesem Moment, nur in diesem Moment und nur im Verhältnis zu der Mischung von Gesagtem und Nichtgesagtem, zu den vorausgegangenen Wörtern, Klängen, Gesten, Pausen. Da läßt sich nichts beweisen, nichts einklagen. Das wird nur verstehen, wer mag.

M1 und M2 markieren eben keine Gegensätze, zwischen denen Vermittlungen möglich wären. Aber sie sind auch nicht Gleiche, die ihre korrespondierenden Empfindlichkeiten immer wieder intuitiv ausbalancieren können. Vielmehr gibt es in ihrem Dialog Dissonanzen, Kurzschlüsse, prinzipielle Unverträglichkeiten – kleine Risse, Brüche in den Verkettungen. Und je mehr sie sich im Verlauf des Stückes willentlich, vernünftig, darum bemühen, einander zu verstehen, einander wieder näherzukommen, desto mehr bewegen sie sich auf einer Unglückslinie voneinander weg, bis M2 schließlich feststellen muß:

> » – M2: Ich habe gewußt, daß zwischen uns keine Versöhnung möglich ist. Keine Vergebung ... Es ist ein gnadenlo-

ser Kampf ... Es geht ums Ganze ... Ja, ums Überleben ... Es gibt keine Wahl. Du oder Ich.«[23]

## Nachtrag

Ein Freund gibt nach der Lektüre dieses Textes folgendes zu bedenken: Es sei plausibel, daß ein Denken über die Freundschaft, das normative Bestimmungen vermeide und das die Freundschaft als Bewegung, als Konstellation, beschreibe, die Gefahr des Verrats beschwöre. (Eine Norm könne man brechen, verletzen, jedoch eigentlich nicht verraten, wohl aber eine Freundschaft, die ihre Verläßlichkeit nur aus ihren eigenen Bewegungen gewinne.) Allerdings ergäben sich für ihn, den Freund, einige auf dieses Verhältnis von Freundschaft und Verrat bezogene Fragen. Liege in der Beschwörung der Verratsgefährdung nicht auch schon wieder eine Gefahr, werde nicht durch diese Beschwörung wieder so etwas wie ein Verbot, ein Dogma, formuliert? Und ergebe sich daraus nicht geradezu ein idiosynkratischer Anreiz zum Verrat? Und könnte, so gesehen, der Satz »Ach, wie schön« nicht zusätzlich bezogen werden auf einen Genuß am Verrat, den man in dem Moment empfinde, in dem man, vom Teufel geritten, in einem freundschaftlichen Gespräch, das die Verbote und Ausschlüsse erklärtermaßen nicht dulde, durch das lustvolle Aussprechen ebendieses einen in dieser Konstellation verräterischen Satzes den verbotenen Verratsakt vollzöge?
Er soll sich hüten, dieser Freund!

23 Ebd., S. 70.

# Leid und Zahl

## *Ein Exkurs über Idiosynkrasie*
## *und Vergeßlichkeiten*

In einem Kunstmärchen von Wilhelm Hauff erhalten ein Kalif und sein Wesir von einem bösen Zauberer ein Pulver, mit dessen Hilfe sie sich in ein Tier verwandeln können. Sie beschließen, Störche zu werden. Auch die Sprache der Tiere wird ihnen im Zuge dieser Verwandlung verständlich. Das Zauberwort »mutabor«, kann, laut ausgesprochen, ihre Rückverwandlung bewirken. Es gibt allerdings einen Haken bei der Sache: Sie dürfen als in Tiere Verwandelte nicht lachen. Tun sie es doch, so sind sie zum ewigen Tiersein verurteilt. Natürlich geschieht genau dies: Sie müssen in ihrer Storchengestalt über das Gestelze eines anderen Storchs lachen und sogleich feststellen, daß sie das Zauberwort vergessen haben. Und wie es in den Märchen dann immer geht, erst die blinde Liebe zu einer gleichermaßen verwandelten tagblinden Schleiereule kann den Bann lösen, die Erinnerung beleben, das Zauberwort ins Gedächtnis zurückbringen. Am Ende sind alle glücklich und werden nicht müde, einander die Geschichte ihrer gefährlichen Verwandlung zu erzählen. Mnemosyne, das Sinnbild des Gedächtnisses, ist die Mutter aller Musen.

Eine naheliegende Pointe dieser Geschichte besteht wohl darin, daß der Mensch, von dem Nietzsche als dem »lachenden« und »notwendig vergeßlichen« Tier spricht, im Zuge seiner Menschwerdung seine kreatürliche Herkunft vergessen mußte. Allen Überresten dieser kreatürlichen Herkunft begegnet der Zivilisierte zwar mit Ekel, zugleich aber blickt er, wie Nietzsche im Gegensatz zu dem, was das Märchen nahelegt, weiter behauptet, keineswegs

glücklich, sondern niedergedrückt von der Last seiner Erinnerungen neidisch auf die Geschichtslosigkeit der Tiere zurück.

»Betrachtet die Herde«, so beginnen seine *Unzeitgemäße Betrachtungen vom Nutzen und Nachteil der Historie*,

> »Betrachtet die Herde, die an dir vorüberweidet: sie weiß
> nicht, was Gestern, was Heute ist, springt umher, frißt,
> ruht, verdaut, springt wieder, und so vom Morgen bis zur
> Nacht und von Tage zu Tage, kurz angebunden mit ihrer
> Lust und Unlust, nämlich an den Pflock des Augenblicks,
> und deshalb weder schwermütig noch überdrüssig. Dies
> zu sehen geht dem Menschen hart ein, weil er seines Men-
> schentums sich vor dem Tiere brüstet und doch nach sei-
> nem Glücke eifersüchtig hinblickt ...«[1]

Für den Menschen sei es bestenfalls möglich, *fast* ohne Erinnerung zu sein, es sei ihm aber ganz und gar unmöglich, ohne
Vergessen überhaupt zu *leben*. Dieser Befund mag die ge-
schichtsgläubigen Zeitgenossen Nietzsches noch verstört haben, für uns handelt es sich um eine Trivialität: ohne Vergessen
ist Erinnern nicht möglich, ohne Erinnerung aber verlören wir
das, was wir unser Ich nennen. Paul Valéry formuliert es so:

> »Ich selbst bin in jedem Augenblick ein ungeheures Erinne-
> rungsfaktum, das allgemeinste, das irgend möglich ist; es
> erinnert mich zu sein, ich selbst zu sein, und mich immer
> wieder zu verlieren und als denselben wiederzufinden, auch
> wenn nicht ich es bin, sondern ein anderer. Ohne diese un-
> genaue Erinnerung gäbe es kein Ich – Immer dann, wenn
> Erinnerung stattfindet, ist die Illusion von der Erhaltung ei-
> nes Selbst im Spiel.«[2]

Aber was nutzen uns Erkenntnisse dieser Art in der kleinen
Welt unserer alltäglichen Sorgen? Wie bringen wir uns lebens-

---

1 Friedrich Nietzsche, *Vom Nutzen und Nachteil der Historie für das Leben*, in: F. N., *Werke*, Bd. I, hg. v. Karl Schlechta, S. 211.
2 Paul Valéry, *Cahiers/Hefte*, Bd. 3, Frankfurt a. M. 1989, S. 435.

praktisch in eine halbwegs zuträgliche Balance von Vergessen und Erinnern? Es heißt, das Gedächtnis lasse sich bis zu einen gewissen Grade trainieren – seit alters stehen dafür sogenannte Mnemotechniken bereit –, das Vergessen aber nicht. Man kann nicht absichtlich vergessen.

Frank Wedekind erzählt von einem Liebestrank, der, nimmt man ihn zu sich, bewirkt, daß man von dem begehrten Menschen wiedergeliebt wird (die Logik dieses Vorgangs ist nicht ganz einsichtig, aber darauf kommt es in diesem Zusammenhang nicht an). Auch hier ist ein Tier im Spiel, und es gibt wieder eine Bedingung: Der Trinkende darf nicht an einen Bären denken! Natürlich stellt sich heraus, daß es nun gar nicht mehr möglich ist, das Gebräu zu sich zu nehmen, *ohne* an einen Bären zu denken. Der Befehl zu vergessen bannt die Erinnerung, und sie tritt uns entgegen in Gestalt eines Tieres.

»Glücklich ist, wer vergißt, was doch nicht zu ändern ist« – heißt es in einer Operette. Es scheint aber, daß uns das gerade nicht gelingen will. Die alltäglichen Vergeßlichkeiten bringen uns meist nicht das Glück, sondern allerlei Verdruß.

Es läßt sich nicht verbergen: In die Jahre gekommen, haben wir gelegentlich Mühe, uns an geläufige Begriffe und Bilder zu erinnern.

Eines Tages fällt uns der Nachname eines engen Freundes, der Titel eines bekannten Buchs, die Bezeichnung für einen häufig benutzten Gegenstand erst nach längerer Überlegung wieder ein. Von all den abgelegeneren Namen und Wörtern, die uns oftmals gar nicht mehr in den Sinn kommen wollen, ganz zu schweigen. Noch machen wir den Kalauer, daß die meisten niemals soviel wußten, wie wir schon wieder vergessen haben. Der Spaß ist etwas schal, weil wir natürlich auch wissen, daß es sich bei solchen Ausfällen um irreversible Plagen des Älterwerdens handelt, die wir wohl ertragen müssen wie andere längst Vergessene vor uns auch. Unter diesen Ausfallserscheinungen gibt es allerdings einige, die schon etwas unheimlicher sind und die uns zögern lassen, sie einfach auf das Konto der »natürlichen« Hinfälligkeiten zu buchen:

Eines Tages stehen wir vor dem Geldautomaten und haben unsere Geheimzahl vergessen. Wir geben diesen Code seit vielen Jahren in regelmäßigen Abständen ein, und jetzt, ohne daß wir uns in einem Zustand ersichtlicher Verwirrung befänden, wissen wir ihn plötzlich nicht mehr. Nach der dritten Fehleingabe zieht der Apparat unsere Scheckkarte ein. Wie im Märchen werden wir bestraft für unsere Vergeßlichkeit.

Eines Tages stehen wir vor der Waschmaschine, eben jener, die wir ständig in Betrieb haben, und wissen nicht mehr, auf welchen Knopf wir zuerst drücken müssen. Wir sagen dann, daß unser Gedächtnis uns – wir greifen auf diesen gängigen Ausdruck zurück – im Stich gelassen habe.

Und dann kommt auch der Tag, an dem wir uns unsere grundsätzliche Unwilligkeit eingestehen, weitere Programmieranordnungen dieser Art überhaupt noch zur Kenntnis zu nehmen.

Es könnte ja immerhin sein, daß unser Gedächtnis uns nicht nur gelegentlich im Stich läßt, sondern daß es gewissermaßen idiosynkratisch streikt, daß etwas in uns sich weigert, all diese stupiden Zauberzahlen, Merkwörter und Ablaufdiktate zu speichern: den Code für das Handy, für den Computer, für den Kopierer, all die absurden Handbuchanweisungen für den Maschinenpark, der sich inzwischen in unseren Haushalten befindet: Anrufbeantworter, Faxgeräte, Video- und CD-Player und vieles mehr, daß wir befallen sind von einer Apparate- und Prothesenmüdigkeit, daß unsere allmähliche Verwandlung in Maschinenmenschen Turbulenzen in unserem Erinnerungsvermögen auslöst. Merkwürdig, wie tröstlich dieser Gedanke ist, wie er unser Gedächtnis sogleich belebt: flugs liefert es unter dem Stichwort »Reizüberflutung im Medienzeitalter« allerlei feuilletonphilosophisches Beschwichtigungsmaterial: Heideggers Rede von der »Seinsvergessenheit« und die Sedlmayrs vom »Verlust der Mitte« schießen kurz durch unser Gedächtnis, auch der seit den siebziger Jahren etwas vergessene marxistische Begriff der Entfremdung ist durchaus geeignet, die Peinlichkeiten unserer Vergeßlichkeiten kulturpessimistisch zu adeln.

Schließlich ist der Gedanke, daß man die Stumpfsinnigkeiten des Medienalltags nicht länger mehr erleiden will, angenehmer als der, daß man ihnen nicht mehr in allen Teilen gewachsen ist.

Aus dem, an das wir uns selektiv erinnern, und aus den Retuschen, die diesem Material widerfahren, entstehen bekanntlich die Legenden unserer Biographien: Legenden der Selbstliebe, der Selbstbestätigung und natürlich auch die der beschriebenen Selbstbeschwichtigung. Auch die individuell erinnerte eigene Vergangenheit ist der permanenten Neuinterpretation unterworfen: Erinnerungszurichtungen, die vor aktuellen äußeren Einflüssen nicht geschützt sind, Detailerinnerungen, die sich den Versuchen ihrer Stillstellung immer wieder entziehen. Wir verfügen, wie Adorno in schönen Bildern schreibt, keineswegs frei und willkürlich über diese Stoffe der Vergangenheit:

> »Erinnerungen lassen sich nicht in Schubladen und Fächern aufbewahren, sondern in ihnen verflicht unauflöslich das Vergangene sich mit dem Gegenwärtigen. (…) Gerade wo sie beherrschbar und gegenständlich werden, wo das Subjekt ihrer ganz versichert sich meint, verschießen die Erinnerungen wie zarte Tapeten unterm grellen Sonnenlicht. Wo sie aber, geschützt durchs Vergessene, ihre Kraft bewahren, sind sie gefährdet wie alles Lebendige.«[3]

Es scheint fast, als häuften sich in unseren Tagen die kollektiven Anstrengungen, das Lebendige an den Erinnerungen idiosynkratisch zu tilgen. Das probate Mittel hierfür ist die Musealisierung der Vergangenheit. Ein Bewahrungs-, Restaurierungs-, Archivierungs- und Erinnerungswahn scheint über

---

3 Theodor W. Adorno, *Minima Moralia*, Frankfurt a.M. 1962, S. 218 f.

das Land gekommen zu sein, der sich mit seinem Gegenteil, dem barbarischen Kahlschlag, merkwürdig gut verträgt. Auch in den akademischen Betrieben hat man mit den zugegebenermaßen etwas zwanghaften Aktualitätsansprüchen, die aus dem Geist von 1968 auf die Wissenschaften niedergekommen waren, gründlich aufgeräumt, und es mehren sich die Anzeichen dafür, daß mit leerer Gelehrsamkeit und totem Buchwissen immer noch und immer wieder Blumentöpfe zu gewinnen sind. Dagegen ist wohl kein Kraut gewachsen, und auch das Goethewort, das Nietzsche seinen *Unzeitgemäßen Betrachtungen* voranstellte, vermag nichts auszurichten gegen diese gedanklich risikolosen Ausflüge in die Leblosigkeit einer verabredeten Vergangenheit:

> »Übrigens ist mir alles verhaßt, was mich bloß belehrt, ohne meine Tätigkeit zu vermehren oder unmittelbar zu beleben.«[4]

Merkwürdigerweise werden unsere Innenstädte, je mehr sich die Denkmalpflege um die Bewahrung oder Wiederherstellung ihrer historischen Eigentümlichkeit bemüht, einander immer ähnlicher.

Um Mißverständnisse zu vermeiden: Es geht nicht darum, der Ignoranz und der Verdrängung das Wort zu reden. Schließlich liefert die Geschichte dieses Landes gute Gründe gegen ein Vergessen des Vergangenen. Es ist aber doch sehr die Frage, ob nicht ein bis in die Wortfolgen und Satzfiguren hinein ritualisiertes Eingedenken, das Entsetzen, an das es rühren will, gerade notwendig verfehlt.

Es wäre ergiebig, den Streit über das Berliner Holocaust-Denkmal unter diesem Aspekt zu betrachten. Ein Befürworter dieses Erinnerungsprojekts, ein Politiker, reagierte auf das Argument der Kontrahenten, die Besichtigung der historisch erhaltenen Anlagen ehemaliger Konzentrationslager seien dem Zweck der

---

4 Zitiert nach Friedrich Nietzsche, *Vom Nutzen und Nachteil der Historie*, a.a.O., Vorwort, S. 209.

mahnenden Vergegenwärtigung dienlicher als ein ästhetisch umstrittenes Monument, mit der wohl eher rhetorisch gemeinten Frage: »Wer besucht schon ein Konzentrationslager?« Diese Frage kann aber nur meinen: daß dem Unwillen, ein Konzentrationslager zu »besuchen«, durch ein Mahnmal in bequemer Nähe Rechnung getragen werden solle. Würde aber ein Mahnmal in bequemer Nähe, das man gern besuchte, der Sache gerecht? Oder soll durch dessen Etablierung an zentraler Stelle dem Erinnerungsunwillen mit einer Erinnerungserzwingung begegnet werden? Muß diese Erinnerung dann nicht zwangsläufig schematisiert sein? Ein Schriftsteller rührt an die Idiosynkrasien, aber auch an die Ressentiments, die sich an diesem Amalgam von Gutgemeintem, Schlechtgedachten entzünden – an die Gemütlichkeit eines verabredeten Umgangs mit dem Schrecken; er tut dies idiosynkratisch und nicht ohne Ressentiments.

Es gibt zu denken, daß die Anstrengungen der Musealisierung (Gedächtnis als Programm) einhergehen mit einer Beschleunigung des Vergessens. Wer könnte noch die medial überlieferten Skandale, die uns allein im letzten Jahrzehnt ins Wohnzimmer geschwappt sind, memorieren?

Worüber haben wir uns gestern aufgeregt? Über die Entsorgung einer Bohrplattform, über Lauschangriffe, über Hungersnöte in entlegenen Weltgebieten, über Castor-Transporte, über die Spesenabrechnungen einer Politikerin, über Tschernobyl ...

Die Erinnerungsrevue dieser Ereignisse steht im Zeichen einer flimmernden Einebnung: Dauerbrenner der Gefährdung rückt diese Vergegenwärtigung gleichwertig neben tagespolitische Skandale. Tschernobyl? Ich bitte Sie, das ist doch schon Jahre her! Nichts mehr von tausendjährigen Verstrahlungen und unvorstellbaren Halbwertzeiten, die uns doch einst so erregten. Dabei ist die Gefahr, die von solchen Kernkraftwerken ausgeht, ja nicht einmal die Gefahr, die von diesem besonderen Kernkraftwerk ausgeht, keineswegs gebannt. Da jedoch von ihr in den Medien selten nur die Rede ist, scheint die Sache irgendwie erledigt im Sinne einer Verunwirklichung. Diese Form der Erledigung kommt uns entgegen, sie entspricht offensichtlich unserer begrenzten Erregungskapazität. Wir sind auf mediale Dosierungen geradezu angewiesen bei der Wahrnehmung von Schrecken und Bedrohlichkeiten und bei der Aktualisierung unseres Mitleids. Die Medien rhythmisieren unsere Empathie und schenken uns Phasen der Apathisierung.

Unter diesem Aspekt des Kapazitären kommt ein merkwürdig unangemessenes quantitatives Moment in die Sache: das Verhältnis von Leid und Zahl.

Wir fahren auf der Autobahn an einem schweren Unfall vorbei, vorbei an Autowracks, Rettungs- und Polizeiwagen; wir sehen einen Menschen verkrümmt, offenbar verletzt, vielleicht sogar tot am Rande der Straße liegen. Wir sind erschrocken. Einige Zeit später erfahren wir aus den Nachrichten, daß zwei Menschen bei diesem Unfall ihr Leben verloren. Unsere Erschütterung hat sich nicht verdoppelt. Stellte sich aber heraus, daß fünfzig Menschen bei diesem Unfall getötet worden wären – wir sprächen jetzt von einer Katastrophe –, wir wären vielleicht doch ein wenig mehr noch aus der Fassung geraten.

Wir sehen fern. Wir sehen die schrecklichen Bilder vom Zugunglück bei Eschede, wir erfahren, daß dabei hundert Menschen gestorben sind. Drei Tage beherrscht das Unglück die Medien und die Gemüter. In einer der Fernsehdiskussionen, die sofort auf den Plan gerufen werden, gibt jemand einen Hinweis, der von den anderen Teilnehmern offensichtlich als spielverderberisch empfunden wird. Er sagt, daß er die öffentliche Trauer und den Schmerz, die mit diesem furchtbaren Unglück verbunden seien, in keiner Weise relativieren wolle und daß ihm auch die allgemeine Erregung verständlich sei, daß ihn aber zugleich der Mangel öffentlichen Gedenkens angesichts Tausender von Verkehrstoten, die allein im Laufe nur eines Jahres zu verzeichnen seien, verwundere. Niemand in der Diskussionsrunde geht auf diesen Hinweis ein.

Allein im Jahr 1996 gab es 8755 Verkehrstote auf unseren Straßen. Wie anders wäre das Gedenken, wenn sie bei einem einzigen Unglück alle zugleich getötet worden wären. Warum ist es erinnerungswürdiger, wenn Menschen zum gleichen Zeitpunkt leiden und sterben? Für die Opfer ist es vermutlich gleichgültig.

Die Darstellung zeitgleichen massenhaften Leides, das hat der Holocaust-Film gezeigt, hat Massenwirkung dort, wo sie verspätet am Einzelschicksal den Einzelnen massenmedial nahegebracht wird; die statistisch erfaßten zeitungleichen Einzelschicksale hingegen, zu welcher Höhe sie sich auch immer addieren lassen, sinken schnell in die Höhlen der Vergessenheit. Gibt es in den Medien eine Verabredung darüber, welche Opferzahl erreicht werden muß, um ein memento zu rechtfertigen?

Vielleicht geht die Frage nach der Angemessenheit unseres Mitleidens und Eingedenkens ja an unseren menschlichen Möglichkeiten vorbei. Vielleicht haben wir wegen der Mangelhaftigkeit unseres Vermögens zur Empathie kein Recht auf eine Idiosynkrasie gegen den buchhalterischen Umgang mit dem Leid.

Oft haben wir uns gewundert, wenn wir in sogenannten Naturfilmen Tiere sahen, wie sie, eben noch einen lebensgefährlichen Angriff knapp überstehend, im nächsten Moment ruhig weiteräsen. Wir wissen im Grunde nichts darüber, ob der Schock nicht doch in ihren Gliedern und Seelen weiterwirkt, die meisten von uns glauben aber mit Nietzsche, daß wir uns gerade in den Erinnerungsreaktionen von ihnen unterschieden.

Offensichtlich brauchen wir die Tiere, wenn wir die Figuren unseres Erinnerns und Vergessens veranschaulichen wollen. Walter Benjamin hat darauf hingewiesen, daß sie »Behältnisse des Vergessens« seien und »daß Kafka nicht müde wurde, den Tieren das Vergessen abzulauschen!«[5] Das Vergessen ist nach Benjamin

---

5 Walter Benjamin, *Franz Kafka*, in: W. B., *Gesammelte Schriften*, Bd. II. 2, hg. von Rolf Tiedemann und Hermann Schweppenhäuser, Frankfurt a. M. 1977, S. 430.

»niemals ein nur individuelles. Jedes Vergessene mischt sich mit dem Vergessenen der Vorwelt, geht mit ihm zahllose, ungewisse, wechselnde Verbindungen zu immer neuen Ausgeburten ein ...«[6]

Diese Ausgeburten des Vergessens erscheinen in den Erzählungen als Tiere, als Monster, als Figuren der Entstellung und der Verwandlung. Und sie künden von unserer Unfähigkeit, wirklich zu erinnern und wirklich zu vergessen.

6 Ebd.

# Der Ordnung halber
## *Über Verwandtschaftsverhältnisse*

Nachrichten von der Spukgeschichte
des Begriffs

> »Zu definieren wäre eine besondere Funktion, die
> weder in Gesundheit noch in Krankheit aufgeht: die
> des Anomalen. Das Anomale findet sich stets an der
> Grenze, am Rand einer Gruppe oder Vielheit, Teil
> derselben, läßt sie diese in eine andere Vielheit über-
> gehen, läßt sie werden, zieht eine Zwischen-Linie.
> Es ist auch der ›outsider‹: Moby Dick, oder das
> Ding, die Entität bei Lovecraft, Terror.«
> *Gilles Deleuze*

## *Suchbild*

»Und sind nicht die Krankheiten des Körpers sogar, wenigstens
diejenigen, die irgendwie mit dem Nervensystem zusammenhängen, ebenfalls gewisse von unseren Organen und Gelen-
ken angenommene Spezialneigungen oder -abneigungen, auf
Grund deren diese vor bestimmten Wetterlagen Grauen empfinden, das ebenso unerklärlich und ebenso eigensinnig ist wie
die Neigung gewisser Männer zum Beispiel zu Frauen, die einen Kneifer tragen, oder zu Kunstreiterinnen? Dieses Verlangen, das dann jedesmal der Anblick einer Kunstreiterin erweckt – wer vermag zu sagen, mit welchem chronischen aber
unbewußten Traum er verbunden ist, ebenso unbewußt und
geheimnisvoll wie zum Beispiel für jemanden, der sein ganzes Leben lang an asthmatischen Anfällen gelitten hat, der Einfluß einer ganz bestimmten Stadt, die scheinbar wie alle ande-

ren ist, in der er jedoch zum erstenmal wieder frei atmen kann?«[1]

Marcel Proust ist den Idiosynkrasien bei seiner *Suche nach der verlorenen Zeit* oft begegnet: diesen eigensinnigen »Spezialneigungen oder -abneigungen«, die »igendwie [!] mit dem Nervensystem zusammenhängen«, die als kuriose Ausgeburten der »chronischen Träume« nicht nur die Liebe zu Kunstreiterinnen und manches »Grauen« bedingen, sondern erstaunlicherweise auch unsere »Organe und Gelenke« befallen und somit weit übers nur Kuriose hinausgehend zum Ernstfall werden können. Das alles wußte er als Allergiker (Asthmatiker) sehr wohl. Das heißt, er verstand sich auf diese Mischungen aus unbewußtem Traum, erotischer Spezialisierung und körperlicher Lebensbedrohung. Wer die Proustsche Beschreibung für eine ungenaue Wort- und Sacherklärung der Idiosynkrasie hält (was sie »irgendwie« ja auch ist), der wird nach lexikalischen Vergewisserungen streben, wie es der akademische Brauch will, der wird sein Glück bei den Nachschlagewerken suchen müssen – allein der Ordnung halber. Und er ist gut beraten, wenn er dabei auch jene konsultiert, die die Geschichte unserer Krankheiten und ihrer Behandlungen berücksichtigen.

Wie paßt die Idiosynkrasie in die Ordnung der Wörter und der Dinge? Was passiert eigentlich, wenn sich das Wort Idiosynkrasie in unsere Sprache drängt? Wann dient es sich dem assoziativen Zugriff an? Was meint das Wort, wo sind die Grenzen seiner Zuständigkeit?

Mag sich solches Fragen, vor allem dann, wenn es auf definitorische Eindeutigkeit drängt, sprachphilosophische Einsprüche einhandeln, so hat es doch einen heuristischen Wert: Der Versuch einer Beantwortung offenbart nämlich, daß sich das Wort, das hier in die Fahndung gegeben wird, dem heiklen Bemühen

---

1 Marcel Proust, *Auf der Suche nach der verlorenen Zeit. Die wiedergefundene Zeit I*, Frankfurt a.M. 1964, S. 218.

seiner lexikalischen Festlegung in *ganz besonderem* Maße widersetzt. Ja, selbst die vergleichsweise unschuldigen Anstrengungen einer bloßen kontextorientierten Verwendungsbeschreibung erhöhen die Diffusion.

Der einer ersten begriffsgeschichtlichen Bestandsaufnahme noch vorhergehenden Annäherung bietet sich ein wirres Bild: Wir haben Kenntnis von den synchronen und diachronen Erscheinungsformen dieses Wortes in unterschiedlichen Sprachlandschaften; es gibt widersprüchliche Hinweise auf seine semantischen Täterschaften, auf sein plötzliches Auftauchen und sein klammheimliches Untertauchen, auf Maskeraden und Vermummungen.

Selbst dem handwerklichen Zugriff sind enge Grenzen gesetzt: In den aktuellen Registern und Stichwortsammlungen, in den Suchapparaten taucht das Wort nur sporadisch auf, kurzum: es hat keine Katalogtradition. Vielfältiger und aussagekräftiger sind die verstreuten Zeugnisse für einen scheinbar beiläufigen Gebrauch in Text und Rede. Aber auch die Spurensammlung auf der Grundlage von Verwendungsbeispielen bezeugt keine deutliche Wortphysignomie. Die Phantombilder sind verschwommen. Der Verdacht, daß am Ende dieser Spurensuche keine präzise Antwort auf die Frage nach den zeitgenössischen Wortcharakteristika stehen wird, verdichtet sich mit jedem Fund.

Eine zuweilen seriöse, zuweilen liederliche Vergangenheit haftet ihm an und provoziert Undeutlichkeiten in den lexikalischen Eintragungen.

Zur Veranschaulichung seien vier prominente Lexika der Vergangenheit bemüht.

Schlägt man im berühmten *Zedler* (1732-1754) unter dem Stichwort »Idiosynkrasia« nach, so stößt man auf folgende Ausführungen:

> »Idiosyncrasia ist eine gewisse Eigenschaft derer Leiber bey denen Menschen, oder eine gewisse angeborne Neigung oder Has, zu einem und anderen Dinge, daß man es

vertragen, oder gar nicht leiden kann. Solcher Eigen-
schafften können füglich drey Sorten gemachet werden:
Die 1) ist, wenn eine solche Person nur vor gewissen Dingen einen Abscheu hat, oder denenselben gar zu sehr an-
hänget, 2) wenn sie aus einigen Sachen gar nichts, oder
wenig machet, und 3) wenn bey einem eine gewisse Func-
tion, oder Verrichtung im oder am Leibe vermehret, ge-
schwächet oder verletzet worden. Also konnte König Jacob in England kein blanckes Schwerdt sehen.(...)
Ein anderer tapferer Krieges-Held hat weder Schwerdt
noch Spieß gescheuet, so bald er aber eine Nadel-Spitze
gesehen, ist er gleich in Ohnmacht gefallen.«[2]

Idiosynkrasien werden hier gedeutet als physiologische Sensationen im Sinne einer angeborenen, körperbedingten »Abscheu« (oder Hinwendung), die bis zum Verlust des Bewußt-
seins (»Ohnmacht«) führen kann.

Die *Encyclopédie*[3] aus dem Jahr 1765 rückt die Idiosynkrasie
zunächst rekurrierend auf Hyppokrates in die semantische Nähe
der Begriffe Konstitution und Veranlagung. Auch hier soll die
Idiosynkrasie eine besondere, angeborene körperliche Grund-
disposition anzeigen. In dieser Zuschreibung, so führt der Artikel weiter aus, sei »den Alten« zwar zuzustimmen, gleichwohl
dürfe der modifizierende Einfluß äußerer Einwirkungen wie
etwa der der klimatischen Bedingungen oder der Arbeitsverhält-
nisse auf diese Veranlagung nicht unterschätzt werden. So habe
zum Beispiel eine schwächliche körperliche Konstitution bei einer »mondänen Dame« andere Folgen als bei einem Bauern-
mädchen.

Das heißt, daß zu dieser Zeit für die Entstehung der idiosynkratischen Impulse auch schon exogene Faktoren in Betracht

2 Johann Heinrich Zedler, *Großes Vollständiges Universal Lexikon*,
Bd. 14 I, Leipzig und Halle 1735; 2. Vollständiger photomechanischer
Nachdruck, Graz 1994.
3 *Encyclopédie*, Bd. 8, Neuchastel 1765.

gezogen werden, daß sie in Abhängigkeit zu historischen und kulturellen Einflüssen gesehen werden.

*Pierers Universal-Conversations-Lexikon* (1877) unterscheidet zwischen »krankhaften«, also von der Normalität abweichenden Neigungen und Abneigungen eines Einzelnen, und seiner grundsätzlichen nervlich bedingten idiosynkratischen Disposition:

»Idiosynkrasie

1) der eigenthümliche, krankhafte im Nervensystem begründete, noch nicht hinlänglich erkannte bes. bei dem weiblichen Geschlecht vorkommende anomale Abscheu u. Widerwille gegen gewisse physische Einwirkungen, z. B. den Geruch d. Rose, bestimmte Speisen, Medicamente, sowie auch das krankhaft gesteigerte Wohlbehagen an gewissen Reizen u. Einwirkungen auf die Sinnesorgane, vor welchen gesunde Menschen Abscheu od. Ekel empfinden z. B. Geruch verbrannter Federn, Teufelsdreck,

2) die Eigenschaft des Körpers, welche dies hervorbringt.«[4]

Auch die Definitionsversuche, die *Meyers Konversations-Lexikon* (1895) unter dem Lemma »Idiosynkrasie« anbietet, deuten die Idiosynkrasie als grundsätzliche Körpereigenschaft wie als Indikation einer besonderen nervlichen Verfassung, die unter der »Einwirkung« unterschiedlicher äußerer Reize zutage komme. Und wiederum wird sie in die Nähe der Hysterie gerückt, als eine Erscheinung, die primär bei überempfindlichen Frauen aufträte:

»Idiosynkrasie (griech.), ursprünglich die ›eigentümliche Mischung‹ der Säfte, des Körpers, aus der sich der Ansicht der alten Ärzte zufolge das verschiedene Verhalten der einzelnen Individuen im gesunden wie im kranken Zu-

4 *Pierers Universal-Conversations-Lexikon*, Bd. 10, 6. Aufl., Oberhausen und Leipzig 1877.

stand erklären sollte. Gegenwärtig versteht man unter I. das dem Individuum als solchem eigentümliche Verhalten gegen von außen her auf den menschlichen Organismus einwirkende Eindrücke; häufig aber wird der Sinn des Wortes I. in der Weise verstärkt, daß wir damit ein bestimmtes abweichendes Verhalten eines Menschen gegen Eindrücke bezeichnen, welche auf die große Mehrheit in ganz anderer Weise einwirken. So lieben die einen einen Geruch, welche andere verabscheuen; so kennt man z. B. Menschen, welche infolge des Genusses von Erdbeeren oder von Krebsen Nesselsucht bekommen; andere können trotz des Wohlgeschmacks gewisser Speisen diese nicht genießen, ohne in heftiger Weise zu erkranken. Wieder andere zeigen Widerwillen gegen gewisse Farben, Töne etc. (Miauen der Katze: Wallenstein und Cäsar; Trompetenton: Mozart.) Gewisse körperliche Zustände, wie z. B. die Schwangerschaft, sind häufig durch I. gegen Speisen, die sonst wohlgelitten waren, ausgezeichnet. Die Ursache der sogen. Idiosynkrasien ist unbekannt, liegt aber wohl in einer nach gewissen Richtungen hin abnorm gesteigerten Empfindlichkeit des Nervensystems. Hiermit mag es zusammenhängen, daß die Idiosynkrasien bei den reizbaren Frauen viel häufiger als bei Männern beobachtet werden.«[5]

Dem Wunsch einer genaueren Bestimmung kommen auch die jüngeren lexikalischen Eintragungen nur bedingt entgegen.

Der Begriff »Idiosynkrasie«, dem über lange Zeiträume eine Aufenthaltsberechtigung in der medizinischen Nomenklatur zugewachsen, attestiert wurde und dann wieder abhanden kam, stehe heute, diese Auskunft gibt das *Historische Wörterbuch der Philosophie,* umgangssprachlich für »Abneigung«.[6]

---

5 *Meyers Konversations-Lexikon,* Bd. 9, 5. Aufl., Leipzig und Wien 1895.
6 *Historisches Wörterbuch der Philosophie,* Bd. 4, hg. v. Joachim Ritter und Karlfried Gründer, Basel 1976.

Beachtet der *Brockhaus* aus dem Jahr 1908 ausschließlich den medizinischen Bedeutungszusammenhang – es ist die Rede von »einer krankhaft gesteigerten Empfindlichkeit der Nerven« –, so führt der *Brockhaus* aus dem Jahr 1952 das Wort »Widerwillen« unter umgangssprachlichen Aspekten ins Feld, während sich in der neuesten Ausgabe aus dem Jahr 1989 die folgende Eintragung findet:

> »Hochgradige Abneigung oder Überempfindlichkeit eines Menschen gegenüber bestimmten Personen, Lebewesen, Gegenständen, Reizen, Anschauungen u. a.«[7]

Offenbar suggeriert der Begriff der »Abneigung« eine abwehrende Reaktion: Die Vorsilbe »ab« zeigt eine Negation an, die jedoch immer noch im Feld der Neigungen, des Affektiven angesiedelt bleibt. Mit der sprachlichen Annäherung, die der ältere *Brockhaus* anbietet, dem »Widerwillen«, wird ein qualitativ ganz anderes menschliches Vermögen angesprochen: wir befinden uns jetzt im Machtbereich des Willens. Dabei ist nicht ganz ausgemacht, ob dieses zweifellos eine Gegenbewegung indizierende Dawider auch wider den Willen selbst gerichtet ist (wider den Willen, unwillentlich) oder nur ein willentliches Wider gegen einen Gegenstand, eine Person, ein Phänomen meint. Jedenfalls ist mit diesen ersten relativ willkürlichen semantischen Annäherungen schon ein doppelter Bezug gegeben: die Idiosynkrasie wird sowohl in ein Verhältnis zur menschlichen Intentionalität (Willen) als auch zur Affektabilität (Neigung) gesetzt.

Betrachtet man die Erscheinungen, die als Anlaß solcher Reaktionen der Zuneigung und der Abneigung genannt werden, so nähert sich das Spektrum möglicher auslösender Reize der Unübersichtlichkeit: Personen, Lebewesen, Speisen, Gerüche, An-

---

7 *Brockhaus Enzyklopädie in 24 Bänden*, 19., völlig neu bearbeitete Ausgabe, Mannheim 1989; *Brockhaus Konversations-Lexikon*, 14., vollständig neu bearbeitete Auflage, Leipzig 1908; *Der große Brockhaus*, 16., völlig neu bearbeitete Auflage in zwölf Bänden, Wiesbaden 1954.

schauungen, Wörter, erotische Signale – es scheint, als könne
nahezu alles zum Ausgangpunkt einer idiosynkratischen Reaktion werden. Eine ubiquitäre Zuständigkeit.

In einem *Wortschatz-Lexikon* der Deutschen Sprache[8] findet
sich der Begriff seinerseits als Erläuterung zu den Lemmata
»Zwangsvorstellung« und »Besonderheit«. Auch diese begrifflichen Überordnungen haben ganz unterschiedliche Wertigkeiten
und diskursive Fluchtpunkte. Es liegt nahe, die Familienähnlich-
keit für die sehr heterogenen lexikalischen Eintragungen im Moment des Widerständigen und Abweichenden zu suchen, also
dem Begriff des Idiosynkratischen in seinen offensichtlich vielfältigen Verwendungsmöglichkeiten eine stets negierende Bewegung und damit eine Figur der Abwehr einzuschreiben. Aber
diese allgemeinste Bestimmung – die in ihrer Blässe den Begriff
kaum noch berührt – kann nicht durchgehalten werden: Es läßt
sich nämlich belegen – der *Zedler* und das *Pierersche Lexikon*
spielen darauf an –, daß mit diesem Terminus zeitweilig und
immer einmal wieder das Gegenteil dessen, was mit den Aus-
drücken Widerwillen und Abneigung angezeigt ist, verbunden
wurde, daß ihm zuweilen eine Referenz auf ganz gegenläufige
Phänomene, etwa die einer unerklärlichen Hinwendung, zugesprochen werden. In einem Lexikon der Philosophie wird darauf
verwiesen, daß es sich »eigentlich« um einen medizinischen Begriff handele, und es heißt weiter:

> »Heute versteht man unter I. die vom Durchschnitt ab-
> weichende individuelle gefühlsmäßige Reaktion auf Reize,
> inbes. den konstitutionell oder durch unbewußt wirksame
> Assoziationen bedingten Widerwillen gegen bestimmte
> Gerüche, Töne, Speisen, Menschen usw., seltener auch die
> Vorliebe für etwas, was andere verabscheuen.«[9]

---

8 Wehrle/Eggers, *Deutscher Wortschatz*, Stuttgart 1961.
9 *Historisches Wörterbuch der Philosophie*, hg. v. Johannes Hoffmeister,
Leipzig 1944.

In dieser »selteneren« Verwendung klingt noch mit, daß der Begriff der Idiosynkrasie als »ältester allergologischer Begriff«[10] zu bestimmten Zeiten seiner vielfältigen Karriere nicht nur für die verschiedensten Arten der somatischen Empfindlichkeiten und Überempfindlichkeiten (auch dies ein fallengelassener Begriff der Allergologie), sondern zugleich für das Phänomen einer besonderen Verträglichkeit zum Beispiel für die Sensation der Giftfestigkeit reklamiert wurde.[11]

Selbst wenn man diese gegenläufige Verwendung als periphere Variante vernachlässigt, bleibt der Befund höchst heterogener Wortassoziationen bestehen. Der Begriff unterhält labile, aber

10 Hans Schadewaldt, *Idiosynkrasie, Anaphylaxie, Allergie, Atopie – Ein Beitrag zur Geschichte der Überempfindlichkeitskrankheiten*, in: *Rheinisch-Westfälische Akademie der Wissenschaften*, Vorträge G 256, Opladen 1981, S. 10. Zu den medizinhistorischen Ausführungen dieses Kapitels vgl. weiterhin: Hans Schadewaldt, *Geschichte der Allergie*, 4 Bde., München 1979; ders., *Zur Frühgeschichte allergischer Erkrankungen*, in: *Sudhoffs Archiv* 42, 1958; ders., *Allergisch bedingte Erkrankungen in zeitgenössischen Kasuistiken des 15.-18. Jhs.*, in: *Int. Arch. Allergy* 22, 1963; E. Schöner, *Das Viererschema in der antiken Humoralpathologie*, in: *Sudhoffs Archiv, Medizinisches Beiheft* 4, Wiesbaden 1964; J. Schumacher, *Antike Medizin*, Bd. 1, Berlin 1940; ders., *Konstitution – Idiosynkrasie – Allergie. Zur Geschichte des Allergie-Begriffs*, in: *Cesra Säule*, Nr. 9/10 1950 (3); Friedolf Kudlien, *Idiosynkrasie und therapeutischer Nihilismus*, in: *Med.hist. J.* 1972; Karl Sudhoff, *Kurzes Handbuch der Geschichte der Medizin*, Berlin 1922; Paul Diepken, *Geschichte der Medizin*, Bd. I, Berlin 1949; Werner Leibbrand, *Heilkunde. Eine Problemgeschichte der Medizin*, München 1953; K. Deichgräber, *Die griechische Empirikerschule*, Berlin. Zürich 1965; Th. Meyer-Steinegg, *Das medizinische System der Methodiker*, Jena 1916; H. Flashar (Hg.), *Antike Medizin*, Darmstadt 1971.

11 Vgl. Josef Schumacher, *Konstitution – Idiosynkrasie – Allergie*, a.a.O., S. 16. Schumacher belegt, daß diese Wortbedeutung in Richtung auf eine besondere Verträglichkeit schon bei Sextus Empiricus eine Rolle spielt. »Er [Sextus Empiricus, S. B.] bringt das Beispiel von der attischen Greisin, die, ohne sich zu gefährden, 30 Schluck Schierlingssaft zu sich genommen habe, und einer Lydierin, die ohne Schaden 4 Schluck Mohnsaft trank.«

weitreichende und verflochtene Verwandtschaftsbeziehungen über viele Diskursgrenzen hinweg, er hat flüchtige Aufenthaltsorte in wechselnden Konstellationen. Das eröffnet große assoziative Räumlichkeiten:

Zu den genannten Bezeichnungen wie Abneigung und Widerwillen, die sich der umgangssprachlichen Bedeutung von Idiosynkrasie annähern sollen und die das Lexikon uns als Synonyma nahelegt, gesellen sich steigernd Begrifflichkeiten wie die der Antipathie, der Aversion, der Animosität, die sich wiederum mühelos auf das angrenzende Gebiet der Bezeichnung somatischer Sensationen verschieben lassen, hin zu medizinischen Begriffen wie dem der Allergie, der Anaphylaxie, der Atopie.

Auch im Begriffsterrain psychologischer Diagnostik ist der Begriff zwar nicht fest etabliert, aber heimisch. Er unterhält nachbarliche Beziehungen zu Phobie, Hysterie und Zwangsvorstellung – in älteren Verwendungszusammenhängen mit der Hypochondrie, der Melancholie (vgl. *Meyer*).

Ihm eignete in seiner wechselhaften Geschichte immer eine Mehrstimmigkeit. Neben den Versuchen, ihn fachterminologisch zu präzisieren, hielt sich überlagernd stets eine allgemeine Bestimmung: Idiosynkrasie in der Bedeutung einer bloßen »Besonderheit«, einer besonderen Disposition, eines besonderen Temperaments, einer besonderen Konstitution.

Im Laufe seiner unruhigen Karriere hat sich der Idiosynkrasiebegriff den wechselhaften Versuchen seiner dauerhaften »Verortung« erfolgreich widersetzt und in diesen Bedeutungsgeflechten merkwürdig changierend alle diese Bezeichnungen gestreift, sich ihnen teilweise untergeordnet, sie teilweise in sich aufgenommen und sich von ihnen und sie von sich immer wieder abgestoßen.

Außenposten, gewissermaßen am Eingang des Bedeutungsfeldes stehend, in dem die Idiosynkrasie irrlichtert, sind Begriffe wie Habitus, Haltung, Konstitution, Temperament. Diese Bedeutungsdimension in Richtung auf Verpuppungen und Verfestigungen fällt der Idiosynkrasie zu, wenn sie in ihrer dispositionellen Funktion verstanden werden soll. (»Native speaker« des Englischen erklären, daß diese Bedeutung der Idiosynkrasie etwa im Sinne einer durchgängigen konstanten Abweichung – eines spleens – der umgangssprachlichen Verwendung im Angelsächsischen entspreche). Zugleich und dem entgegen unterhält die Idiosynkrasie eine deutliche Beziehung zu Worten, die gerade das Flüchtige, Vorübergehende, Unwägbare anzeigen: Regung, Impuls, Intuition, Aversion.

## Herkunft

Die Bezeichnung »Idiosynkrasie« ist alt. Und sie hat eine wechselhafte Geschichte. So wechselhaft, daß der Eindruck entsteht, sie hätte sich in diesen Wechselfällen auch leicht einmal ganz verlieren können. Möglicherweise ist ihr aber im Zuge dieser wechselhaften Verwendung eine Geschmeidigkeit, Dehnbarkeit und Vieldeutigkeit zugewachsen, die ihr Überdauern in ganz unterschiedlichen Kontexten sicherte.

> »Die vage Bedeutung des Begriffs (pendelnd zwischen ›besonderer Konstitution‹, pathologischem Zustand und ›Konstitution‹ im allgemeinen) ließ für vielfältige Anwendung Raum.«[12]

schreibt der Medizinhistoriker Friedolf Kudlien. Der Medizinhistoriker Hans Schadewaldt spricht sogar von einer »babylonischen Sprachverwirrung auf dem Gebiet der allergologischen Nomenklatur«.[13]

So hat sich diese ungefüge und ungefügige »Idiosynkrasie« schließlich als überlebensfähiger erwiesen als gefügtere und eindeutigere Begriffe, die größere Verdienste im Ringen um die Gedankenordnung für sich reklamieren.

12 Friedolf Kudlien, in: *Historisches Wörterbuch der Philosophie*, a.a.O.
13 Hans Schadewaldt, *Geschichte der Allergie*, Bd. 1, a.a.O., S. 3.

Der Anfang war durchaus respektabel: Der Geburtsort liegt in
den Begriffsbildungen der griechischen Naturphilosophie.
Die Medizinhistoriker und mit ihnen Josef Schumacher sind
sich einig darüber, daß der Begriff erstmalig im sogenannten
*tetrabiblos* des Astronomen und Geographen Ptolemaios um
100 n. Chr. auftaucht.

> »Es ist eine sehr modern anmutende Anschauung, die er
> [Ptolemäus, S. B.] hier vorträgt, die allerdings schon im
> Makrokosmos-Mikrokosmos-Gedanken der Frühantike
> begründet ist: Der Mensch als Mikrokosmos enthält alle
> Schichten der Natur, des Makrokosmos in sich – so wür-
> den wir heute sagen –, und so wird ein Zusammenspiel der
> Atmosphäre mit dem menschlichen Sein – im positiven wie
> im negativen Sinne – angenommen und – das ist das inter-
> essante – die Idiosynkrasie als abhängig von den großen at-
> mosphärischen Vorgängen gesehen.«[14]

Der Terminus findet sich etwa zur gleichen Zeit auch bei dem
skeptischen Arzt und Philosophen Sextus Empiricus.
Aber sogleich, schon bei der Auswertung dieser frühen Wort-
funde, gibt es Ärger. Der Begriff kommt nämlich in zwei Lesar-
ten vor: Idiosyn*krisia* und Idiosyn*krasia*. Zwar nimmt man
noch weitgehend übereinstimmend an, daß »Idiosynkrisia« die
ältere Bezeichnung ist (der Galen-Übersetzer E. Beintker nimmt
sogar an, daß sich die Schreibweise »Idiosynkrasia« erst in der
Renaissance durchsetzte[15]), aber während nun die einen (Schumacher, Schadewaldt) dieser Buchstabendifferenz keine besondere Bedeutung zumessen wollen, glauben die anderen (Kudlien, Beintker), daß die Bezeichnung Idiosyn*krasia* eine späte,

---

14 Josef Schumacher, *Konstitution – Idiosynkrasie – Allergie,* a.a.O.,
S. 13 f.
15 E. Beintker und W. Kahlenberg, *Werke des Galenos,* Bd. II, Stuttgart
1941, S. 38, Anm. 70. Diese Kontroverse ist ausführlich dargestellt in:
Friedolf Kudlien, *Idiosynkrasie und therapeutischer Nihilismus,* a.a.O.

unter dem Einfluß der hippokratischen »Krasenlehre« entstandene und auf dem Fundament der klassischen Humoralpathologie ruhende Wortbildung sei, während der Terminus Idiosynkrisia auf einem anderen pathophysiologischen Grundkonzept basiere, nämlich dem atomistisch-corpuskulären, wie es die Ärzteschule der Methodiker entwickelte. Kudlien führt aus:

> »Zur Bezeichnung der ›Zusammensetzung‹ dieser Corpusceln zu einem Organ oder zu einem ganzen Körper verwendeten die Methodiker das Verbum ›synkrinein‹. Sie hatten die Vorstellung, eine solche ›Zusammensetzung‹. gegebenenfalls sogar durch eine radikale ›Umstimmung‹, die sie als ›metakrisis‹ bezeichneten, therapeutisch beeinflussen zu können. Für den Terminus ›idiosynkrisia‹ selbst läßt sich nun zwar bei den Methodikern kein Beleg finden. Bei Soran jedoch, einem methodischer Lehre außerordentlich nahestehendem Arzt, kommt ›idiosystasia‹ in durchaus identischer Bedeutung vor (hier wäre noch beiläufig zu bemerken, daß sowohl ›systasia‹ wie, in etwa, auch ›synkrisia‹ das wörtliche Pendant zu ›Konstitution‹ darstellen.«[16]

Das ist alles etwas verwirrend. Viel Unordnung gleich zu Beginn.

Verallgemeinernd ließe sich vielleicht sagen, daß der Begriff, der sich schließlich in der Form Idiosynkrasia durchsetzte, zunächst naturphilosophisch das jeweilig eigenartig zusammengesetzte leib-seelische Gemisch von Dispositionen umfaßte, annähernd dem, was wir mit dem Begriff der Konstitution assoziieren. Es ging also um Mischungsverhältnisse, zum Beispiel um das Mischungsverhältnis, das eine und eben nur diese eine Person ausmacht – etwa in Abhängigkeit von dem Einfluß der vier Grundelemente (Empedokles) oder von kosmischen Konstellationen

---

16 Friedolf Kudlien, *Idiosynkrasie und therapeutischer Nihilismus*, a.a.O., S. 66.

und astrologischen Zusammenhängen (Ptolemäus) oder – hier
schon ätiologisch etabliert – von den Humores (Galen).

Von diesen naturphilosophischen Positionen ausgehend trat
der Begriff, von den Ärzteschulen der Methodiker und der Em-
piriker übernommen, seinen medizingeschichtlichen Siegeszug
an, »um sowohl die besondere Konstitution eines Individuums
als auch seine abweichende Reaktionsbereitschaft zu bezeichnen«.[17]

Kudlien fügt dem hinzu:

> »Unter diesen Umständen stehen Begriff und Sache von
> Anfang an eigentümlich zwischen den Sphären des Nor-
> malen und Pathologischen.«[18]

Kudlien konstatiert ein merkwürdig simultanes Schicksal von
Begriff und Sache: so als stünde, weil bis heute niemand sagen
kann, um welche Sensation es genau geht, wenn wir von unseren Idiosynkrasien sprechen, auch dem Begriff nur ein schimä-
renhaftes Dazwischensein, eine höchst ungeklärte Zuständigkeit zu.

Es scheint, als habe man sich immer wieder um Vereindeutigungen bemüht und als habe sich der Terminus dem geradezu
willfährig gebeugt, um sich zugleich stets von neuem zu entziehen.

> »Wie in späteren Jahrhunderten, lag auch in der Antike
> der Akzent der Idiosynkrasie auf dem Individuum und
> nicht auf der exogenen Noxe. Die Ursache wurde eigent-
> lich fast ausschließlich in der eigenartigen Säftemischung
> des Patienten gesehen, die freilich wieder von kosmischen
> Bedingungen abhängig sein konnte. Von der allgemeinen,
> mehr naturphilosophischen Bedeutung des Begriffes über
> die Bezeichnung einer schon im medizinischen Sinne ver-
> standenen Konstitution oder Individualität ist die Idiosyn-

17 Ders., *Historisches Wörterbuch der Philosophie*, a.a.O.
18 Ebd.

krasie weiter auf eine ganz spezielle, praktisch-therapeutische Fragestellung eingeengt worden; aber neben dieser engeren Bedeutung lief die alte umfassende Wertung dieses Wortes weiter.«[19]

Im Zuge seiner medizingeschichtlichen Laufbahn – so die wortgeschichtlichen Darstellungen der Medizinhistoriker – gerät der Begriff bald unter den Einfluß der antiken Humoralpathologie.

Hier geht es bekanntlich um die richtige Mischung der Säfte – um die Eukrasie. Diese Frage nach der richtigen Mischung scheint aber nicht nur die Sache, sondern auch den Begriff selbst betroffen zu haben. Seine Bedeutungsmischung scheint immer wieder zur Disposition gestanden zu haben.

»So steht der Begriff ›Idiosynkrasie‹, der vom Griechischen [...] (mischen) und [...] (eigen) abgeleitet wird, zwischen dem harmonischen Gefüge der gesunden Säftemischung und der bereits eindeutig pathologischen ›Dyskrasie‹.«[20]

Das heißt, selbst während ihrer Verweildauer in der Medizingeschichte bietet die Idiosynkrasie kein einheitliches Bild. Das erschwert die begriffsgeschichtlichen Suchbewegungen: Schadewaldt spricht von der Schwierigkeit:

»für den Begriff der Idiosynkrasie einen ganz speziellen, festgelegten Platz in den medizinischen Systemen der Antike zu bestimmen; ein Problem, das bis zum 20. Jahrhundert nicht gemeistert werden konnte, so daß das Bild der Idiosynkrasie chamäleonartig mit seinen verschiedenen Interpreten im Laufe der Jahrhunderte immer wieder wechselte und die unterschiedlichsten medizinischen Bezüge zum Inhalt hatte.«[21]

19 Hans Schadewaldt, *Geschichte der Allergie*, a.a.O., S. 16.
20 Ebd., S. 7.
21 Ebd., S. 20.

Der griechische Arzt Galenos, der Leibarzt Marc Aurels, dessen Schriften für das Mittelalter kanonische Geltung hatten,
räumte der Idiosynkrasie zunächst einen gesicherten und pro-
minenten Platz in seiner Ätiologie ein. Darüber hinaus spielte
sie eine bedeutende Rolle bei der Entwicklung seiner Therapie-
konzepte: zum Beispiel, wenn es darum ging, die Dosierung
und Mischung einer Medikation dem jeweils besonderen (idiosynkratischen) Mischungsverhältnis der Säfte und Kräfte des
Behandelten anzupassen.

Die Vorstellung von Idiosynkrasie als einem Problem der Säftemischung dominierte bis in die Neuzeit die medizinischen und
naturkundlichen Überlegungen, wobei der Terminus ein breites
Spektrum von Phänomenen abdecken mußte, die vom Juckreiz
nach dem Genuß von Erdbeeren über die Menschenfresserei
bis zur Unverträglichkeit zwischen Katz und Maus reichen
konnten.

Erst als dieses humoralpathologische Erklärungsschema zugunsten neuralpathologischer Deutungsmuster seine Geltung
zunehmend verlor, hatte auch die Hochkonjunktur des Idiosynkrasiebegriffs im Sprachfeld der Medizin ein Ende. Im Zuge
allgemeiner medizintheoretischer Paradigmenwechsel wurde
der Idiosynkrasiebegriff zeitweilig durch andere Begrifflichkeiten überlagert – ohne ganz zu verschwinden.

> »Mit dem Beginn der Neuzeit tritt der Terminus Idio-
> synkrasie in den Hintergrund, und für die gleichen Phä-
> nomene, die früher und später mit dieser Bezeichnung be-
> legt wurden, ist nun ein anderes Kunstwort, ›*Antipathia
> humana*‹, anzutreffen, das heute wieder vollständig aus
> der allergologischen Nomenklatur verschwunden ist und
> nur noch in der psychologischen Fachsprache Verwen-
> dung findet. Diese Antipathie hat interessanterweise ge-
> nau den entgegengesetzten Begriffswandel durchgemacht
> wie die Idiosynkrasie. War diese ursprünglich ein philoso-
> phischer Begriff, der sich allmählich mit medizinischem

Gehalt füllte, so beinhaltete die Antipathie zusammen mit der Sympathie primär somatische Auswirkungen gegenüber negativen (antipathischen) oder positiven (sympathischen) Impulsen jeglicher Art. Dabei glaubte man an ein besonderes Fluidum, eine Art ›*Aether vivax*‹, der von einem bestimmten Subjekt oder Objekt auf die betroffene Person überstrahlen sollte. Als Modellfall wurde die Wirkung des Magneten angesehen, der bestimmte Stoffe anziehen, andere dagegen abstoßen kann. Abneigung gegenüber bestimmten Menschen und Tieren, die Unverträglichkeit gegenüber einzelnen Nahrungs-, Genuß- und Arzneimitteln, aber auch die abnorme Reaktion gegenüber Gerüchen, Geräuschen usw. wurden durchaus als physisch begründet angesehen. (...) Im 19. Jahrhundert nahm der Antipathiebegriff festere Formen an und wurde im Zuge des Vordringens der Neuralpathologie als Reaktion des Nervensystems auf bestimmte Außenreize aufgefaßt.«[22]

Die Idiosynkrasie stand merkwürdig quer zu dem Oppositionspaar von Sympathie und Antipathie. (Vgl. hierzu das Kapitel »Über-Empfindlichkeit«, S. 30 ff.) Sie paßte nicht recht ins Schema, bald suchte man (zum Beispiel Friedrich Hufeland[23]) sie als »negative Sympathie« zu etablieren (auch dieses terminologische Gebot blieb ohne Folgen), bald fungierte sie als Oberbegriff, bald nur mehr als Bezeichnung von Erscheinungen, die außerhalb der medizinischen Zuständigkeiten angesiedelt wurden, bald sollte sie ganz durch den Begriff der Antipathie ersetzt werden. Indes, auch dem Begriff der Antipathie, dem zeitweise eine Stellvertreterschaft zukam, war die Entwicklung nicht günstig:

22 Hans Schadewaldt, *Idiosynkrasie, Anaphylaxie, Allergie, Atopie*, a.a.O., S. 17 f.
23 Friedrich Hufeland, *Über Sympathie*, Weimar 1811.

»Aber von nun an ging die ursprüngliche, mehr somatische Bedeutung zugunsten einer psychischen langsam weiter verloren. Hielt noch Georg Prochaska (1749-1820), der Wiener Anatom und Physiologe, 1780 die Antipathie für eine Untergruppe der Idiosynkrasie, so wurde 1876 mit dem Vorschlag des amerikanischen Neurologen George Miller Beard (1839-1883), die Gänsehaut als Reaktion auf das Reiben eines Radiergummis, das Feilen einer Säge oder das Berühren einer Pfirsichhaut als Antipathie vollends das Gebiet der Medizin verlassen.«[24]

Nachdem wiederum all diese Reaktionsweisen, an die wir heute, wenn wir von Idiosynkrasien sprechen, zuallererst denken, dem Antipathiebegriff zugeordnet und bald schon wieder aberkannt worden waren, suchte man abermals Ordnung in die Sache zu bringen, indem man die Zuständigkeiten erneut aufspaltete und umdefinierte:

»Johann Georg Friedrich Henning (1767-1840) trennte 1812 streng zwischen der Idiosynkrasie als mehr körperlich bedingter und der Antipathie als mehr seelischer Besonderheit und rügte die Autoren, die beide Begriffe durcheinanderwarfen. Offensichtlich verstand Henning unter seinem Begriff der Idiosynkrasie auch hysterische Reaktionen, denn er erwähnt Fälle, wo sich bei Gesang, Geräuschen usw. auch Konvulsionen einstellten.«[25]

Auch diese Empfehlungen, dem Begriffsgespinst beizukommen mit Hilfe einer erneuten Begriffstrennung, blieben, wie die Abmahnungen an die Adresse derer, die sich nicht daran halten wollten, sprachgeschichtlich völlig wirkungslos.

Die scheinbar peripheren, medizinunwürdigen Sensationen (Gänsehaut bei der Berührung von Pfirsichhaut und derglei-

---

24 Hans Schadewaldt, *Idiosynkrasie, Anaphylaxie, Allergie, Atopie,* a.a.O., S. 18.
25 Ders., *Geschichte der Allergie,* a.a.O., S. 28.

chen) fielen fortan, nachdem das Begriffspaar Sympathie und Antipathie aus dem medizinischen Vokabular exmittiert worden war, wieder in den unklaren Zuständigkeitsbereich des allgemeinen Wortgebrauchs »Idiosynkrasie« zurück.

Seit der Mitte des 18. Jahrhunderts setzte sich zunehmend die »nervale Auffassung von dieser Reaktionsweise«[26] durch (vgl. den Artikel im *Pierer*).

Ihr berühmtester Vertreter war der Leibarzt Friedrich des Großen, Johann Georg Zimmermann (übrigens ein Anhänger Lavaters – vgl. das Kapitel »Lichtenbergs Buckel«, S. 60), der die Idiosynkrasien als Ausdruck gesteigerter Empfindlichkeiten des Nervensystems deutete.

Vor diesem Hintergrund wurde es möglich, die bis dahin vorherrschende Hypothese einer angeborenen konstitutionellen Überempfindlichkeit auszuhebeln. Nach Zimmermann konnten die Idiosynkrasien auch als Folge wiederholter Negativerfahrungen, die ein Mensch im Laufe seines Lebens gemacht hat, also im Sinne eines erfahrungsbedingten Reiz-Reaktions-Schemas, gedeutet werden.

Gleichwohl blieb der Begriffswirrwarr bestehen.

Im Ringen um Klarheit erinnerte man sich nun plötzlich an eine alte Buchstabendifferenz aus den Kindertagen des Begriffs, die mit neuem Inhalt wiederbelebt werden sollte.

> »Das so entstehende terminologische Durcheinander erreichte im 19. Jh. einen Höhepunkt, indem man nun bisweilen ›Idiosynkrisie‹ als Terminus für etwas Endogenes, ›Idiosynkrasie‹ als Terminus für eine Reaktion auf exogene Reize verwendete.«[27]

Auch diese künstliche Aufteilung in den Begriff der Idiosynkrisie, den man abermals in die Nähe der Bedeutung von Konstitution rückte, einerseits und andererseits in den Parallelbegriff

---

26 Ebd., S. 27.
27 Friedolf Kudlien, *Historisches Wörterbuch der Philosophie*, a.a.O.

Idiosynkrasie, der, auf das zielend, was wir heute unter Allergie verstehen, im Zuständigkeitsbereich der Medizin angesiedelt bleiben sollte, setzte sich nicht durch.

Durch einen kleinen Ausflug in nichtmedizinische Verwendungsbereiche kann Schadewaldt veranschaulichen, daß die Polyvalenz auch im umgangssprachlichen Gebrauch durchgehend vorhanden war:

> »So bezeichnete z.B. Goethe seine Abneigung gegen die handschriftliche Abfassung von Briefen (er diktierte lieber) als idiosynkratisch, aber er verwandte den Begriff auch im Sinne seiner zu dieser Zeit medizinischen Bedeutung, wenn er von Halsbeschwerden berichtet, die er auf das Ätzen und Radieren von Kupferplatten zurückführt.«[28]

Im 19. Jahrhundert wurde hoffnungsvoll der Begriff der »Überempfindlichkeit« ins medizinische Feld geführt.

> »Viel gebraucht wurde der einzige deutsche Terminus ›Überempfindlichkeit‹, der bald zuerst von den Amerikanern als ›Hypersusceptibility‹ bzw. ›Hypersensibilisation‹ ins Englische übernommen wurde. Dieser Begriff ist zwar wesentlich jünger als der der Idiosynkrasie und der Antipathie, aber auch er entstammt noch der Zeit vor der Entdeckung der Anaphylaxie. (...) Doch wird auch dieser Begriff der spezifischen Reaktionsfähigkeit, wie wir dies bei der Anaphylaxie und der Allergie postulieren müssen, nicht voll gerecht. Denn die ›Überempfindlichkeit‹ setzt voraus, daß der betreffende Träger auf alle Reize entsprechend überschwellig reagiert. Er bezieht sich eigentlich auf die gesamten Umweltbedingungen«[29]

Das heißt: Mit der Substitution des Idiosynkrasiebegriffs durch den der Überempfindlichkeit war für die Begriffsordnung, um die es ja immer ging, nichts gewonnen. Man stand bei beiden

---

28 Hans Schadewaldt, *Geschichte der Allergie*, a.a.O., S. 26.
29 Ders., *Idiosynkrasie, Anaphylaxie, Allergie, Atopie*, a.a.O., S. 19:

Begriffen vor dem gleichen Problem gegenläufiger Konnotationen, daß nämlich unter sie sowohl allgemein eine individuelle Disposition als auch im Konkreten eine besondere Abweichung in Einzelfällen subsumiert werden kann.

War schon im 19. Jahrhundert der Terminus Idiosynkrasie ein Wort für allerlei Verlegenheiten ...

> »Oft bedeutete die Idiosynkrasie aber nichts anderes als ein Sammelbegriff für alle diejenigen Erkrankungen, deren Genese man sich sonst nicht erklären konnte«[30]

... so spielt er in der medizinischen Nomenklatur des 20. Jahrhunderts strenggenommen keine Rolle mehr. Der Begriff der Allergie hatte sich (soll man eingedenk dieser wechselnden Wortkonjunkturen sagen: endgültig?) durchgesetzt.

Das allergische Geschehen ist eingerückt in die Zuständigkeit der Immunologie. Dort erscheint es wieder als Bestandteil eines Schlachtengemäldes, auf dem der Kampf des einen, eigenen Körpers gegen das Eindringen des anderen, des schädlich Fremden, dargestellt wird. Dietmar Kamper hat auf die kriegerische Metaphorik dieser immunologischen Forschungssprache hingewiesen:

> »Die sprachlichen Verlegenheiten, die sich in der Beschreibung solcher Vorgänge äußern, zeigen bereits an, daß zwischen Frage und Antwort, zwischen Provokation durch das Fremde und Reaktion seitens des Eigenen, zwischen Eindringen und Vernichtenwollen körperfremder Substanzen, die erregen, und der heftigen Reaktion des Körpers mittels eines im wesentlichen militärisch verstandenen Abwehrsystems die Fachsprache hin und her gleitet. In der neueren Forschungsliteratur zum Immunsystem hat eine gewaltige Kriegsmetaphorik den Sieg davongetragen. Körper und Umwelt, Antikörper und Erreger sind in einen Vernichtungskrieg verwickelt, den der medizinische Beobachter

30 Ders., *Geschichte der Allergie*, a.a.O., S. 30.

durch noch geschicktere Erkenntnisstrategien mildern beziehungsweise verlagern kann. (...) Das Selbe und das Selbst
im Verhältnis zum Nichtselbst wird durchweg als ein gelun-
genes, autarkes Überlebenssystem eingeschätzt, in das nur
gelegentlich von außen verheerende Wirkungen eindringen
können, die dieses System autoaggressiv machen.«[31]
Angesichts dieser klaren Frontstellungen muß es nicht ver-
wundern, daß der flottierende Begriff der Idiosynkrasie – der
zwischen der veränderlich gemischten Beschaffenheit des Selbst
und der spezifischen Konstellation einer Abwehrreaktion chan-
giert – nicht länger tauglich war. Er wird überall dort un-
brauchbar, wo das Phantasma eines körperlichen Ganzen, einer intakten leiblichen Einheit, nicht erschüttert ist.

»Es ist für einen sprachsensiblen Leser einigermaßen
erschütternd, wie hart und undurchdringlich die Rahmen-
bedingungen der Erkenntnis gesetzt sind und wie uner-
schütterlich und unerschüttert das Gedankengebäude ins-
gesamt funktioniert. So, als ob nie ein Zweifel am dem
laut geworden wäre, was Identität heißt, was das Selbst
ist und was vom Anderen her an Gefahren droht. Das
Freund-Feind-Verhältnis ist absolut gesetzt, und der Kult
des Solipsismus ist bis in feinste Verästelungen der theoretischen Hypothesen durchgehalten.«[32]

## Linien

Das Wort Idiosynkrasie führt ein nomadisches Dasein im Reich
der Sprache: ein Vagabund im griechischen Gewand. Es bläht
sich, es macht sich bedeutsam, taucht im nächsten Moment

31 Dietmar Kamper, *Idiosynkrasien. Der Körper spielt Theater mit dem
Unerträglichen*, in: *Wer inszeniert das Leben?*, hg. v. Frithjof Hager und
Hermann Schwengel, Frankfurt a. M. 1996, S. 251.
32 Ebd., S. 252

unter, nur um schemenhaft kurz darauf in anderen semantischen Feldern wieder aufzuscheinen, es tritt mehrörtlich in wechselnden Verkleidungen auf. Sein altehrwürdiger Klang spottet seiner Wechselbalg-Existenz. Er zieht andere Begriffe in brüderlicher Vereinnahmung zu sich heran, nur um sich sogleich wieder von ihnen abstoßen zu können, er dient ihnen seine Gefolgschaft an, nur um sie selbst ins Gefolge nehmen zu können. Es setzt sich in den Mittelpunkt einer sprachlichen Szene – etwa zu der Zeit, als er die Alleinherrschaft für die medizinische Bezeichnung aller allergischen Erscheinungen innehatte –, nur um dann dem viel jüngeren Begriff der Allergie das Feld der medizinischen Indikationen ganz zu überlassen.

Der eingangs formulierte Argwohn, daß auch ein ordnungsbewußter Exkurs in die wortgeschichtliche Verworrenheit nicht zur begrifflichen Klarheit führen würde, hat sich bestätigt. Gleichwohl ist ein Gewinn zu verzeichnen. Möglicherweise ist der Begriff ja gerade durch die verworrenen Formen charakterisiert, in denen er auf- und untertauchend durch die Geschichte wanderte.

Wenn die begriffsgeschichtliche Spurensuche eines zutage gefördert hat, dann die Vergeblichkeit einer Festlegung dieses Begriffs, die Ausstellung seines performativen Charakters. Phasen seiner Ausdifferenzierung folgten Phasen seiner Entgleitung. Der Begriff reagierte gewissermaßen idiosynkratisch auf sich selbst.

Wollte man die Personalisierung der Idiosynkrasia auf die Spitze treiben, so könnte man sagen, daß sie ihre beste Zeit hatte, als sie in die Anthropologien der Renaissance eingebettet war. Die besondere Konstitution eines Menschen sowie alle Formen der Abweichung vom Gewöhnlichen, kurz: alle Erscheinungen des Idiosynkratischen, wurden im Zuge einer Erweiterung der antiken Vorgaben in eine Kartographie der Verträglichkeiten und Unverträglichkeiten eingetragen. In einem System wechselseitiger Beeinflussungen galten die Idiosynkrasien als Resultate eines vielfältigen mikro-makrokosmischen Wirkzusammenhangs. Man betrachtete: das Zusammenspiel der gemischten Mischungen der vier Säfte und der Temperamente: Blut (sanguis), gelbe Galle (flava bilis, cholera), schwarze Galle (astra bilis; melancholia) und Schleim (phlegma), unter Berücksichtigung ihrer allgemeinen Qualitäten (warm, kalt, trocken, feucht), ihrer Farben (rot, gelb, schwarz, weiß), ihres Geschmacks ( süß, bitter, sauer, geschmacklos), ihrer Aggregatzustände (flüssig, flüchtig, zäh, wässrig) im Verhältnis zur Beschaffenheit der inneren Organe und der Körperteile sowie der Lebensalter und im Zusammenhang mit den Gestirnen, den vier Jahreszeiten und den vier Elementen.[33] Dieses komplexe Beziehungsgeflecht erzwang für die Auslegungen der Mischungsverhältnisse beachtliche Kombinatoriken, und genau darin, in den Formen dieser Kombinatorik, hat die Idiosynkrasie ihr Element, war sie doch als menschliche Reaktionsweise sowohl Gegenstand dieser Auslegung als auch im Sinne der Wortbedeutung begriffliche Bestimmung dieser Mischformen selbst.

Es hat in den folgenden Zeiten wirklich nicht an vergeblichen Versuchen gefehlt, den Begriff aus dieser Ambiguität herauszudefinieren, ihn zu präzisieren, zu sezieren, zu justieren, zu sistieren, und es hat den Anschein, als wäre er mit jedem Schritt hin zu seiner Präzision und Differenzierung ungreifbarer geworden.

Aber auch diese Vergeblichkeit macht den Begriff interessant. Alles, was ihm in seiner langen Geschichte zuwuchs, schleppt er noch in undeutlicher Form mit sich (das Moment des Dispo-

---

33 Vgl. hierzu vor allem die Schriften des Giovanni Battista della Porta, *Magiae Naturalis*, libri IV, Neapel 1558. Zur Anthropologie der Renaissance allgemein: R. Klibansky, E. Panofsky und F. Saxl, *Saturn und Melancholie*, Frankfurt a. M. 1990. Michel Foucault; *Die Ordnung der Dinge*, Frankfurt a. M. 1971 (darin speziell das 2. Kapitel »Die prosaische Welt«, in dem er über die Bedeutung des Begriffspaares Sympathie und Antipathie im Denken des 16. Jahrhunderts schreibt).

sitionellen, des Abweichenden, des Somatischen, des Skurrilen etc.) – nichts ging ganz verloren, wie wir den eingangs zitierten Formulierungen Marcel Prousts entnehmen können; und doch ist seine Geschichte eher eine der Unterbrechungen, der Aufkündigungen, des Widerstands, der Flucht, der Risse.

Vielleicht ist mit der Geschichte des Begriffs auch ein großes Mißverständnis verbunden, vielleicht geht es gar nicht um festgefügte Alternativen oder Ausschlüsse (gemischte Subjektivität und/oder krankhafte Vermischung), sondern vielmehr um eine flottierende sprachliche Form für die gemischten Verläufe unserer leib-seelischen Existenz, deren Beschreibung sich ebenso wenig in das einfache Gegensatzschema von konstitutioneller Eigentümlichkeit und eigentümlicher Abweichung einspannen läßt. Vielleicht hat Marcel Proust recht, wenn er annimmt, daß sein Asthma irgend etwas Ungreifbares zu tun hat mit den »angenommenen« Spezialneigungen unserer Organe und der Liebe zu Kunstreiterinnen. Möglicherweise sind die historischen und aktuellen Bewegungen des Idiosynkratischen am besten beschrieben mit der Vorstellung eines verzweigten Wurzelwerks, mit dem Begriff des Rhizoms also, wie ihn Gilles Deleuze und Félix Guattari entwickelten.[34]

Nicht zufällig greifen Deleuze und Parnet zu einer Körpermetapher, wenn sie das Liniengeflecht eben dieser eigentümlich gemischten Verlaufsformen bebildern wollen.

> »Wir besitzen genauso viele sich kreuzende, durcheinander verlaufende Linien wie eine Hand. (...) Gerade wenn alles gut oder auf der anderen Linie alles besser läuft, gerade dann ereignet sich auf dieser neuen Linie ein Riß, heimlich, unbemerkt, eine Schwelle verminderten Widerstands oder gestiegenen Anspruchs anzeigend: Man erträgt nicht mehr, was man früher, noch gestern ertrug (...).«[35]

34 Gilles Deleuze / Félix Guattari, *Rhizom*, Berlin 1977.
35 Gilles Deleuze / Claire Parnet, *Dialoge*, Frankfurt a. M. 1980, S. 136.

# Idiosyncrasia und Nostalgia
*Ein Vortrag über den Schweizer
als Verbrecher*

Ja, meine Damen und Herren, liebe Schweizer – Sie lachen. Ich habe auch gelacht, als man mir vorschlug, einen Vortrag unter diesem Titel zu halten. Erheitert sagt man schnell mal zu. Und bereut es dann.

Ich hätte vermutlich nicht gelacht bei dem Titel: Der Deutsche als Verbrecher – sicher hätte ich nicht gelacht; oder bei dem Titel: Der Amerikaner als Verbrecher – wahrscheinlich hätte ich nicht gelacht. Der Lachreiz kann also nicht allein durch die Anrüchigkeit solcher Titel, durch das völkerpsychologische oder mentalitätsgeschichtliche Vorurteil, das in ihnen anklingt, gegeben sein. Es muß noch etwas Besonderes zu dieser allgemeinen Dubiosität hinzukommen: Offensichtlich erscheint speziell die Vorstellung vom Schweizer als Verbrecher irgendwie absurd. Vielleicht, Nazigold hin und Bankenskandal her, kann oder will man sich nicht vorstellen, daß das Verbrechen auch dort wohnt, wo soviel reine Luft, so schöne Berge sind, so gute Schokolade und so teure Uhren herkommen. Und weil man andererseits weiß, daß das Böse immer und überall ist, also auch in der Schweiz, ertappt man sich bei einem positiven Vorurteil und hofft, daß jemand, der jetzt leider ich sein soll, damit aufräumt.

Daß ich mich bereit gefunden habe, diesen Vortrag zu halten, hat, wie ich selbstkritisch fürchte, aber einen ganz anderen, trüben Grund, der im Lebensgeschichtlichen liegt (genauer: der Titel berührt eine Idiosynkrasie meiner Kinderzeit). Das dämmerte mir leider erst nach der Zusage. Ich glaube, ich sah blitzartig meine Chance für eine späte Rache. Eine Rache an Heidi.

Wie alle Kinder meiner Generation bekam ich, kaum, daß ich lesen konnte, Johanna Spyris Kinderbuch *Heidi* (präziser: *Heidi's Lehr- und Wanderjahre*) geschenkt – ich glaube, das war sogar eine meiner frühesten Lektüren. Und ich gestehe, ich habe das Heidi gehaßt, sofort und bedingungslos. Noch heute verspüre ich eine Aversion und einen Groll, hat das Heidi doch mein Verhältnis zu Schweizern nachhaltig irritiert.

Warum hat mir das Heidi so mißfallen? Es fing schon damit an, daß das Heidi seinerseits die Stadt Frankfurt, in der ich wohnte – nein »haßte« kann man nicht sagen, ein Heidi haßt nicht, aber doch verabscheute. Es litt unter der Stadt, weil es sich in deren Enge so sehr nach der Weite seiner schweizerischen Berge sehnte. Es ist sogar auf den Turm des Frankfurter Doms gestiegen, in der Hoffnung, von seiner Höhe aus, die Schweizer Berge sehen zu können, das dumme Ding. Und schließlich ist es ganz krank geworden, und zwar aus Heimweh. Ich spürte wohl, daß mir an dieser Stelle der Text Mitleid abverlangte, aber ich empfand kein Mitleid, und ich wußte, daß das Ausbleiben dieser Empfindung nicht in Ordnung war, daß es böse war, das Heidi zu hassen, weil das Heidi gut war und obendrein schrecklich unbeirrbar in diesem Gutsein. Überhaupt schien das ganze schweizerische Personal des Romans grundgut, wie man so sagt – der Alm-Öhi: grundgut –, zwar etwas knurrig, aber davon läßt sich ein Kind nicht täuschen – und auch der Geißen Peter auf eine etwas blasse Art: grundgut.

Für meine charakterliche Verfehlung, soviel Güte nicht zu mögen, fand sich damals kein gedankliches Alibi, denn vom schlecht verdauten Rousseauismus, den ich der Autorin hätte anlasten können, hatte ich selbstverständlich noch keine Ahnung, und auch die Anmaßung, die im Titel dieses Kinderbuchs liegt, konnte mir nicht auffallen.

Dieser, mein mich ins Unrecht setzende böse Haß, gepaart mit dem durch die frühe Lektüre eingepflanzten Glauben an das enervierend Gute im Schweizer, muß lange subkutan in mir gewirkt haben. Denn ich erinnere mich auch an die große Genugtuung, die ich, etliche Jahre später, empfand, als ich im Kinosessel saß und zusah, wie ein brillant chargierender Gert Fröbe als psychotischer Kinderschänder vor Mordlust schwitzend ein kleines schweizerisches Mädchen verfolgte, das arglos und munter durch den Wald stapfte (munteres Stapfen erschien mir irgendwie schweizerisch). Die Bilder, die ich da sah, stammten aus der Dürrenmatt-Verfilmung *Es geschah am hellichten Tage*. Das kleine Mädchen namens Gritli war zweifelsohne eine Reinkarnation von dem Heidi, und der Alm-Öhi, so schien mir, war irgendwie vom Berg heruntergepurzelt und – vielleicht aus Heimweh – ins Psychopathologische gekippt, jedenfalls unsanft in Mattos Reich gelandet, krank und verbrecherisch geworden – ein böser Onkel in einer großen dunklen Limousine. Möglicherweise hatte er sich auch einfach nur gespalten ins gipfelhoch Gute und abgründig Böse.

Und vielleicht ist er zu seiner Wiederherstellung dann in die Heil- und Pflegeanstalt Randlingen eingeliefert worden, deren Labyrinthe Friedrich Glauser in seinem Roman *Matto regiert* so eindrucksvoll beschrieben hat.

Dort hätte sich eventuell seiner der auf den ersten Blick grundgute Arzt Dr. Laduner angenommen. Einer, der, wie wir aus dem Roman wissen, ganz behutsam mit verzweifelten Kindermördern umzugehen weiß, der für alles immer schon eine schlüssige Theorie und stets das letzte Wort hat. Er hätte, damit auch der Wachtmeister Studer verstünde, was es mit der Alm-Öhi-Fröbe-Spaltung auf sich hat, eine geologische Metapher gefunden, wie es sich für einen Schweizer gehört.

»›Schizophrenie …‹ murmelte Studer. ›Was heißt das?‹ (…)

›Eigentlich heißt es Spaltung, Gespaltensein‹, sagte Laduner.

›Eine geologische Angelegenheit. Sie haben einen Berg, er wirkt ruhig, geschlossen, er ragt aus der Ebene auf, er

atmet Wolken und braut Regen, er bedeckt sich mit Gras
und sprossenden Bäumen. Und dann kommt ein Erdbe-
ben. Ein Riß geht durch den Berg, ein Abgrund klafft,
er ist in zwei Teile zerfallen, er wirkt nicht mehr ruhig,
geschlossen, er wirkt grauenhaft; man sieht sein Inneres,
ja das Innere hat sich nach außen gestülpt … Denken Sie
sich eine derartige Katastrophe in der Seele … Und wie
der Geologe mit Bestimmtheit von den Ursachen spricht,
die einen Berg gespalten haben, so sprechen wir mit Bestimmtheit von den psychischen Mechanismen die eine
Seele gespalten haben …‹«[1]

Das alles weiß Dr. Laduner und kann es dem Wachtmeister
Studer mit anschaulichen Worten verständlich machen. Er muß
die wahnsinnigen Verbrecher nicht mehr einschließen, weil er
sie allein in der Geschlossenheit seiner Erklärungen gefangen-
halten kann. Das mißfällt dem Wachtmeister Studer, in dem
wir den guten Teil vom Alm-Öhi unterbringen könnten und
der sich in einigen seiner Fälle auffällig um die Unversehrtheit
der jungen Meitschi sorgt. Auf der Couch von Dr. Laduner
wäre sicher auch wieder zutage getreten, was die Heidi-Leser
gern überlesen: Der Alm-Öhi war in seinen frühen Jahren einmal
in der Ferne gewesen, in Italien, und hatte dort eine Missetat be-
gangen, für die er dann lange gebüßt hat, bevor er wieder auf den
Berg durfte oder selbst ein ganzer Berg werden konnte.
Aber, wie die Glauser-Leser wissen: auch dem Dr. Laduner, mit
seinem Maskenlächeln, ist nicht zu trauen, selbst er, der Fort-
schrittliche, der schon mit der Psychoanalyse arbeitet, hat Lei-
chen im Keller. Am Ende wäre der vom Berg gefallene, berghaft
gespaltene Alm-Fröbe-Öhi noch das Opfer von Laduners Ty-
phusversuchen geworden.
Da wäre es schon besser gewesen, er wäre in die Hände eines
Arztes einer älteren Schule gefallen, einer, die noch am Krank-

1 Friedrich Glauser, *Matto regiert*, Zürich 1998, S. 97 f.

heitsbild der »Nostalgia« festhielt. Das deutsche Wort für Nostalgia heißt Heimweh und ist, wie ein Lexikon (*Kluge* aus dem
Jahr 1901) informiert:

> »in dem schweizerischen Dialekt des 17. Jahrhunderts ent-
> standen, zum ersten Male durch die ärztliche Fachliteratur
> in der Schriftsprache gebraucht, aber trotzdem Schweizer
> Dialekt geblieben und erst in der Zeit der Romantik in den
> allgemeinen deutschen Sprachgebrauch übergegangen«.[2]

Seit dem 17. Jahrhundert wird das Heimweh als Krankheit
ernst genommen, »als schweres, oft tödliches Leiden«. *De Nostalgia* heißt die lateinische Dissertation, die ein gewisser Hofer
aus Basel 1678 zu dieser Erscheinung der Heimwehkrankheit
verfaßte. Auch Schleuchzer, der uns eine *Beschreibung der Naturgeschichte des Schweizerlandes* (Zürich 1706) schenkte, verfaßte 1731 eine *Dissertation de Nostalgia Helvetorum* und ge-
hörte zu denen, die früh schon diese Heimwehkrankheit unter
den Aspekten ihrer Entstehung und Auswirkung diskutierten.
Es handelte sich um eine medizinwissenschaftliche Diskussion,
die ihren Anfang in der Schweiz nahm, bald aber auch in
Deutschland und Frankreich vorangetrieben wurde.

In der zweiten Hälfte des 19. Jahrhunderts ließ das medizinische Interesse am Heimweh als eigenständiger Krankheitser-
scheinung nach, das Stichwort verschwindet aus den klinischen
Handbüchern – zugleich aber rückte das Phänomen vermehrt
in den Blick der forensischen Forschung, glaubte man doch
einen Zusammenhang zwischen der Nostalgia und der Gewalt
entdeckt zu haben.

Diese forschungsgeschichtlichen Entwicklungen können nach-
gelesen werden in der Dissertation von Karl Jaspers aus dem
Jahre 1909, die den Titel *Heimweh und Verbrechen* trägt.
Auch ich habe diese Schrift erst kürzlich zur Kenntnis genom-

---

2 Zitiert nach Karl Jaspers, *Heimweh und Verbrechen*, München 1996,
S. 31.

men. Seitdem weiß ich, wie sehr ich dem Heidi Unrecht getan habe, denn dort wird anschaulich geschildert, wie furchtbar krank das Heimweh machen kann, ja daß es sich gerade bei jungen Mädchen oft um eine Krankheit zum Verbrechen handelt. So gesehen, habe ich also in meinen Kindertagen idiosynkratisch auf ein Krankheitssymptom reagiert.

Im Vorwort zu seiner Untersuchung beschreibt Karl Jaspers den motivationellen Impuls, der ihn in diese Thematik trieb:

> »Schon lange haben die mit unglaublicher Grausamkeit und rücksichtsloser Brutalität ausgeführten Verbrechen (Mord und Brandstiftung) Interesse erregt, die man von zartesten Geschöpfen, jungen und gutmütigen, noch ganz im Kindesalter befindlichen Mädchen ausgeführt sah. Der Widerspruch zwischen Tat und Täterin, die Motivlosigkeiten oder unzureichende Motivierung und darum das Rätselhafte und Unverständliche der Ereignisse erregten Mitleid oder Abscheu.«[3]

In dieser Untersuchung finden sich nun zahlreiche Fallbeispiele von sehr jungen Mädchen, meist aus dem Gebirge stammend, jedenfalls vom Lande kommend, die, unversehens und gegen ihren Willen in die Ferne verschlagen, aus Heimweh zu Mörderinnen und Brandstifterinnen wurden. (Da hatten wir ja noch Glück in Frankfurt, daß das Heidi rechtzeitig wieder in die Schweizer Berge zurückkam, bevor es zur »Heimwehverbrecherin« werden konnte.)

Jaspers bietet eine Erklärung dafür an, warum diese »sittlich und intellektuell intakten, aber in kindlichem Seelenzustand sich befindenden Mädchen aus der Heimwehstimmung heraus«[4] zu Gewalttäterinnen werden konnten.

»Das Kind ist wie der Naturmensch«, so schreibt er, »ganz eins mit seiner Umgebung. (...) Reißt man es aus dieser Umgebung

3 Ebd., S. 29.
4 Ebd.

heraus, so verliert es möglicherweise allen Halt.«[5] Es werde
dann bereit sein, alles, was einer Rückkehr in die Heimat im
Wege stehe, zu vernichten, zum Beispiel das Haus abzubrennen,
das seiner Pflege anvertraute Stadtkind zu töten. Gemeinsam sei
den Heimwehverbrecherinnen die Herkunft aus »bornierten
Ortsverhältnissen und Beschäftigungen«.[6] Zum Verbrechen
seien sie durch den »Stumpfsinn« eines »isolierten Lebens« disponiert:

> »Das Heimweh ist eine passive asthenische Geisteskrank-
> heit, ihre Symptome sind Symptome eines individuellen
> Mangels und Schwächesymptome.«[7]

Natürlich kennten alle Menschen bis zu einem gewissen Grade
das Gefühl des Heimwehs, aber wer zu einem »geistig freien
selbsttätigen Leben erwacht« sei, werde »überall auf der Welt
seine eigene Existenz mit der Umgebung in Einklang« bringen
können. Wer jedoch »zu solcher Selbsttätigkeit nicht gelangt«
sei, bleibe »gleichsam mit der ihn umgebenden Außenwelt ver-
wachsen, alle Gefühle und Gedanken« seien fest »in ihr festge-
wurzelt«. Und die »Entfernung aus der Heimat« käme dann
»einem Losreißen von allem, worin der Mensch bisher gelebt«
habe gleich. Mit seiner Heimat verlöre »er gleichsam die Hälfte
seines Ichs«.[8] Der Wunsch, die Wiederherstellung des ganzen
Ichs zu erzwingen, treibe diese Täterinnen dann in die Gewalt-
akte. Die gewalttätigen Heimwehkranken sind, nach Jaspers,
auffällig durch eine besonders defizitäre Einbildungskraft. Die
jungen Frauen können sich selbst in einer fremden Umgebung
außerhalb der engen heimatlichen Welt nicht mehr erkennen.
Elisabeth Bronfen macht im Vorwort zur Neuausgabe der Jas-
persschen Dissertation darauf aufmerksam, daß die Figur der

---

5　Ebd., S. 149.
6　Ebd., S. 54.
7　Ebd., S. 53 f.
8　Ebd.

Heimwehverbrecherin, so wie Jaspers sie zeichnet, unter dem Aspekt ihrer verminderten Einbildungskraft so etwas wie ein »monströses Gegenbild«[9] zum Künstler sei.

Vielleicht fragen Sie sich seit geraumem, was diese wissenschaftsgeschichtliche Kuriosität mit der Schweiz zu tun hat. Sie erinnern sich: Es ging um die Wiederherstellung des gespaltenen Alm-Öhis, wobei wir nun erfahren haben, daß die männlichen Heimwehverbrecher eher selten waren und daß das heimwehkranke Heidi noch viel gefährdeter war.

Tatsächlich scheinen die Gegensatzpaare von Enge und Weite, die Opposition von Drinnen und Draußen, Ferne und Nähe, Einschluß und Ausschluß – mit aller Vorsicht gesagt – für die Schweiz eine gewisse Bedeutung zu haben. Jedenfalls wenn wir dem Schweizer Friedrich Dürrenmatt Gehör schenken, der in seiner Rede *Die Schweiz als Gefängnis* behauptet hat, daß »die Schweizer« sich als Eingeschlossene

> »gäben, als säßen sie in einem Gefängnis, in das sie hineingeflüchtet seien, aus Angst, draußen überfallen zu werden. Um sich nun zu beweisen, daß sie freiwillig in ihrem Gefängnis säßen«, habe jeder Schweizer auch noch die Rolle des Gefangenenwärters übernommen: »In der Schweiz bewacht jeder sich selbst.«[10]

Das heißt, daß jede geographische Entfernung ein Ausbruch ist und daß jedem Ausbruch aus diesem Gefängnis eine Überwindung der Selbstbewachung, eine Selbstüberlistung, wenn nicht Selbstüberwältigung oder Umstülpung vorausgehen muß. Man kann sich also denken, wie krisenhaft solche Ausbrüche aus der übersichtlichen Gefängnisenge in die unübersichtliche Ferne verlaufen müssen und welch seltsame Verläufe das Leben

---

9 Elisabeth Bronfen, *Fatale Widersprüche*, Vorwort zu: Karl Jaspers, *Heimweh und Verbrechen*, a.a.O., S. 17.

10 Friedrich Dürrenmatt, *Die Schweiz – ein Gefängnis. Rede auf Václav Havel*, Zürich 1997, S. 48.

derer nimmt, die schließlich ihrer eigenen Bewachung entkommen wollen. Idiosynkrasien gegen das Fremde und nostalgische Verzweiflungen sind an der Tagesordnung; Spaltungen und Ich-Verluste unvermeidlich. Vielleicht versteckt sich in der rachsüchtig und mordstiftend nach Güllen heimgekehrten alten Dame Claire Zachanassian ein entwurzelt gealtertes schizoides Heidi, vielleicht hat es sich aber auch in eine der drei spiritistischen alten Damen verwandelt, aus Glausers Roman *Der Tee der drei alten Damen,* alle drei Giftmischerinnen, die am Ende ihren Tee in einer psychiatrischen Anstalt trinken müssen.

Als Nicht-Schweizerin werde ich mich vor Spekulationen über den Wahrheitsgehalt der Dürrenmattschen Gefängnismetapher hüten. Es gibt allerdings gewisse Stereotypien, zumindest in der älteren Literatur, die unter dem Etikett »Schweizer Kriminalroman« gehandelt wird, welche das Bild plausibel machen.

Selten findet sich dort das, was ich als Asphaltkrimi bezeichnen möchte: kaum stoßen wir auf vermüllte Großstadtszenerien, auf Großstadtmörder, die auf ihre Großstadtopfer treffen. Es kann aber auch sein, daß unsere Wahrnehmung und Erinnerung bereits unter dem Diktat der Schweizklischees stehen. Dieses Phänomen könnten wir als das Heidi-Syndrom bezeichnen.

Wie auch immer: Es hat den Anschein, als sei die Handlung allermeist in der Enge und Geschlossenheit dörflicher Umgebungen angesiedelt. Die Ausbrüche aus dieser Geschlossenheit, die es zuweilen gibt, verlaufen dann allerdings besonders dramatisch.

Eben befand sich Wachtmeister Studer noch in einer engen Schweizer Amtsstube, über eine Fieberkurve nachdenkend, und schon im nächsten Moment reitet er auf dem Rücken eines klugen Esels namens Friedel durch die Weiten Afrikas zu einem Camp der Fremdenlegion. Und nicht genug damit, er begibt sich schnurstracks in das Zelt eines Einheimischen, um dort in den unendlichen Fernen eines Haschischdeliriums über die Zweifelhaftigkeit unserer Wahrheitsansprüche und Realitätswahrnehmungen zu sinnieren.

Das hat komische Züge und ist alles in allem eine gewaltige Kulissenschieberei, die durchgehen kann als Ironisierung des von Studer und seinem Autor so verachteten Kolportagekrimis und die darüber hinaus geeignet ist, die Studer-Figur selbst im Exotischen etwas auszulüften, vom projizierten Mief der Schweiztümelei zu befreien.

Es scheint nichts zu geben zwischen dem ganz Nahen, Vertrauten und dem ganz Fernen, Exotischen. Keine Vermittlungen, keine Übergänge. Wenn die Protagonisten ihre Schweizer Welt einmal verlassen, dann tun sie es auf eine recht radikale, abrupte Weise.

1957 initiierte die Züricher *Weltwoche* eine Umfrage, ob es denn einen spezifisch schweizerischen Stoff gäbe, den man verfilmen sollte. Friedrich Dürrenmatt, der auf diese Umfrage antwortete, hielt erwartungsgemäß nicht viel von spezifisch helvetischen Sujets, es sei denn, man wolle die Klischeeerwartungen des Publikums bedienen und spekuliere auf Kassenerfolge, was im Filmgeschäft zugegebenermaßen nicht zu vermeiden sei. In diesem Falle müßten die Schweizer das Klischee auf sich nehmen, sich selbst spielen und jodeln.

Kurze Zeit darauf erging an ihn die Aufforderung, ein Drehbuch zu schreiben für das schon erwähnte Filmprojekt *Es geschah am hellichten Tage*.

Der Schweizer Autor Alexander Heimann hat den Vorschlag Dürrenmatts, sich notfalls als Schweizer zu doubeln, aufgenommen und losgejodelt. In seinem 1996 erschienenen Kriminalroman *Dezemberföhn* arbeitet er gekonnt mit allen nur erdenklichen Rezeptionssignalen fürs Schweizerische.[11]

Wir werden zurückversetzt in die fünfziger Jahre, in das enge Schweizer Dorf Hinterzünen. Ein typisches Dorf, mit typischen Einwohnern, in einer typischen Landschaft. Es gibt typische brave Meitschi, typische rüpelhafte Dorfjungen, und in der

---

11 Alexander Heimann, *Dezemberföhn*, 1996

Dorfkneipe bedient »eine hübsch gemodelte, aber etwas verlebt wirkende Serviertochter«, deren Ruf »nicht über jeden Verdacht erhaben« ist, namens Heidi. Und zu alledem gibt es auch noch einen typischen Dorfschullehrer, der eine dunkle Hornbrille trägt und Gantenbein heißt, und dessen kritisches Vermögen auf Normalität gestellt, den bald ausbrechenden Gewaltsamkeiten nicht ganz gewachsen ist.

Aber zunächst dümpelt alles in der muffigen Selbstgefälligkeit der fünfziger Jahre vor sich hin, bis plötzlich – föhnige Witterungsverhältnisse gehen voran – das Böse in Gestalt eines Mädchenschänders in diese helvetische Idylle einbricht. Das Opfer ist die schöne Verena, das »Naturkind« wie es einmal genannt wird, vom Triebtäter auch Vreneli genannt.

Als Täter in Frage kommen von vornherein nur die beiden Außenseiter dieses Dorfes: der eine, Josi, ist der Innen-Außenseiter. Er lebt schon immer in diesem Dorf und verkörpert den typischen, in typischer Weise verachteten Dorftrottel mit borstigen Haaren, hampeligen Bewegungen, den eine, wie es heißt, »angeborene Verstocktheit« auszeichnet. Mit anderen Worten, die Figur weist alle »Mängel- und Schwäche-Merkmale« auf, die Jaspers zur Charakterisierung der gewaltbereiten Dorfkinder aufzählt. Verhaftet im »Stumpfsinn eines isolierten Lebens«, herkommend aus »bornierten Ortsverhältnissen« und bar jeder Einbildungskraft, ist er disponiert, aus sexueller Frustration eine Katze aufzuschlitzen. Aber das kann uns nicht täuschen. Mit der einschlägigen Trivialikonographie inzwischen vertraut, wissen wir sofort, der Täter ist der andere Außenseiter, der Außen-Außenseiter: Josua Kniehorn. Wir wissen das, weil er mit der großen dunklen Limousine vorfährt, der gleichen, mit der schon Gert Fröbe am hellichten Tage durch einen Film rollte. Obzwar Schweizer, ist Kniehorn, aus einem anderen Kanton kommend, doch Fremder und zudem, was das dörfliche Mißtrauen steigert, ein Künstler, und nicht nur ein Künstler, sondern eine typisch schweizerische Doppelbegabung, Dichter und Maler zugleich, wie der berühmte Drehbuchschreiber. Er besitzt also Einbildungskraft für zwei. Eigentlich mag der doppelte Künstler den einbildungskraftfreien Josi ganz gerne, aber als dieser ihn dabei überrascht, wie er das Vreneli kaltmachen will, muß er doch versuchen, »sein monströses Gegenbild« zu beseitigen. Es kommt aber ganz anders, im Handgemenge tötet der Mann ohne Einbildungskraft den Doppelkünstler, das Klischee den Klischeeproduzenten.

Diese Lösung hätte dem Wachtmeister Studer außerordentlich gut gefallen.

> »Das Mädchen las einen Roman von Felicitas Rose. Einmal hielt es das Buch hoch, so daß Studer den Umschlag sehen konnte: ein Herr in Reithosen und blanken Stiefeln lehnte an einer Balustrade, im Hintergrund schwammen Schwäne auf einem Schloßteich, und ein Fräulein in Weiß spielte verschämt mit ihrem Sonnenschirm. ›Warum lesen Sie eigentlich solchen Mist?‹ fragte Studer. – Es gibt gewisse Leute, die überempfindlich auf Jod und Brom sind, Idiosynkrasie nennt man dies … Studers Idiosynkrasie bezog sich auf Felicitas Rose und Courths-Mahler. Vielleicht, weil seine Frau früher solche Geschichten gerne gelesen hatte – nächtelang –, dann war am Morgen der Kaffe dünn und lau gewesen und die Frau schmachtend. Und schmachtende Frauen am Morgen …«[12]

Das Motiv des dünnen Kaffees, des Schundromans, zu denen Studer sowohl die Krimis von Edgar Wallace als auch die Heftli-Literatur zählt, spielt eine große Rolle in den Glauserschen Romanen. Ihre Protagonisten verschlingen Groschenromane, und ihr Verhalten wird vielfach als ein durch solche nächtlichen Lektüren gesteuertes beschrieben. In *Schlumpf Erwin Mord* kommt der ganze Fall – vorgetäuschter Selbstmord und Mord – überhaupt erst ins Rollen, weil mit einem Heftli-

---

12 Friedrich Glauser, *Schlumpf Erwin Mord*, Zürich 1998, S. 39.

Abonnement eine Versicherung gekoppelt ist. Glauser selbst, dem die idiosynkratischen Reaktionen seines Wachtmeisters vertraut waren, glaubte gleichwohl daran, wie er in einem Brief schrieb, die Konsumenten dieser Trivialliteratur auf einen besseren Weg führen zu können. Er wolle nicht für Eliten schreiben, sondern für den Mann auf der Straße, für jene Leute also, die für gewöhnlich zu den Romanen von Felicitas Rose, Edgar Wallace oder John Kling griffen.

Damit spricht er das gleiche Problem an, das Dürrenmatt in seiner Antwort auf die Umfrage diskutiert. Kann man ein Publikum erreichen, auf dessen Geschmack man idiosynkratisch reagiert, ohne zu jodeln, ohne sich vor sich selbst zu ekeln. Wohl kaum, vor allem dann nicht, wenn es gerade dieser ästhetische Abscheu ist, der die Einbildungskraft voranbringt. In seinen Romanen hat Glauser nicht gejodelt und wird deshalb auch von den Felicitas Rose-Liebhabern nicht gelesen. Für diese Leser gab es dann, Glauser hat sie nicht mehr erleben müssen, eine Verfilmung, die, wie der Herausgeber der neuen Werkausgabe anschaulich beschreibt, die Studer-Figur einschlägig heimatlich simplifiziert

Alexander Heimann erhebt das Jodeln zum Prinzip, was immer eine komödiantische Möglichkeit ist, sich aus dem Dilemma herauszuschreiben. Aber es bleibt Parodie und soll es ja auch sein. Und die Parodie steht doch immer auch in der Gefahr der Verfehlung. Dieser Einwand richtet sich nicht so sehr gegen den Roman von Heimann als vielmehr gegen diesen Vortrag. Denn so einfach ist es mit dem Heimatlichen und seinen Klischees schließlich nicht, und Idiosynkrasien sind zu intrikate Impulse, als daß sie sich gegen etwas richteten oder von etwas ausgingen, das kulturell einfach nur obsolet wäre. Sich über das Heidi und sein Heimweh lustig zu machen ist ebenso naheliegend wie billig zu haben, aber damit sind die Fragen nach der Qualität solcher Sehnsüchte keineswegs erledigt, wie wir bei Cioran nachlesen können:

»So wie der Geist, ersinnt auch das Herz sich Utopien; die merkwürdigste davon ist die eines *heimatlichen Alls*, wo man ausruhen darf von sich selber – auf einem kosmischen Ruhkissen für alle unsere Müdigkeiten. Nicht nach etwas Handgreiflichem strebt die Sehnsucht, sondern nach einer abstrakten Wärme, grundverschieden von der Zeit und einem paradiesischen Vorgefühl nah verwandt. Alles, was die Existenz als solche nicht gelten läßt, grenzt an Theologie. Die Sehnsucht ist also nichts anderes als eine Gefühls-Theologie, deren Absolutes sich aus den Elementen des Wunsches zusammensetzt und deren Gott ein von der Ermattung ausgearbeitetes Indeterminiertes ist.«[13]

Betrachtet man mit Cioran das Sehnen nach Heimat als literarischen Ernstfall und als Grenzfall des Theologischen, dann wird man mit der Dürrenmattschen Alternative – Jodeln oder Nicht-Jodeln – nicht mehr weiterkommen und auch nicht mit dem Gegensatzpaar von Nähe und Ferne. Dann ist das alles keine Frage des Geographischen, und auch keine der Sujets. Denn das, was über das Klischee, über die bloße Anrufung von Nähe, Heimat, Geborgenheit hinausgeht und somit auch deren Grundbedingung, nämlich die Sehnsucht nach der Erlösung von der Zeit, in sich einschließt, steht nicht in einfacher Opposition zum Klischee, sondern in seiner unmittelbaren Nähe, kaum unterscheidbar von ihm und doch völlig unverträglich mit ihm.

Darin mag ein Grund für die Schwierigkeiten liegen, die viele mit den Erzählungen Fleur Jaeggys haben, die Schweizerin nur ist in dem Maße, in dem die äußeren Zuschreibungen aus uns allen dieses oder jenes machen, die aber gleichwohl ihre Geschichten in hohem Maße mit der uns scheinbar vertrauten helvetischen Ausstattung versieht. Alles ist vorhanden: die Kargheit der Bergdörfer, die Alpenlandschaften, die eidgenössischen Rituale. Und doch ist alles ganz anders. Ein böser Moder

---

13 E. M. Cioran, *Lehre vom Zerfall*, Stuttgart 1979, S. 43.

liegt über allem, ein ungesunder Föhn. Aber dieser Föhn wird nicht nur beschworen. Der Föhn ist in jedem Satz, die Idiosynkrasie in jedem Wort. Auch Fleur Jaeggy beschreibt sogenannte einfache Leute, doch nichts ist an ihnen einfach einfach. Das Leben hat sie eine unberechenbare Tücke gelehrt, mit der sie sogar die hermeneutischen Regelwerke des Dr. Laduner lahmlegen könnten. Jaeggys eidgenössische Personnage ist, bei aller Reduziertheit ihrer Lebensverhältnisse, ausgestattet mit einem Höchstmaß an Einbildungskraft, einer tödlichen Einbildungskraft. Daher ist mir auch der Gedanke am liebsten, daß sich das Heidi nach seinen literarischen Irrfahrten schließlich in Jaeggys »eitle Greisin« aus der gleichnamigen Geschichte verwandelte.[14] Deren Einbildungskraft reicht so weit, daß sie sich vorstellen kann, wie sich ihr freundlicher Mann sein Leben ein wenig unterhaltsamer macht mit der sorgenschweren Vorstellung von ihrem Ableben. Mit Hilfe ihrer Einbildungskraft läßt sie ihn vogelgleich aus dem Fenster in den föhnigen Himmel fliegen. Am nächsten Tag ist sie Witwe.

Ein kleiner böser Gedanke, eine geerbte Rachsucht, eine kleine Phantasie über den Tod des Ehegatten, nur zum Zeitvertreib, all dies sind erste Schritte in die Katastrophen. Fleur Jaeggys spricht vom »*lautlosen Schritt der Katastrophe*«.[15]

Die Katastrophen in diesen Erzählungen sind nicht spektakulär – sieht man von einem Hammermord und diesem ungeklärten Fenstersturz einmal ab –, aber auch sie geschehen eher beiläufig, gleichsam unter der Hand, plausibel, naheliegend, einfach.

In Fleur Jaeggys Geschichten herrscht wirklich Enge.

Das wird denen besonders deutlich, die bei der Lektüre auf die Funktionen der unterschiedlichen Ordnungssysteme in diesen

---

14 Fleur Jaeggy, *Die eitle Greisin*, in: F. J., *Die Angst vor dem Himmel*, Berlin 1997.
15 Dies., *Eine Ehefrau*, in: *Die Angst vor dem Himmel*, a.a.O., S. 24.

Texten achten: die Ordnung der Räume, der Anstalten, der Wohnheime, der Bosheiten, der Gedanken, der Grabplätze, der Wörter. Die Ordnungen werden erzwungen, verhängt, von den Toten übernommen. Mauerwerke der Empfindungen, Gedankenwände werden errichtet zum Schutz vor dem Unglück, die bis zum Ersticken immer näher rücken, als Teil des Unglücks, das sie verhindern sollen.

Die Enge, die hier am Leben in der Schweiz beschrieben wird, ist nicht die Enge der Schweiz, es ist die Enge des Lebens. In Szene gesetzt werden die Topologien des Verfalls, des Schmutzes und die Choreographien seiner Bekämpfung, die feinen Graduierungen der Fäulnis und die Systematik der Aussparungen.

Das kleine Leben spielt sich ab zwischen Staubbekämpfung und Staubwerdung. Die Ordnungssysteme verdoppeln diese Hinfälligkeit. Erst in der Ewigkeit des Feuers und des Eises verlieren sie ihre Geltung.

Aber es gibt kleine Gegenbewegungen gegen den Zwang dieser Ordnungen, kleine Listen (die auch nicht ganz frei vom Bösartigen sind). Diese Widerständigkeiten werden vorgeführt an einigen Figuren, die sich auf eine leise, obschon hartnäckige Art in diese Ordnungen nicht fügen, die den Ordnungen der Gedanken, der Häuser und der Worte mißtrauen: etwa die Zwillinge in der gleichnamigen Geschichte.[16] Sie schaffen sich eine Leere, das Ende der Bewegungen, eine Starre, eine Bewegungslosigkeit – im Frost in der Winterlandschaft –, sie erstarren in einem Zustand, der ein – wie es heißt – Unglück ohne Schmerz ist. Mehr als diese gewünschte Befreiung von der Dynamik des Wünschens ist in diesem Textuniversum nicht zu haben.

Auch die leise, aber folgenreiche Widerständigkeit der schon erwähnten »eitlen Greisin«, die sich selbst zu einem Totem macht, treibt die Dinge diesem Zustand zu; sie will in »aller

16 Dies., *Die Zwillinge*, in: *Die Angst vor dem Himmel*, a.a.O.

Ruhe sühnen«. »So gefällt es ihr.«[17] Und von einer anderen
Figur heißt es:

> »In ihrer Verzweiflung wird Gretel Befriedigung finden.
> Lassen wir sie eine Schneelandschaft betrachten. In ihrer
> sakralen Reglosigkeit.«[18]

Wenn da noch Regungen sind, so die einer Sehnsucht nach
einem »heimatlichen All«, wie Cioran es nennt, nach einem
Ruhekissen für alle unsere Müdigkeiten. Von hier aus, das
heißt, ausgehend von einer gründlichen Analyse dieser Texte,
könnte der Zusammenhang von Nostalgia und Gewalt noch
einmal, anders als Jaspers dies tat, diskutiert werden. Aber das
wäre dann ein anderer Vortrag

Meine Damen und Herren: Zum Schweizer als Verbrecher habe
ich nichts zu sagen. Das steht mir nicht zu und ist auch nicht
mein Metier. Was ich beschrieben habe, ist ein Rezeptionsphä-
nomen: der Verbrecherschweizer im Kopf – andernfalls wäre
die wissenschaftstheoretisch anrüchige Vermengung der – wie
man heute sagt – Diskursebenen wohl auch nicht zu rechtfertigen.

Erlauben Sie mir zum Schluß eine persönliche Bemerkung.
Auch ich bin viele Jahre nach meiner *Heidi*-Lektüre einmal in
die Schweizer Berge gefahren. Es war wunderschön dort. Es ist
mir aber gesundheitlich gar nicht gut bekommen.

17 Dies., *Die eitle Greisin*, a.a.O., S. 108.
18 Dies., *Eine Ehefrau*, a.a.O., S. 29.

# Zigaretten holen
## *Ein Exkurs über Idiosynkrasie und Flucht*

Wir alle kennen die Geschichte von dem unauffälligen Mann, der an einem unauffälligen Abend unter dem Vorwand, nur flugs Zigaretten holen zu wollen, unauffällig das Haus verließ und für immer verschwand. Jetzt, da das Rauchen verpönt ist, mag diese Legende für die Unberechenbarkeit von Süchtigen stehen, ursprünglich aber kündete sie ausschließlich von einem völlig unerwarteten (idiosynkratischen?) Ausbruch aus der Normalität eines vorgezeichneten Lebenslaufs. Plötzlich, völlig unerwartet, verschiebt sich das, was eben noch Gewohnheit war, grell ins Unerträgliche.

Die Attraktivität dieser Geschichte, als running gag, besteht darin, daß sie eine Sehnsucht anspricht: die Sehnsucht, jederzeit und allerorts die Freiheit eines radikalen Neuanfangs für sich beanspruchen zu können.

Das aber, so psychologisieren die Spaßverderber, sei nur eine schöne Illusion: Auch wenn wir, in eine neue Zukunft fliehend, unser altes Leben hinter uns ließen, es schafften, aus den gewohnten sozialen Bahnen und emotionalen Verstrickungen auszubrechen, dem Trott unserer Lebensumstände zu entkommen, so wären wir doch immer noch Gefangene der Gewohnheiten unseres Denkens, Fühlens und Handelns, unserer eigentümlichen Mischungsverhältnisse.

Wir können Haus und Heim, Mensch, Stadt und Land, nicht aber uns selbst verlassen, nicht aus unserer sterblichen Haut fahren.

Gleichwohl: Der Eindruck, durch die eingeschliffenen Zwangsläufigkeiten der Lebensumstände in unseren Möglichkeiten beschränkt zu sein, unser Leben, das einzige, das wir haben, zu verpassen, belebt nicht nur unsere Ausbruchsphantasien, er kann sich bis zur Panik steigern.

»Man lebt nicht einmal einmal«, hat Karl Kraus gesagt. Und die Bibel sagt es noch krasser: »Wir bringen unser Leben hin wie ein Geschwätz. Unser Leben währet siebenzig Jahre, und wenn's hoch kommt, so sind's achtzig Jahre, und wenn's köstlich gewesen ist, so ist's Mühe und Arbeit gewesen.« Das soll schon alles sein? Und was heißt hier köstlich? Gegen solche düsteren Fundamentalaussagen möchte man doch aufbegehren. Ein lebenslänglich auf Frohsinn abonnierter Schlagersänger singt dagegen an: »Ein bißchen Spaß muß sein.«

Daß unsere Lebenszeit begrenzt ist, wie das Bibelwort sagt, daß wir endliche Wesen sind, das ist etwas, was wir wissen, aber nicht wirklich wissen wollen, und darum wissen wir es auch nicht wirklich. Gelegentlich jedoch, wenn es im Leben allzu eng wird, wenn sich alles Sehnen auf Veränderung richtet, wird es uns für kurze Momente ganz bewußt. Dann wird bilanziert, dann wird etwas unternommen, damit sich das Leben eben nicht auf Arbeit und Mühsal reduziert: dann eilen die Frauen zum Schönheitschirurgen, die Männer zur jungen Geliebten, alle zusammen ins Fitneßstudio, einige kündigen den guten Job und züchten Kakteen auf einer Insel, und manche gehen unauffällig Zigaretten holen.

Unsere Lebenszeit ist nicht nur begrenzt, sie ist auch gerichtet, wir altern irreversibel, und wir können das, was bestimmend auf unser Leben einwirkte, nicht rückgängig machen. Selbst unsere eigenen Lebensentscheidungen, so bedenklich sie uns im nachherein zuweilen erscheinen mögen, sind rückwirkend nicht zu beeinflussen. Diese Einsicht ist nicht neu. Auch das wissen die Menschen schon lange, aber dieses Phänomen der zeitlichen Gebundenheit scheint in unserer Zeit dramatischer und peinigender als vordem ins Bewußtsein zu dringen. Davon künden deutlich die vielen Filme, die mit der Möglichkeit spielen, in die Vergangenheit zurückzukehren, um dort die Weichen für zukünftig Gegenwärtiges noch einmal anders zu stellen.

Unsterblich zu sein und jederzeit alles noch einmal anders, jederzeit alles noch einmal neu machen zu können, ist wohl das Privileg der Götter. Menschlicherseits ist das bislang nicht zu haben.

Manche von uns werden sich, älter geworden, undeutlich daran erinnern, in ihrer frühen Jugend doch einmal so etwas wie ein göttliches Allmachtsgefühl gekannt zu haben: das Gefühl einer offenen Zukunft, eines unendlichen Horizonts: In alles schien man sich verwandeln zu können; unerschöpfliche Möglichkeiten des zukünftigen Werdens schienen erreichbar: Wir sahen uns wechselnd als Lokomotivführer, Bundeskanzler, Indianer, Filmstar oder Papst. Im Zustand dieser Allmachtsphantasien sind wir frei von idiosynkratischen Anfechtungen.

Spätestens mit dem Eintritt in die vorgestanzten Ausbildungs- und Berufswege ging dieses ozeanische Gefühl verloren und auch die vielen Träume, die es hervorbrachte, und schließlich sogar die Idee, daß es sonderlich erstrebenswert oder köstlich sei, Bundeskanzler oder Papst zu werden.

Und selbst wenn man Bundeskanzler geworden sein sollte, weil man in jungen Jahren einmal an einem Zaun gerüttelt hat, zum Papstsein führt dann in diesem Leben kein Weg mehr.

Vielleicht sind ja die Fitneßanstrengungen und der Jugendkult, die Gesundheitsprogramme unserer Zeit der rührende Versuch, diese Offenheit vergangener Zukunftsvorstellungen aus frühen Tagen immer wieder heraufzubeschwören, obwohl und gerade weil in einer Zeit der Massenarbeitslosigkeit andererseits doch nichts erstrebenswerter scheint als ein gesichertes Erwerbsleben.

Auf eine höchst schäbige Weise wird der Traum von der Flexibilität sogar zur brutalen Wirklichkeit, für die nämlich, die gezwungen sind, verschiedene Jobs nacheinander oder sogar nebeneinander unterhalb ihres Ausbildungsstandards anzunehmen. Wir wollen offensichtlich beides zugleich: das Ruhige und

Gesicherte wie die Belebung durch das Unbekannte. Kein Wunder, daß in Amerika die psychologische Theorie von den multiplen Persönlichkeiten Hochkonjunktur hat.

Früher einmal, in den vorangegangenen Jahrhunderten, ging man, wenn man aus strangulierenden Lebensgefügen ausbrechen wollte, auf Reisen, nahm lange und beschwerliche Wege auf sich, um an Orte zu kommen, an denen alles anders war: das Klima, die Menschen, die Landschaft, die Sitten, das Essen und die Gefahren und wurde dabei vielleicht selbst ein bißchen anders. Man setzte sich dem aus, was man später den Kulturschock genannt hat. Daß woanders alles anders war, relativierte das, was man am eigenen Leben für selbstverständlich und normal gehalten hatte. Diese selbsttherapeutische Schockmaßnahme hat damals, wenn wir den Reiseschilderungen des 18. und 19. Jahrhunderts trauen dürfen, funktioniert. Heute, im Zeitalter der großen Geschwindigkeiten und der touristischen Präparationen, die die Wege kurz und die Welt klein und überraschungsfrei machen, funktioniert das nicht mehr. Immer gibt es schon eine Vorstellung, ein Bild, immer war schon ein Fernsehteam vor uns da.

Reise ist kein Aufbruch, schon gar kein Ausbruch, allenfalls ein mehr oder weniger exotisches Dekorum unseres Alltags.

Es ist erstaunlich, wie viele Leute es gibt, die die Kontinente durchfahren, jeden Winkel der Erde aufgesucht haben, ohne daß dies in ihrem Denken und Verhalten irgendeinen Niederschlag, jenseits ihrer etwas liberalisierten Eßgewohnheiten, gefunden hätte.

Die Party ist immer da, wo wir gerade nicht sind.

»Ja renn' nur nach dem Glück«, sang einst Bertolt Brecht, unsere verzweifelte Suche nach Köstlichkeiten kommentierend, und er schloß lakonisch: »das Glück rennt hinterher.«

Was uns treibt zu immer neuen Steigerungen, Überbietungen und Abbrüchen scheint die Angst vor der Endgültigkeit eines als gescheitert zu betrachtenden Lebens zu sein.

»Er hatte ein erfülltes Leben«, diese Trostformel lesen wir zuweilen, wenn einer in hohem Alter stirbt. Aber niemand kann
so recht sagen, was dies denn sei: Erfüllung. Und könnte sie,
die Erfüllung, wenn es sie denn gäbe, nicht gerade in der Souveränität des Scheiterns liegen?

# Können Sie mir mal erklären, was das bedeuten soll?
## Idiosynkratische Kunstreden

> »Denn ich habe gelernt, zu verstehen, daß *zuwei-*
> *len manche* erbitterte und zwanghaft reagierende
> Feinde der Dekonstruktion ein untrüglicheres und
> lebendigeres Verhältnis zu dem haben, was wirklich
> auf dem Spiel steht, als *manche* ›Dekonstruktivi-
> sten‹, die sich als solche bekennen – selbst dann,
> wenn diese Feinde nicht theoretisch darüber nach-
> denken. Auf jeden Fall handelt es sich um ein unsi-
> cheres und turbulentes Gebiet.« *Jacques Derrida*[1]

### Der Vortrag

Jemand hält in einem Museum für Moderne Kunst einen Vortrag über moderne Kunst. Er sagt:
»Es gibt nichts Neues, wenn es nichts Altes gibt. Nur für das
Neugeborene ist alles neu. Unsere Erinnerung reicht aber nicht
so weit zurück, daß wir uns den Zustand, in dem einmal alles
neu für uns gewesen war, vergegenwärtigen könnten. Wir haben nur, wenn wir nicht mehr ganz jung sind, die Erfahrung,
daß sich immer wieder neue Erfahrungen in das Geflecht der
alten eingewoben haben. Der alte Mensch dagegen, der viel
schon erfahren hat, zeigt, das lehrt die Erfahrung, zuweilen
eine Tendenz, auf die vielfältige Möglichkeit neuer Erfahrung
mit dem Hinweis auf die Vielfalt seiner Erfahrung, abwehrend,
idiosynkratisch, zu reagieren. Als neu, als noch nicht bekannt,

---

1 Jacques Derrida, *Vers une éthique de la discussion*, in: ders., *Limites Inc.*, Paris 1990, S. 260. Übersetzung: Alexander García Düttmann.

erkannt werden, kann ein Phänomen nur auf der Folie des bereits Bekannten, Alten. Der Zeitfaktor spielt eine Rolle. In dem Maße, in dem das schon Erfahrene bereits zur Norm oder zum Ideal erhoben, in dem es kanonisiert oder in ihm sogar die Natur der Dinge selbst gesehen wird, steigt die Möglichkeit, daß der Geltungsanspruch des Neuen nur mehr auf eindeutige Abwehr stößt. In diesem Moment hat sich die Idiosynkrasie in eine Regeldoktrin, in einen Anspruch auf eine (ästhetische) Wahrheitsverwaltung, verfestigt.

Wir wachsen in eine Sprach-, Klang- und Bildwelt hinein und denken, es wäre *die* Welt. So absurd sie sein mag, es scheint uns plausibel, daß sie so ist, wie sie uns scheint. Ob sie uns unter dieser Vorgabe in allem gefällt oder in vielem nicht, wir eignen sie uns in den bereitstehenden Mustern an, wir versuchen, sie uns musterhaft verständlich, begreiflich zu machen. Wir machen uns von dieser Welt ein Bild, einen Vers, einen Klang. Je weniger es uns bewußt ist, daß es sich dabei um Konstruktionen handelt, desto irritierter reagieren wir auf alles, was dem zuwiderläuft, was nicht kommensurabel, unverträglich, erscheint. Das gilt bekanntlich auch und gerade für unser Verhältnis zur Kunst.

Ein Jugendlicher, der in den sechziger Jahren mit den Klängen der Popmusik und der Liebe zu Comic-Figuren aufwuchs, wird vermutlich weniger Schwierigkeiten gehabt haben, einen Zugang zu Warhols ›Suppendosen‹ zu finden, als seine Eltern, die unter Umständen schon durch die Konfrontation mit expressionistischer Malerei etwas überfordert waren. Die Jugendlichen dieser Tage, die in die Welt der Computer-Spiele, der virtuellen Wirklichkeiten und in die Zeitturbulenzen der ›Terminator-Filme‹ hineingewachsen sind, die in Avantgarde-Kulten heimisch wurden, wird eine Installation von Bruce Naumann weniger befremden als die vorhergehende Generation. Das heißt nicht notwendig, daß sie diese Kunst mögen, es kann durchaus sein, daß sie sie gleichwohl ablehnen; das heißt nur, daß sie mehr Möglichkeiten haben, anders als befremdet zu reagieren, weil die Gestalt dessen, was sie wahrnehmen, Anknüpfungen an bereits Erfahrenes zuläßt, weil sie nicht ganz aus den gewohnten Mustern herausfällt. Das kann aber auch heißen, daß sie eine Art der aufgeschlossenen Blindheit diesen Phänomenen gegenüber an den Tag legen.«

### Annahmen

Nehmen wir einmal an: Zwei Herren, die dem Vortragenden zugehört hatten, lösten sich nun, etwas gelangweilt, aus der Gruppe der Zuhörer und träten einen Rundgang durch das Museum an. Nehmen wir überdies, einem Klischee folgend, an, daß der eine etwas jünger sei als der andere und daß der Ältere in dem Ruf stehe, einem konservativen Kunstgeschmack anzuhängen, während der Jüngere, ein entschlossener Freund des Neuen, sich viel auf seine Aufgeschlossenheit in ästhetischen Fragen zugute hielte. Nehmen wir zudem an, daß beide ausgezeichnet seien durch eine fiktive Durchschnittlichkeit. Das heißt, so wie wir sie uns imaginieren, kennen sie zwar einige der gängigen Topoi ästhetischen Dafürhaltens, doch sie sind keine Diskursprofis: Sie haben kein systematisches Wissen von der argumentativen Herkunft ihrer rhetorischen Versatzstücke und keine genaue Kenntnis von den Frontverläufen in den etablierten kulturphilosophischen Diskursordnungen. Das wiederum soll bedeuten: Dort, wo sie nicht meinungsdeterminiert sind, verhalten sie sich sprachlich intuitiv, nach Maßgabe ihrer Zu- und Abneigungen. So sind sie keineswegs davor geschützt, in Fallen und auf Irrwege zu geraten.

Da sie aber in wechselnde Zeiten und Argumentationslandschaften versetzt werden, müssen sie veränderlich gedacht werden. Es kann also durchaus sein, daß sie gelegentlich auch etwas über sich hinauswachsen.

Die imaginären Herren im imaginären Museum stehen jetzt vor einem »Ready-made« oder einer Raum-Installation, einem Kunstwerk der neueren Art also, einem ästhetischen Objekt, das, sagen wir, in den letzten fünfzehn Jahren entstanden ist.

## Fragen

»Können Sie mir mal erklären, was das bedeuten soll?« fragt der ältere konservative Herr seinen jüngeren kunstbegeisterten Freund. Der Jüngere wird etwas stammeln von der Konsequenz kunstgeschichtlicher Entwicklungen, von künstlerischer Freiheit, von Abstraktionen und von der Eigengesetzlichkeit kunstsprachlicher Formen. In Wahrheit aber ist er in diesem Disput jetzt schon der Unterlegene, zumindest hoffnungslos in der Defensive: Er hätte, um nicht unter Druck zu geraten, die Frage, so wie sie gestellt wurde, zurückweisen müssen. Mit diesem Versäumnis hat er die Unterstellung, die diese Frage in sich birgt, akzeptiert. Das ist eine Falle. Unterstellt wurde nämlich zum einen, daß ein Kunstwerk gleichbleibend und unabhängig von den Ordnungen, in die es einbricht, die es vielleicht irritiert und in denen es wahrgenommen wird, jeder Betrachtung vorgängig etwas *bedeute;* zum anderen, daß diese unterstellte eherne Bedeutung, die sich dem älteren Herrn offensichtlich beim ersten Blick auf Form und Material nicht erschließen konnte, für die, die über die geeigneten Schlüssel verfügten, unverzüglich zugänglich und abrufbar werde. Gefordert wird eine Erklärung, die den Blick auf einen angenommenen inneren Bedeutungskern freigibt, indem sie die ästhetischen – in diesem Fall optischen – äußeren Schleier wegreißt, die diese Bedeutung vermeintlich verhüllen.

»Aber sind es nicht«, so hätte der Jüngere brav argumentieren können, »gerade diese hier als Verschleierung gesehenen ästhetischen Sensationen des Äußeren, der Form, die den Kunstcharakter des Objekts ausmachen?«

Der Befragte ist deshalb in einer unangenehmen Lage, weil er der Annahme Vorschub geleistet hat, daß man mit wenigen begrifflichen Bündelungen bedeutsam das zur Sprache bringen könne, was sich dieser Sprache und in diesem Sinne der Deutungsbemühung gerade immer wieder zu entziehen scheint. Das heißt für unseren Streiter der Moderne nicht, daß sich über moderne Kunst nicht sprechen ließe, aber eben nicht so, nicht unter dem Vorzeichen dieses als Frage verkleideten Appells; der Aufforderung: die Sprache der Formen und Objekte in den Verstehenszusammenhang der uns geläufigen Sprachordnungen zu »übersetzen«.

Er hätte sagen können: »Wenn dieser schlichte Übersetzungsakt möglich wäre, wenn das, was uns das Kunstwerk als Rätsel aufgibt, so einfach wie ein Brühwürfel in das auflösbar wäre, was dann als seine einzige Bedeutung, sein Sinn, sein Gehalt, seine Aussage gelten könnte, dann schrumpften zwar unsere Interpretationsprobleme, gleichzeitig aber wüchse die Gefahr, den Gegenstand der Betrachtung im Zuge dieser Enträtselung ganz zu verlieren: Denn wenn das, was in der Kunst zum Ausdruck kommt, nicht nur so, *wie* es eben zum Ausdruck kommt, sondern auch anders (etwa in einer Weise, die uns allen unmittelbar verständlich wäre: in der Sprache der Leitartikel, der Gebrauchsanweisungen, der Traktate) ebenso gut, vielleicht sogar verbindlicher und eindeutiger ausgedrückt werden könnte, warum sollte es dann Kunst in dieser Form überhaupt noch geben?«

(Es könnte sein, daß der Ältere die Frage nach der Bedeutung schon mit einem aggressiven oder wenigstens mokanten Unterton, d.h. in der bewußten oder unbewußten Vorfreude auf die Verlegenheit, in die sie den Befragten im small talk bringen wird, gestellt hat. Schlimmstenfalls hätte er gar keine Antwort erwartet.)

## Rückblick

Wenn wir unsere kleine Museumsszene in die fünfziger oder frühen sechziger Jahre verlegten, die beiden Herren vor eine späte Picasso-Zeichnung stellten und dem älteren Herrn banausische Züge verliehen, könnten wir ihm den Klischee-Satz in den Mund legen: »Das ist gar keine Kunst. Das kann ein dreijähriges Kind auch.« Diese Betrachtung setzt das betrachtete Objekt dem grundsätzlichen Verdacht aus, nichts als Bluff, heiße Luft oder sogar Publikumsverhöhnung zu sein. Der Scharlatanerieverdacht aber steht seinerseits im Verdacht der Banausie.

»So sprechen nur Banausen«, könnte der jüngere Kunstliebhaber in dieser Szene sagen. (Wir lassen ihn einen freundlichen Mann sein und legen ihm keine »Totschlagargumente« in den Mund, er wird also nicht behaupten, der Ältere befinde sich in der Tradition des Entartungsverdikts.)

Was aber hätte der Jüngere mit der Reklamation der Banausie gesagt? Das Wort »Banause« ist das griechische Wort für »Handwerker«. Natürlich verwenden wir das Wort heute nicht mehr in dieser Harmlosigkeit. Der junge Kunstfreund meint nicht, daß der ältere Herr ein Handwerker, er meint vielmehr, daß dieser ein Ignorant sei. Gleichwohl verrät die wortgeschichtliche Herkunft etwas über die Motive des älteren Herrn. Seine Behauptung, daß selbst ein Kind das Bild malen könnte, zielt darauf, daß für ihn, den Laien, der Anteil des handwerklichen Könnens nicht mehr ersichtlich ist. Im Unterschied zu der Wahrnehmung älterer gegenständlicher Malerei, bei der, nach Maßgabe des Ähnlichkeitskriteriums, wenigstens die Beurteilung eines anatomisch korrekt gemalten Ohres möglich scheint, bleibt bei einer Kunst, die das naive Verständnis des alten aristotelischen Nachahmungs-Postulats nicht mehr bedient, nur Ratlosigkeit.

Warum sind solche Mißverständnisse so zählebig? Wahrscheinlich wäre die Ratlosigkeit beim Anblick eines Gemäldes von
Raffael für den Laien, hier im Gewand des älteren Herrn, gar
nicht geringer, gäbe es nicht trügerische Beschwichtigungen: Sie
liegen in der Zuversicht, das Dargestellte als Darstellung von
Wirklichkeit identifizieren (Kriterium der Repräsentation) und
die handwerkliche Leistung (Kriterium der Ähnlichkeit) aner-
kennen zu können. Diese Zuversicht setzt darauf, daß es so
etwas gäbe wie eine »natürliche« Zuständigkeit, eine Art »gesunde Menschen-Empfindung«. Tatsächlich aber handelt es
sich um einen bloßen Gewöhnungseffekt. Dadurch, daß der
Betrachter dieses oder ähnliche Bilder schon einmal gesehen
hat, daß die Merkmale ihrer Gestaltung ihm bekannt vorkom-
men, scheint auch seine Wahrnehmungsroutine nicht gefährdet. Der Betrachter kann das Betrachtete leichter in die Raster
vorhergehender ästhetischer Erfahrungen einordnen. Der Betrachter ist nicht befremdet.
Die Frage nach dem handwerklichen Können ist allerdings und
gerade angesichts einer Kunst, die unter (post)moderner Flagge
segelt, völlig legitim. Es gibt in der neueren Kunst durchaus
Erscheinungen, die die Bezeichnung Bluff verdienen: Unter
dem Vorzeichen avantgardistischer Radikalität lassen sich
handwerkliche Defizite zuweilen recht gut verbergen. Darüber
muß geredet werden können, ohne daß der Gegenverdacht der
Banausie vorschnell angemeldet wird. Wenn sich dagegen dieser Scharlatanerieverdacht pauschal auf die gesamte Kunstent-
wicklung des zu Ende gehenden Jahrhunderts richtet, so läßt
das vermuten, daß über handwerkliche, materiale und formale
Eigenheiten eines einzelnen Kunstwerks nicht mehr geredet
werden soll. Es besteht nun die Gefahr, daß die verständliche
Ratlosigkeit des verständnislosen Betrachters, eben diese idiosynkratische Reaktion, von ihm selbst als unerträgliche Zumutung empfunden wird. Um dieser Zumutung (und moderne
Kunst, die diese Bezeichnung reklamiert, hat zumindest den

Anspruch, eine Zumutung zu sein) auszuweichen, wird nun dem befremdlichen Objekt die Kunstzugehörigkeit pauschal abgesprochen. In diesem Stadium ist ein erquicklicher oder wenigstens zuträglicher Gesprächsverlauf nicht mehr wahrscheinlich. Denn jetzt mischt sich in die Rede das ein, was wir heute unter Banausie verstehen: Die Reklamation des Handwerklichen ist nur mehr ein gesprächsstrategisches Manöver, sich die Irritationen des Unbekannten vom Halse zu halten. Der Betrachter besteht auf dem Anspruch unproblematischen Genießens, und er vergißt darüber, daß selbst simple alltagsästhetische Sensationen wie etwa die der Zubereitung und des Genusses von Nahrung einer permanenten Ausdifferenzierung und Kultivierung unterliegen. Er reduziert die Kunst auf einen reduzierten Aspekt des Kulinarischen.

Der Jüngere könnte sagen: »Die Rhetorik der Banausie rückt das Bild von Picasso unversehens in Konkurrenz mit einem gut gemachten Schweinebraten, eine Konkurrenz, die weder das Bild noch der Braten scheuen müßten, würde sie nicht auf dem Felde unmittelbarer sensorieller Plausibilität entschieden.«

Diese Fünfziger-Jahre-Szene aber beschreibt ein Vorurteilsmuster, das uns nicht mehr so sehr beschäftigen muß, jetzt, da Werke der abstrahierenden Malerei, wie die von Picasso, Miró oder Klee, die noch vor einigen Jahrzehnten dem globalen Verdacht der künstlerischen Kunstzersetzung ausgesetzt waren, in den Ruch der Genießbarkeit gekommen sind und sich vor den großen, ihnen gewidmeten Werkschauen sonntägliche Schlangen bilden. Die Besucherrekorde künden von der – wie das heute heißt – Akzeptanz, die dieser Kunst mittlerweile zugewachsen ist, sie sagen nichts über die Qualität der Wahrnehmung und nichts über die des Wahrgenommenen. (Es sei denn, dessen Wirkmacht erschöpfte sich in der Bürgerschreck-Attitüde.) Es ist also gar nicht gesagt, daß dieser Kunsttourismus den Werken gerechter wird als die Abwehrreaktion des älteren Herrn. Entsprechend ambivalent sind die Reaktionen der Zeit-

diagnostiker auf diese Popularisierung: Während die Gralshüter
der Moderne ihren morosen Argwohn nähren, daß es sich bei
diesem Zuspruch um ein kunstfremdes Phänomen der Markt-
steuerung und des bloßen Konsumismus handele, halten die
kunstpädagogischen Optimisten idealistisch dafür, daß auch die
massenhafte Konfrontation mit einer verabredungsgemäß hoch
veranschlagten Kunst immer noch eine entsprechend ästhetisch
gute, wenn nicht sogar moralisch läuternde Wirkung habe.

## Neuer Anlauf

Kehren wir zurück zu unserer Anfangsszene; nehmen wir also
an, unser imaginärer konservative Herr sei über dieses Stadium
einer banausischen Abwehr der gesamten Moderne bereits hin-
ausgewachsen, und er habe seine Frage nach der Bedeutung
nicht arglistig gestellt; er sei also, frei von strategischen Neben-
absichten, tatsächlich irritiert und ratlos und hoffe auf eine
knappe Klärung.

Wie hätte der Jüngere redlich antworten können? Er hätte, wie
gesagt (gemäß neuerer Verabredungen), seinerseits die Frage in
Frage stellen können, genauer: die in ihr enthaltene Annahme,
daß hinter der rätselhaften Oberfläche eines Kunstwerkes eine
tiefere, feststehende, kontextunabhängige Bedeutung liege und
daß es nur der Anwendung richtiger Analyseverfahren bedürfe,
um diesen Bedeutungskern aus dem Gespinst der Formen her-
auszuschälen. In der Absicht, die grundsätzliche Frage nach
der Bedeutung auszuhebeln, wäre er allerdings um einige sehr
grundlegende kunsttheoretische Anmerkungen nicht herumge-
kommen, aber er hätte zugleich – und in scheinbarem Widerspruch dazu – auf einer grundsatzfreien, empfindlichen Annäherung an das Objekt beharren müssen; freilich ohne in das
andere Extrem: ein begriffsloses Geraune, zu verfallen. Und
schließlich hätte er sprechen müssen von dem Wagemut, der

nötig ist, sich der Erfahrung des ganz Neuen auszuliefern – ein wahrer Eiertanz.

Kurz gesagt: Unser Kunstfreund hätte in einer solchen Situation (wir könnten die Szene jetzt in die siebziger oder achtziger Jahre verlegen) darauf bestehen müssen, daß sich der Fragende von der Hoffnung auf eine bündige Antwort seiner bedeutsamen Frage verabschiedet und statt dessen einem anderen Fragespektrum überantwortet:

Der Jüngere könnte sagen:

»Fragen Sie nach dem Gespinst der Assoziationen, die das Objekt in ihnen auslöst und zuläßt, danach, welche Signale es gibt, woran es Sie erinnert, wodurch es Sie befremdet. Aber verharren Sie nicht bei dieser Innenschau: Fragen Sie auch danach, auf welche allgemeinen Erfahrungen es reagiert, welche es unterläuft, welche Erwartungen es bestätigt, welche es täuscht, welche Gewohnheiten es attackiert.«

Handelte es sich bei dem Jüngeren um einen Verfechter des Neuen älteren Typs, hätte er vielleicht die Fortschrittlichkeit dieser Kunst gepriesen, das heißt, er hätte deren formale Organisation in ein Verhältnis zum Stand möglicher technischer Entwicklung gesetzt und damit die Objekte im Zuständigkeitsbereich der »Neuen Medien« privilegiert. Ein Verfechter des Neuen neueren Typs hätte sich, vorsichtiger im Umgang mit Fortschrittskategorien, mit dem allgemeinen Hinweis auf das Noch-nie-Dagewesene (Innovationswert) begnügt oder – für den Fall, daß für ihn auch das Kriterium der Innovation schon obsolet wäre (die imaginäre Szene hat sich jetzt in die achtziger/neunziger Jahre verschoben) – auf der Notwendigkeit einer Erweiterung des Kunstbegriffs beharrt, er hätte vom »Ereignisraum der Kunst« gesprochen und vom heilsamen Einbruch des Trivialen in diesen Raum.

Der Verfechter des Neuen neueren Typs hätte allerdings hoffen müssen, daß der ältere Herr nicht so schlau wäre, nachzufragen, woran denn der Wert des – wenn nicht Neuen, so doch –

Wechselnden, Überraschenden überhaupt noch gemessen werden könne, wenn außerästhetischen (Fortschritts)-Parametern keine Geltung mehr zukäme.

Vielleicht hätte der Jüngere die Gefahr gewittert und gesagt: »Es stimmt schon, daß es zunehmend schwierig wird, allgemein über ›*die* moderne Kunst‹ zu sprechen. Die von mir favorisierte Art der Einlassung auf ein Kunstobjekt will gerade diese allgemeinen Bestimmungen unterlaufen, und sie weist über die Zufälligkeit und Einmaligkeit einer bestimmten Gesprächssituation hinaus. Diese Annäherung ist nur ergiebig, wenn sie ihrerseits eingelassen ist in einen infiniten Erfahrungsprozeß. Sie ist abhängig von der vielfältigen Kenntnis anderer älterer und zeitgenössischer Objekte und, daraus resultierend, von einer erfahrungsgesättigten Empfindlichkeit gegenüber der Vielfalt der Formen; sie ist verwiesen auf die Fähigkeit, die Veränderlichkeit optischer Signale idiosynkratisch wahrzunehmen. Es ist eine Annäherung, die auf die permanente Schärfung des Blicks für formsprachliche Nuancen und Verwerfungen setzt. Dabei müßte die Bemühung, alte Kenntnisse und Erfahrungen heranzuziehen, ebenso groß sein wie die Bereitschaft, in der Konfrontation mit dem ›Neuen‹ den zur ›Haltung‹ oder zur ›Einstellung‹ geronnenen Erfahrungsbestand rückwirkend immer aufs neue in Frage zu stellen. Wahrscheinlich kann das Neue als ein Neues, als Nichtbekanntes, überhaupt nur wahrgenommen werden, wenn diese Möglichkeit der korrigierenden Rückkoppelung auf das Alte – und alt ist alles, was bekannt ist – gegeben ist, das heißt, wenn das Neue nicht nur den Blick auf Gegenwärtiges und Zukünftiges, sondern auch den auf das in der Vergangenheit Erfahrene verändert; wenn es auf den Erfahrungsfundus einwirkt. Der Bezug zu den Dingen nimmt in diesem Fall labyrinthische Formen an. Irgendwann – und ich selbst werde es zuletzt bemerken – geht diese Fähigkeit zu dieser vielfältigen Bezüglichkeit verloren, und ich werde dazu tendieren, das, was ich neu als Neues erfahre, in meinen erstarrten Erfahrungskanon nur mehr angleichend einzurücken oder, schlimmer, diese Wahrnehmung des Neuen, noch bevor sie überhaupt eine Erfahrung werden kann, im Vorfeld abzublocken. Dann bin ich wie Sie.«

## (Unproduktive) Umwege

Es ist nun für den Freund der neuen Kunst leicht zu sehen, daß sich diese Auseinandersetzung nicht im Schlendergang durch eine Ausstellung erledigen läßt, zielt sie doch auf einen offenen, ja unendlichen Prozeß. Aber das hilft dem jungen Herrn, so wie er da mit dem älteren vor dem Objekt plaudert, wenig. (Er hat den Eindruck, daß ihm der Ältere schon seit geraumer Zeit nicht mehr zuhört.) Er weiß, daß im Zeittakt der Talk-Show-Kultur nur die schnellen bündigen Antworten gelten. Wie ist zu antworten, ohne in den Ruch akademischer Langweiligkeit zu geraten, ohne die Eigengesetze der leichten Rede zu verletzen? Oder, noch schwieriger, wie ist denjenigen zu begegnen, die entschlossen sind, sich Formen gegenüber, die ihnen nicht vertraut sind, die nicht dem entsprechen, was sie Kunst zu nennen gewohnt sind, zu verweigern?

In diesem Fall handelt es sich um ein strategisches Problem. Der Jüngere begibt sich jetzt etwas unter sein Niveau und verfällt auf einen alten Trick. Er erinnert sich an ein Buch aus dem Jahr 1948, das kürzlich wieder aufgelegt wurde. Sein Autor ist Franz Roh, sein Titel lautet: *Der verkannte Künstler. Studien zur Geschichte und Theorie des kulturellen Mißverstehens.*[2] Dieses Buch liefert reichhaltiges Material über die Irritationen und Streitigkeiten, die berühmte, heute unumstrittene

---

2 Franz Roh, *Der verkannte Künstler. Studien zur Geschichte und Theorie des kulturellen Mißverstehens*, Köln 1993. Dieser Untersuchung sind die von dem Jüngeren vorgetragenen Beispiele entnommen.

Kunstwerke zur Zeit ihrer Entstehung auslösten. Es ist eine
Sammlung idiosynkratischer Reaktionen, die in ästhetische Ge-
schmacksurteile verwandelt wurden. Solche Kenntnisse erlauben dem jungen Kunstfreund tückische Hinweise darauf, daß
zeitgenössische Betrachter ehedem völlig ratlos oder ablehnend
oder gar zornblind vor demselben Bild gestanden haben, das
heute als Prunkstück einer großen Sammlung gilt; daß sie eine
Musik verlachten, die heute Galaveranstaltungen garniert; daß
sie eine Literatur zerstörerisch fanden, die heute in teure Dünn-
druckausgaben gefaßt ist. Daß sie also genau jene Erscheinungen mißachteten, die heute gemeint sind, wenn man Achtung
vor der Kunst demonstriert und einklagt, in der Absicht, aktuelle, abweichende Erscheinungen der Verachtung auszuliefern. Schließlich ruht auf dieser risikolosen Verehrung einer
musealisierten »hohen Kunst« das leere Ritual einer betriebsa-
men Selbstbestätigung, wie es auf zahllosen Symposien, Musik-
festivals und Museumsveranstaltungen zelebriert wird.

Der Jüngere sagt:

»Dort, auf den Sektempfängen unter den Klängen Vivaldis,
wird stets aufs neue ein Pakt mit der alten und halbneuen
Kunst beschworen: eine angeblich verstandene, jedenfalls als
bedeutsam bestätigte Kunst steht in dem Dienst, den Beteilig-
ten jenes Kunstverständnis zu bestätigen, das sie nicht bereit
sind, dem wirklich Unbekannten entgegenzubringen.«

(Der Redner klammert an dieser Stelle das Problem, daß ein
Teil der modernen Kunst diesem Ritus inventarisiert werden
konnte, aus.)

Der junge kunstbegeisterte Freund, wir unterstellen ihm Geschmack, wird das bekannteste Klischee einer zeitgenössischen
Künstler-Verkennung vermeiden, er wird also nicht von der
meistzitierten Leidensfigur mißachteter Genialität, vom zeitle-
bens armen und heute so hoch gehandelten Vincent van Gogh,
sprechen. Vielleicht wird er statt dessen das Schicksal Caspar
David Friedrichs erwähnen, den seine Zeitgenossen für ver-

rucht hielten, oder er wird von Cézanne erzählen, dessen Bilder als Lachnummer galten, während man die von Gauguin zunächst als zu wild und bald darauf als zu glatt befand, oder davon, daß ein Bild von Hodler, 1891 in Genf ausgestellt, einen Entrüstungssturm auslöste, der zu dessen Entfernung durch die Behörden führte.

Er könnte sagen:

»Auch das Alte war einmal neu. Jeder weiß das. Und doch ist unsere Vorstellungskraft stark gefordert, wenn wir glauben sollen, daß es auch einmal originell, schockierend oder gar unerträglich gewirkt hat. Es gibt keinen Anlaß, sich über die Blindheit der Vorfahren zu mokieren; nichts spricht dafür, daß wir weniger blind, weniger taub, weniger irrtumsanfällig sind.«

Und nun führt er die Beispiele auf:

»Ein englischer Kritiker des frühen 18. Jahrhunderts argwöhnte, daß Georg Friedrich Händel keine andere Absicht verfolgt habe, als ›durch lärmende Musik guten Leuten das Geld abzunehmen‹; Händel selbst bezeichnete die Musik Glucks als ›ohrenzerreißend‹: ›selbst ein Schuhputzer‹ schreibe ›bessere Kontrapunkte‹; Bachs Musik wurde von der Kritik ein ›schwülstiges und verworrenes Wesen‹ attestiert; Haydn schalt man ›oberflächlich‹; Beethovens Musik wurde zeitweise von einem johlenden Gelächter des Publikums begleitet, Schumann galt den Konservativen als ›originalitätssüchtig‹ und den Progressiven als ›epigonal‹, Brahms hielt die Brucknersche Musik für ›Schwindel‹, und der Dichter Hebbel sah durch die Musik Wagners das ›Wesen der Kunst vernichtet‹ und ›das Chaos‹ heraufbeschworen.«

Wenn aber das Neue als alles zugleich gelten kann, wenn es für die Rezipienten zugleich belebend und morbide, der Anfang einer Kunstära, das Ende aller Kunst, zu revolutionär und zu antiquiert sein kann, dann muß noch etwas anderes im Spiel sein. Das Neue stört, es verstört, es stört auf. Es ist in der zeitnahen Rezeption offensichtlich schwierig, zu unterscheiden, ob es sich bei dieser Störung um eine alberne Wichtigtuerei handelt, die auch niemals etwas anderes sein wird als eine bloße Belästigung, oder tatsächlich um eine ernstzunehmende neue künstlerische Behauptung, um einen Aufbruch, besser: um einen Ausbruch, der immer ein Angriff gegen das Alte ist und der am Ende nicht nur eine Störung, sondern gar die Zerstörung des Gewohnten zur Folge haben wird. Um was es auch gehen mag, es wird, es muß Aversionen auslösen. Aber wer lebt schon gern im Zustand der Verstörung, der unaufgeklärten Aversion. Wer wäre sie nicht gerne los, diese idiosynkratischen Beunruhigungen, die schließlich sogar die vermeintlich sicheren Fundamente der Erfahrung und des Wissens unterhöhlen könnten. Also muß nach guten und notfalls schlechten Gründen für eine Rechtfertigung der diffusen Abneigungen gesucht werden. Ein Blick auf Franz Rohs Kulturgeschichte der »Verkennung« zeigt: Es sind immer wieder die gleichen. Die Skala reicht vom melancholischen Eingeständnis einer hilflosen Verständnislosigkeit bis zur offenen Kampfansage, von der Bezichtigung der Oberflächlichkeit, des Modischen, der Effekthascherei bis zu den bösen Verdikten des Unmoralischen, der Dekadenz, des Kranken.

Auch diese Entgleisungen nimmt der Jüngere in seine Beispielsammlung auf:

»So formulierte der Dichter und Naturforscher Albrecht von Haller ein sanftes Erstaunen über den neuen Ton der Klopstockschen Verse: ›Diese Ode ist von einem besonderen Geschmacke, daß wir uns an nichts erinnern gesehen zu haben, was ihr ähnlich wäre.‹ Etwas heftiger urteilte Lessing (der es selbst schwer hatte mit der Anerkennung seiner Werke) über Goethes Drama ›Götz von Berlichingen‹, es sei, so formulierte er seinen Bluff-Verdacht, als ob man ›Sand in Därme füllte und sie für Stricke verkaufte‹, und auch der Erneuerer Klopstock entdeckt in Goethes ›Iphigenie‹ ›manche Redensart, die man kaum lesen kann‹. Goethe selbst aber, der wie Klopstock in

seiner Jugend einmal als umstrittener Kunstrevolutionär ange-
treten war, urteilte als anerkannter Epochenbeherrscher seinerseits völlig unzimperlich, um nicht zu sagen brutal über die
Jüngeren, allzumal, wenn sie Begabung erkennen ließen. Da ist
die Rede von der ›verfluchten Unnatur‹ der Kleistschen Dichtung und davon, daß dieser Dichter bei ihm ›immer Schauder
und Abscheu‹ erregt habe, ›wie ein von der Natur schön inten-
tionierter Körper, der von einer unheilbaren Krankheit ergrif-
fen wäre‹. Wir wissen, daß das Urteil über Hölderlin nicht sehr
viel milder ausfiel. Im Vergleich mit dieser olympischen Ver-
nichtungsrhetorik wirkt der Schimpf Ludwig Börnes, daß Goethe der ›graue Star im deutschen Auge‹ gewesen ist, geradezu
schlapp.«

Was tut der junge Kunstliebhaber, wenn er diese oder vergleichbare Beispiele dem älteren Herrn zur Kenntnis bringt? Er beschwichtigt und er relativiert. Im Vertrauen darauf, daß die
Qualität der einst so gerügten Kunstwerke heute als beschlos-
sene Sache gilt, mahnt er den Älteren zur Vorsicht, zur Vermei-
dung apodiktischer Urteile. Gleichzeitig beschwichtigt er, indem
er zeigt, daß der Ältere sich mit riskanten Urteilen in bester Gesellschaft befinde; schließlich beweisen die Beispiele, daß gerade
die Großen groß darin waren, den Neuerern die Anerkennung
zu versagen, sie so klein wie möglich zu machen.

Die Sache kompliziert sich dadurch, daß es, wie die Kulturgeschichte zeigt, nicht nur die »Verkennung« im Sinne einer massiven Abwehr, sondern auch eine schreckliche Liebe zur vermeintlich »richtig erkannten« Kunst gibt. Eine Liebe, die aus
Mozart einen harmlosen Musenliebling, eine Angelegenheit für
Zuckerbäcker, aus Fontane einen altersmilden Heimatdichter,
aus Lichtenberg einen Schmunzelautor und aus dem Musikre-
volutionär Bach einen frömmelnden Ordnungsfanatiker gemacht hat. Vielleicht erinnert sich der Jüngere auch dunkel an
die Schrift eines Philosophen, der es einmal für nötig hielt,
Bach gegen dessen Liebhaber zu verteidigen

Soviel zur schrecklichen Liebe, und auch noch ein Wort zum schrecklichen Haß. Es ist anzunehmen, daß die Ablehner einer »neuen« Kunst oftmals ein besseres Gespür für deren Ungeheuerlichkeit hatten als die, die einfach nur finster zum Avantgardismus entschlossen waren. Jedenfalls ist die wütende Abwehr, die Verdammung des Neuen kunstimmanent angemessener als die Gleichgültigkeit oder die lauwarme Zustimmung, weil sie immerhin – wenn auch zuweilen in einer blinden Form – der Radikalität des Angriffs Rechnung trägt. (Und: Was wäre der Angriff wert, gäbe es nichts zu verteidigen? Und welcher Angriff ginge nicht auf die Vernichtung des Angegriffenen. Und: Was ist, wenn der Angriff ausbleibt? Jedenfalls zeigen sich die Anhänger jener »neuen« Kunst, die sich nun schon seit mehr als dreißig Jahren als Avantgarde empfiehlt, durch den Zulauf, den diese Exponate inzwischen erfahren, eher irritiert als erfreut.)

Schrecklich ist auch gar nicht der Impuls der Abwehr, schrecklich sind die rechtfertigenden Gründe, die für diese Aversionen gesucht werden: Rechtfertigungen und die sie begleitenden Maßnahmen, die bekanntlich – und dieses Jahrhundert kann mit extremen Beispielen dienen – bis zum barbarischen Bildersturm führen konnten. Die »Aufarbeitung« dieser extremen Erfahrung hat in den letzten beiden Jahrzehnten zu einer Art Verkennungsangst geführt und damit eine relative Toleranz, man könnte auch sagen: Indolenz, befördert. Diese Angst aber ist eine Angst vor schlechter Gesellschaft und nicht so sehr vor schlechter Kunst, sie ist nicht notwendig ein Indikator für ein qualitativ anderes Verhältnis zur modernen Kunst.


## Gegenwehr


Zurück zu unserer Szene. Mit den Hinweisen auf die vermeintlichen »Verkennungen« könnte sich der jüngere Herr gesprächsstrategisch einen kleinen Vorteil verschaffen, aber der kunsttheoretische Gewinn dieser Relativierungen ist bescheiden. Das Problem ist dadurch nicht vom Tisch. Legt die Rede vom historischen »Verkennen« einer Kunst doch die Annahme nahe, daß die Festschreibung eines »richtigen« Erkennens möglich sei. Tatsächlich aber, das ist eine kunsttheoretische Binsenweisheit, muß zu jeder Zeit jedes Kunstwerk neu erobert werden. Rigoros gesprochen, steht mit jedem Neuen zugleich jedes Alte und jedes Gleichzeitige neu zur Disposition. Die Schwierigkeit des jüngeren Herrn liegt nun darin, daß neuerdings nicht nur der Avantgardeanspruch selbst zur Disposition steht, sondern mit ihm die entsprechenden liebgewordenen Rezeptionsmuster und Identifikationsrituale.

Daß sich die Erscheinungen des anscheinend Neuen nicht länger in die programmatischen Verkündigungen von Stilrichtungen und medialen Ver- und Geboten bündeln lassen, macht die Qualitätsbestimmungen, die mit der Opposition Alt-Neu operieren, fragwürdig. Die Empfehlung, die jeweils einzelnen Objekte der empfindlichen, um nicht zu sagen idiosynkratischen, jedenfalls ruhelosen Anstrengung eines ständigen Vergleichs auszusetzen, sie also in eine schwankende, unendlich vielfältige Beziehungsrelation einzurücken, hat deshalb sowenig Chancen auf kulturpolitische Popularisierung, weil sie in ihrer schönen Vergeblichkeit und ewigen Vorläufigkeit allen Regeln des Kunstbetriebs Hohn spricht – ist sie doch kaum vermittelbar, geschweige denn konsensfähig. Die Abgrenzung des Neuen vom Neuen, sozusagen von sich selbst, erzeugt jene vielzitierte unendliche Kette von Differenzen.

Es ist kein Zufall, daß sich in dieser verwirrenden Situation die Empfehlungen mehren (wir könnten sie dem Älteren in den Mund legen), zu Einheitskonzepten, zu Formel, Kanon und Regel, zurückzukehren, daß sich zunehmend die Esoteriker einer neuen Sakralisierung zu Wort melden; daß also so viel Unsicherheit den Bedarf an sicheren Beurteilungsfundamenten erhöht. So gesehen, könnte sich unser konservativer Herr unversehens, das heißt ohne eigenes Zutun (»die letzten werden die ersten sein«) in einen Vertreter einer neuen Kunstreligion verwandeln. (Wir sind jetzt in der Gegenwart.)

Er sagt:

»Sie und Ihresgleichen haben den Kunstbegriff derart überdehnt, daß heute jedes Stadtteilfest und jedes skurril angereicherte Abendessen zur Ereignis-Kunst, jeder armselige, mit dem Ornat des Experimentellen verzierte Einfall zur environmentellen Ambientekunst und noch die billigsten Selbststilisierungsallüren zu innovativen ästhetischen Ausdrucksformen hochgespielt werden können. Jeder Modefuzzi erklärt sich zum Musensohn.«

Der Ältere fragt seinen Kontrahenten: »Wollen Sie von mir verlangen, daß ich mich denen anschließe, die jeden Schwachsinn als Ausdruck einer postmodernen Artistik feiern?«

»Sie machen sich die Sache zu leicht«, wirft der Jüngere ein, »das inzwischen gängige verluderte Kauderwelsch gibt nicht eben ein starkes Beispiel für die kombinatorischen und selbstreflexiven Elemente der neueren Kunst ab. Lassen wir einmal dahingestellt, ob mit ›Erweiterung des Kunstbegriffs‹ jede ›message‹ gemeint ist, die ein Modedesigner absondert. Selbst im traditionellen Geltungsbereich der Mode gibt es durchaus ernstzunehmende Äußerungen.«

Der Ältere achtet nicht auf den Einwurf. Sein Gedächtnis gibt jetzt Erinnerungen frei an all die vielen Artikel, die er zum Thema »Das Ende der Moderne« letzthin in den Feuilletons gelesen hat. Er verspürt Rückenwind. Er beschließt, zum Angriff auf die Selbstgefälligkeiten des ewig jungen Avantgardisten überzugehen:

»Ich vermute (und mit dieser Vermutung stehe ich ja wohl nicht alleine), daß sich das ganze Projekt der Moderne selbst abwickelt, zusammen mit all den begleitenden theoretischen Legitimationen, wie sie seit der Renaissance für den emphatischen Neuheitsanspruch der Kunst formuliert wurden. Das ist noch immer und stets wieder ein wildes Anrennen gegen ein traditionales bzw. vormodernes (metaphysisch beglaubigtes) Kunstverständnis. Die Moderne bleibt bei Strafe ihres Untergangs unabdingbar verwiesen auf eine Traditionsästhetik, die lange schon keine Geltungsansprüche mehr für sich verbuchen kann. In einer letzten – allerdings säkularisierten und pervertierten – Variante hat dieses traditionale Kunstverständnis noch für eine kurze Frist im Trutz der kommunistischen Kulturpolitik überdauern können. Seit deren Niedergang aber hat die Moderne als Programm ihre lebensnotwendige Gegnerschaft verloren: Was ich vorfinde, sind eklektizistische Selbsterhaltungsrituale, müde Selbstironisierungen und eitle Selbstzitationen einer Avantgardekunst, die in sich leer läuft und die sich ebenso verzweifelt wie vergeblich in diesen sogenannten postmodernen Inszenierungen zu perpetuieren trachtet.

Der Versuch, das Heil in spielerischen Überbietungen zu suchen, wird in einem Scherbengericht enden. Ich warte mit Freude auf den Tag, an dem ihr noch immer glaubt, mit der Ramschkultur ein frivoles Spiel treiben zu können, während sie euch längst schon von allen Seiten überwuchert und erstickt.

Anstatt den technologischen Entwicklungen hinterdrein zu hasten und/oder die Massenkultur an Zynismus überbieten zu wollen, scheinen mir die Herausforderungen eher in strikten Entsagungen und einer großer Ernsthaftigkeit zu liegen. – Ich weiß, es gibt solche ernstzunehmenden Beispiele [Sie stehen jetzt vor einem Objekt von Nam June Paik] für eine kunstimmanente Verarbeitung dieses ganzen Schlamassels. Aber erwarten Sie bitte keinen Respekt vor einer Ereigniskunst auf dem Niveau eines letzten historistischen Großkalauers.«

Sein Tonfall ist jetzt unwirsch.

»Im übrigen ist Ihr Einspruch gegen meine angeblichen Verkennungen viel dogmatischer als meine Skepsis. Ihr Weg ist von mehr Ver- und Geboten verstellt (Gertrude Stein versus Walker Percy, Installation versus Tafelbild, Schönberg und Cage for ever) als meiner, zumal ich es mir leisten kann, meine Toleranz, wenn nicht auf alles, so doch auf vieles zu erweitern. Tatsächlich sind Sie derjenige, der hier ein konservatorisches Interesse hat.

Es ist nicht unproblematisch, mein junger Freund, linearen und finalen Geschichtskonzepten die Berechtigung abzusprechen und gleichzeitig die Unhintergehbarkeit einer künstlerischen Behauptung zu postulieren.

Vielleicht haben Sie ja eine Idiosynkrasie gegen alles, was sich der Mechanik dieses Wechselspiels von Neu und Alt, Progression und Regression, diesem Übertrag des dumpfen biologischen ›Stirb und Werde‹-Schemas auf das Feld der Kunst, entzieht. Sie sind so versessen darauf, sich jedweder Tabuverletzung gewachsen zu zeigen, daß sie andere Stimmen, andere Formen, die dieser Gestikulation des Sensationellen, Provokanten nicht länger gleichen, gar nicht wahrnehmen, bzw. idiosynkratisch als veraltet, konservativ denunzieren.

Haben Sie schon einmal darüber nachgedacht, ob das, worüber wir sprechen, überhaupt noch sinnvoll in die Dialektik von Neu und Alt einzuspannen ist? Was heißt das überhaupt, neu? Nichts ist bekanntlich so schnell alt wie das Neue.«

Der ältere Herr ist etwas erschöpft. Dem Jüngeren scheint es geboten, ihn, den Älteren, auf einige argumentative Winkelzüge aufmerksam zu machen. Er sagt:

»Es scheint mir, daß Sie, in wechselhafter Willkür, die als postmodern etikettierten Phänomene einmal als eine konsequente Entwicklung einer immer schon irrelaufenden Moderne veranschlagen und dann (dem widersprechend) in ihnen eine Pervertierung und Korrumpierung dieser Moderne sehen wollen.«

Der junge Mann weiß, daß es sich bei seinem Pochen auf Begriffsstrenge um eine Gesprächszuflucht handelt, hinter der sich eigene Ratlosigkeiten verbergen.

Die argumentative Not des Jüngeren ist nicht selbstverschuldet. Es ist die gleiche Not, in der die Macher der großen Überblicksausstellungen heute stehen, wenn sie, zwischen der Unmöglichkeit einer programmatischen Verallgemeinerung und der bloßen subjektiven Willkür pegelnd, nach neuen Wegen suchen.

## Letzter Anlauf

Der Jüngere, der kommunikativen Strategien nun wirklich überdrüssig, rafft sich zu einen letzten Versuch auf (sein Gestus ist jetzt defensiver):

»Wahrscheinlich sind die Zeiten allgemeiner kunstrevolutionärer Trendansagen vorbei. Jedenfalls erschwert die chaotische Mannigfaltigkeit der künstlerischen Erscheinungen die Bemühung um Rubrizierung und Klassifikation. Aber soviel bleibt doch: Jedes einzelne Kunstwerk [von diesem Begriff mag er noch nicht lassen] ist nicht nur Kampfansage an eine alte Kunst, sondern virtuell auch an jedwede andere Kunst. Kunst muß das sein, um ihrer Selbsterhaltung willen. Von daher ist sie – ob das in der Absicht des Künstlers liegt oder nicht – feindlich. Sie stellt nicht nur das jeweils Vorangegangene in Frage, sie ist nicht nur dessen Effekt im ewigen Wechselspiel von Tradition und Innovation; sie stellt alles, ja sogar die Möglichkeit des Neuen, der Kunst selbst, in Frage. Insofern ist sie gewaltsam. Diese berserkerhafte, unvergleichlich ungerechte Landnahme des ästhetisch Neuen hat durchaus etwas Terroristisches. Sie geht also eine gefährliche Allianz mit dem Barbarischen ein, als dessen Läuterung und Überwindung sie historisch gern gesehen wird.«

Hier erschrickt der Jüngere über die semantische Landschaft, in die ihn seine Rede getragen hat: schließlich hatte er dem Älteren eben noch Barbarei im Sinne von Verabsolutierungen und Ausgrenzungen vorgeworfen. Aber er unterdrückt seine Selbstzweifel und fährt fort:

»Neue Kunst schafft sich einen Raum. Sie setzt sich absolut. Sie duldet keine andere Kunst neben sich. Jede Kunst geht aufs Ganze. –

Somit kann das einzelne Kunstwerk auch nicht mehr gesehen werden als eine bestimmte Markierung auf einem langen eschatologischem Weg zum absolut Neuen, sondern es setzt sich selbst als Erstes und Letztes zugleich. Das ist ein totalitärer Gestus.

Daß ein Künstler gleichwohl gerade nach der Anerkennung *der* Kunstpäpste giert, deren Kunstverständnis er mit seiner Kunstbehauptung jede Berechtigung abspricht, darf in den Bereich der menschlichen Schwächen verwiesen werden, es entspricht dem verständlichen Wunsch, noch zu Lebzeiten eine Ernte einzufahren. – Zweifellos sind die Rechtfertigungen, die Goethe für sein idiosynkratisches Verhältnis zur Kleistschen Literatur heranschaffte, einfach nur widerlich; aber ebenso zweifellos liegt in dieser Literatur ein gegen das Gebäude der Weimarer Klassik gerichteter Sprengsatz (so sehr Kleist auch den Beifall aus Weimar herbeigesehnt hat), ein gewaltsamer Angriff also, auf den Goethe in gewisser Weise adäquat, nämlich ›mit Abscheu und Jammer‹ reagierte.«

»Darf man«, fragt der Ältere, »Ihre Ausführungen so verstehen, daß allein die Fähigkeit, das Verstörende eines idiosynkratischen Impulses auszuhalten (ihn also nicht in ein negatives Urteil zu vereindeutigen), dieser ausschließenden Gewaltsamkeit der Kunst gerecht wird; daß nur in der Ambivalenz dieser Wahrnehmung der Zugang zur Mehrdeutigkeit eines ästhetischen Phänomens offen bleibt, und damit ein Zugang zum Moment des Idiosynkratischen in der Kunst selbst? Aber worin genau besteht diese Ambivalenz? Ist nicht in der Idiosynkrasie immer schon Ablehnung oder Zustimmung angelegt?

»Ja, das ist ein Problem«, sagt der Jüngere verblüfft. Er weiß nicht, ob er die Fragen des anderen nur als Verständnisfragen werten oder sich über die darin enthaltene zögernde Zustimmung freuen soll. Er fühlt sich unbehaglich, er weiß: in solchen Gesprächen darf man nicht siegen, nicht einmal recht haben wollen. Und er weiß jetzt auch keine Antwort mehr.

Um abzulenken, nimmt er etwas unvermittelt und beliebig ein

anderes Thema auf – seine Rede ist jetzt gesteuert durch irgendeinen Lektürerest, der ihm gerade im Kopf herumschwirrt (sie gehen an einer Installation von Hermann Nitsch vorbei): »Wenn Sie sich selbst einmal aus dieser Gier nach Bedeutungen und damit aus der Urteilspflicht entlassen und ihr Augenmerk mehr auf den offenen Ereignischarakter der Kunst richten wollten, dann rückten Sie als Kritiker, als Rezipient gewissermaßen in das Geschehen mit ein, dann könnten Sie sich selbst als Bestandteil dieses Kunstwerks verstehen.«

»Das ist mir allerdings neu«, sagt der Ältere indigniert.

### Behauptungen (von außen)

Der Jüngere ist mit Grund in Schwierigkeiten. Jede Apologie eines Kunstwerks oder einer bestimmten Art von Kunst (zum Beispiel neuer oder neuester Kunst) ist paradox, weil sie auf der einen Seite die Angewiesenheit der Kunst auf diese Apologie anzeigt (ihre Verteidigung gegen andere Kunst, gegen das Alte oder das Neue), auf der anderen Seite aber doch die Unabhängigkeit, letztlich die Gleichgültigkeit des Verteidigten gegenüber der Verteidigung (und auch dem Angriff) postulieren muß. (Deshalb die langatmigen Erläuterungen des Jüngeren über die Geschichte der Verkennungen.) Daß es gilt, diese oder jene Kunst zu verteidigen, bedeutet, daß die Kunst selbst auf diese Verteidigung in Wahrheit gar nicht angewiesen ist. Denn das Eingestehen der Angewiesenheit auf Apologie (und sei es noch in Gestalt der Erklärung, daß es nichts zu erklären gibt) hat ja immer auch den Aspekt einer Preisgabe des zu Verteidigenden. Man könnte hier von einem strukturellen Konservativismus der Rede über Kunst sprechen, einer Rede, die einen idiosynkratischen Affekt (im Namen der Kunst) gegen die Kunst (oder besser: gegen sich selbst, gegen die Rede über Kunst) auslösen kann. In letzter Konsequenz muß dieser strukturelle Konservativismus einen Dualismus behaupten. Die Gleichgültigkeit des Werks gegenüber der Rede hat zwei Seiten: Der Dualismus erklärt die Unabschließbarkeit des Diskurses über das Werk (kein Diskurs reicht je an das Werk, und gerade deshalb wird unendlich über das Werk geredet), zugleich aber droht das Werk abzusinken in eine schlechte, selbstzerstörerische Gleichgültigkeit (was ist ein Werk, das keiner kennt?). Auf beides mag die Rede reagieren, die sich idiosynkratisch gegen die Kunst richtet, indem sie fragt: Was geht es das Kunstwerk an, daß – so oder so – über es geredet wird?

Wo aber ist der Ort der Idiosynkrasie? Gehört sie in einen Zwischenbereich, zwischen Werk und Rede? Läßt sich reden von einer Idiosynkrasie des Werks gegen die Rede *und* von einer Idiosynkrasie, die zum Reden (zur Verteidigung oder Verurteilung des Werks) anhält? Wenn man beides nicht genau trennen kann – und es ist zweifelhaft, daß man das kann –, dann liegt das Ungreifbare der Idiosynkrasie genau im Zwischenbereich: Die Idiosynkrasie läßt sich weder dem Werk noch der Rede über es eindeutig zuordnen. Sie irritiert das, was sich über eine Kunst sagen läßt, ebenso wie den Anspruch, daß überhaupt über Kunst diskutiert wird.

Vielleicht aber geht es sogar um mehr als diesen strukturellen Konservativismus und hat der imaginierte konservative Herr noch in anderer Weise recht. Vielleicht verhält »man« sich gar nicht mehr idiosynkratisch zur Kunst. Das erklärte die Beliebigkeit der Rede über Kunst (und vielleicht sogar die der Kunst selber), all die gleichgültigen Anleihen bei allen möglichen Disziplinen.

### Vortragsende

Die beiden haben ihren Rundgang beendet und kehren zurück in den Vortragssaal. Der Redner ist am Schluß seiner Rede angelangt. Er sagt:

»Wie viel Neues verkraftet der Mensch? wurde eingangs gefragt. Eine komplexe Frage offensichtlich. Zu ihrer umfänglichen Beantwortung müßten viele Disziplinen der Wissenschaft bemüht werden. Allen voran natürlich die Erforschung
unseres Gehirns. Wie groß sind dessen Speicher- und Verknüpfungskapazitäten? Nach dem, was von den Experten zu hören
ist, ist die Möglichkeit der Aufnahme wohl unglaublich groß,
die der bewußten Verarbeitung hingegen eher gering. Sodann
müßten wir die Psychologen fragen: Wie viele Informationen
kann ein Mensch verwerten und schließlich zu dem machen,
was man eine Erfahrung nennen könnte? Welche inneren und
äußeren Widerstände kann er dabei lebensgeschichtlich bewältigen? Und schließlich – das ist der Bereich, der uns interessiert, wenn es um die Kunst geht – wieviel Neues, Anderes
kann der Mensch als neu und damit als anders, als Umsturz
seiner selbst erfassen? Wie oft kann er sich neu begeistern? Wie
oft wird er in seinem Leben in der Lage sein, die Koordinaten
seiner Wahrnehmung zu korrigieren? Welchem Neuigkeitsansturm ist unsere Wahrnehmung gewachsen? Wieviel Neues
können wir in das System des schon Gewußten oder schon
Erfahrenen einarbeiten? Noch einmal: Wieviel Neues verkraftet der Mensch? So, wie es ist, könnte die Antwort lauten: der
Möglichkeit nach: unendlich viel; der Wahrscheinlichkeit nach:
unendlich wenig.
Vielleicht fiele die Antwort hoffnungsfroher aus, wenn das Leben ein wenig länger währte und die Kunst nicht als ewiges
Trostwort für diese kurze Endlichkeit herhalten müßte.«

## Nachtrag

»Ich glaube«, sagt der Jüngere, als sie sich zum Gehen wenden,
»das ganz Neue, im Sinne des ganz Anderen, des Unvergleichbaren, können wir gar nicht wahrnehmen, aber zuweilen be-

kommen wir für einen kurzen Moment einen Eindruck davon, so als ginge ein Riß durch unsere Wahrnehmung. In diesem Moment, einem Moment äußerster Gefährdung, ist uns aber nicht nur das Wahrgenommene, Unvergleichliche unvergleichlich fremd, wir selbst werden uns fremd; das, was wir für unser Ich halten – «

»Wußten Sie, daß der Philosoph Lichtenberg eine Idiosynkrasie gegen das Wort ›unvergleichlich‹ hatte?« fragt der Ältere. Und beim Verlassen des Museums fügt er hinzu: »Ich hingegen glaube, daß in diesem Leben kein Zustand denkbar ist, in dem es wirklich nichts Neues mehr gibt.«

# Die Furcht vor den Nerven
## *Drei Kapitel über den Schmerz und*
## *die Idiosynkrasie*

»Der Mensch hat nichts zu fürchten außer seinen Nerven.« *P. Valéry*

»Der langgezogene Todesschrei Marias am Teich; der spitze Todesschrei von Lulu zum Himmel empor. Sollte die gesamte Musik sich zwischen diesen beiden Schreien abspielen?« *G. Deleuze*

»Ich bin dem Fallen nahe, und mein Schmerz ist immer vor mir.« *Vulgata*

### *Grenzen*

Idiosynkrasie – die Arbeit an und mit ihr weist ins Uferlose. Sie führt schließlich dazu, daß sich die Idiosynkrasie im Fortgang der Beschreibungsbemühungen zunehmend in die Struktur jeder Reaktion, in die Gestalt jedes Phänomens, in die Figurationen jeder Lektüre einzuschreiben droht. Diese phantasmatische Ubiquität kennen die Schreibenden allerdings auch aus anderen Zusammenhängen. Jedwedes Thema, mit dem wir uns über längere Zeiträume beschäftigen, nistet alsbald im Zentrum unserer Aufmerksamkeit und provoziert diese zwanghafte Bezüglichkeit. Aber kaum ein anderes Thema leistet dem Beziehungssog so wenig Widerstand wie das der Idiosynkrasie. Um den Begriff in dieser relationalen Vielfalt nicht zu überdehnen, gilt es, Grenzmarken zu setzen. Es gilt also, der Anmaßung idiosynkratischer Allgegenwärtigkeit und Allzuständigkeit gedanklich entgegenzuwirken; es gilt, eine andere reaktive

Empfindung zu markieren, der sie sich nicht anverwandeln kann, kurz: Es gilt, die polymorphe Gestalt der Idiosynkrasie mit einer möglichst eindeutigen Gegenmacht zu konfrontieren.

Eine solche Macht könnte im körperlichen Schmerz gesehen werden, in seiner Unverfügbarkeit. Scheint er doch ein Kristallisationsmoment zu sein, ein Moment starrer Verdichtung inmitten der beweglichen Konstellationen der Bedeutungen und Bewertungen. In einem Lexikon der Anthropologie wird dem Schmerz Eindeutigkeit, ja, Absolutheit attestiert. Die Hoffnung wäre nun, daß die Eignungen der Idiosynkrasie, die, wie zu zeigen war, immer auf Ambivalenzen, Spaltungen und Mischungsverhältnissen gründen, vor dem Hintergrund dieser Eindeutigkeit des Schmerzes ihrerseits deutlicher konturiert werden könnten:

> »Schmerz ist die physische Erfahrung der reinen Negation. Schmerz ist pures Dagegensein. Etwas in mir ist gegen mich, und ich bin gegen dies. Ich und dieses etwas stehen sich unversöhnlich gegenüber, wobei jede Seite die Tendenz hat, die andere auszulöschen. Deshalb ist der chronische Schmerz ein immerwährender Krieg.«[1]

Diese eindrucksvolle Qualifizierung des Schmerzes als »reiner Negation«, als »pures Dagegensein« wird aber in der zitierten Beschreibung erkauft durch die Konstruktion einer Aufspaltung des vom einheitlichen Schmerz betroffenen Ich in ein Ich und ein »etwas«, das sich gleichwohl schmerzhaft in diesem Ich befindet, also immer zugleich ein Teil dieses Ich ist.

Die Eindeutigkeit des Schmerzes kann offensichtlich nur bestätigt werden auf dem Weg der Preisgabe der personalen Identität. Wenn Schmerz Krieg ist, und diese Analogie taucht immer

---

1 Hans-Peter Dreitzel, Stichwort »Leid«, in: *Vom Menschen, Handbuch Historische Anthropologie*, hg. v. Christoph Wulf, Weinheim und Basel 1997, S. 858.

wieder auf, sobald von ihm die Rede ist, so ist zu fragen, wer in diesem Krieg gegen wen kämpft. Gehört der Schmerz zum Körper-Ich, dann handelt es sich um einen inneren Krieg. Wird er gesehen als Angriff von außen, der sich ins Innere hineinschiebt, so handelt es sich um einen Krieg gegen das Außen, gegen die Welt und gegen die Welt im Ich. In einem Aufsatz über die *Feindschaft* beschreibt Alexander García Düttmann Spaltungserscheinungen und Verdoppelungsfiguren, die auch das Denken über den Schmerz auszeichnen.

»Denn als mein eigener Feind wäre ich diesseits und jenseits meiner selbst. Ineins ein Selbst und ein anderer, wäre ich uneins. Die Auswirkung der Feindschaft, die in ihrer Radikalität der ihr wesentlichen Ununterscheidbarkeit zwischen Diesseits und Jenseits, Innen und Außen, Selbst und Andersheit entspricht, kann man folglich daran erkennen, daß ich mich gegen mich selber kehre und so zum Feind meiner selbst werde, zum Virus, der das Immunsystem gegen die körperliche Immunität mobilisiert (…).«[2]

Das autoaggressive Kampfgeschehen, das Düttmann exemplifiziert, ist jenem der allergischen (idiosynkratischen) Reaktionen merkwürdig ähnlich.

Lars Gustafsson gibt eine Beschreibung des Schmerzzustandes, in dem das Ich zwar bei sich belassen scheint, allerdings um den Preis eines Körperaustauschs:

»Er [der Schmerz, S. B.] gibt mir wieder einen Körper(…). Ich bin intensiv darin anwesend. Nur ist dieser Körper der falsche. Es ist ein Körper, in dem es glüht.«[3]

Paul Valéry, der viel vom Schmerz (und von der Idiosynkrasie) wußte, behauptet, daß der Schmerz eine »Empfindung im Urzustand« sei, die alles *durchdringe*; er sagt allerdings im glei-

---

2 Alexander García Düttmann, *Feinde im Diesseits und im Jenseits. Radikalisierungen*, in: *Freunde und Feinde. Das Absolute*, Wien 1999, S. 26 f.
3 Lars Gustafsson, *Der Tod eines Bienenzüchters*, München 1995, S. 25.

chen Atemzug, daß der Schmerz ganz »inselhaft«[4] erscheine. Diese Exposition eines Doppelcharakters des Schmerzes (denn in der Äußerung Valérys wird ja zugleich eine Bewegung der Ausdehnung, der Entgrenzung, und eine gegensätzliche der Reduktion, der Eingrenzung, markiert) widerstreitet ebenso wie die Figur der Ich-Spaltung und die des Körpertauschs dem vordergründigen Ansinnen, in der vermeintlichen Eindeutigkeit und Eingrenzbarkeit des Schmerzes ein diskursives Antidot gegen die Ambivalenzen der Idiosynkrasie zu finden.

Offensichtlich ist das Unterfangen, den Schmerz in eine einfache Gegensätzlichkeit zur ubiquitären Idiosynkrasie zu bringen, mit Schwierigkeiten konfrontiert. Zumal Valéry an anderer Stelle den Schmerz sogar in die Nähe des Ekels rückt, der seinerseits in einem verwandtschaftlichen Verhältnis zur Idiosynkrasie steht.

> »Ein Teil des Nervensystems ist dem Unbegrenzten ausgeliefert. Schrecken, Schmerz, Angst, *unendlicher* Ekel – Begehren.«[5]

Die Sache scheint kompliziert, vorläufig nicht entscheidbar und alles andere als eindeutig. Um die Konfrontation von Idiosynkrasie und Schmerz doch noch fruchtbar werden zu lassen, bleibt nur der Weg, möglichst viele Unterscheidungen herauszustellen.

Im Unterschied zu allen Sensationen des Begehrens und auch zu der der Idiosynkrasie hat der Schmerz kein Objekt, keine Referenz. »Der Schmerz ist der Schmerz«, schreibt Wolfgang Sofsky in seinem *Traktat über die Gewalt*:

> »Der Schmerz ist der Schmerz. Er ist kein Zeichen und übermittelt auch keine Botschaft. Er verweist auf nichts. Er ist nichts als das größte aller Übel.«[6]

---

4 Paul Valéry, *Cahiers/Hefte*, Bd. 3, Frankfurt a. M. 1989, S. 363. -
5 Ebd., S. 354.
6 Wolfgang Sofsky, *Traktat über die Gewalt*, Frankfurt a. M. 1996, S. 69 f.

Der Schmerz reduziert das Ich auf sich, und zwar nicht auf ein Ich im Schmerz, sondern auf ein »Schmerz-Ich«: ein Ich, das gleichzeitig vereindeutigt und fragmentiert zu sein scheint.

Während die idiosynkratische Reaktion auf dem schon Erlebten beruht, Altes, Verschüttetes mit Neuem wild kombiniert, zuweilen auch kurzschließt, Kontinuitäten zwar unterhöhlt, aber auch ungewöhnliche Kombinationen neu in Szene setzt, schneidet der Schmerz, das sei vorgreifend behauptet, jeden Bezug radikal ab. Die Macht des Schmerzes überschreitet die Grenzen der gewohnten Wahrnehmung – darin ist er der idiosynkratischen Reaktion ähnlich. Die Idiosynkrasie ist ein kurzer, situativ bedingter Impuls, der die eingefahrenen kognitiven und affektiven Verknüpfungen chaotisiert, doch die Möglichkeit solcher Verknüpfungen nicht grundsätzlich destruiert; während der Schmerz, solange er währt, eine absolute Ordnungsmacht ist, die alle Wahrnehmung, alles Empfinden, alles Denken von den äußeren Gegenständen radikal abtrennt. Verwirbelt die Idiosynkrasie unsere Wahrnehmungs- und Verarbeitungsmuster, so bewirkt der Schmerz deren weitgehende, zuweilen sogar totale Blockierung. Damit ist wohl eine der wesentlichen Differenzen benannt. Aber auch solche Benennungen sind riskant. Gerade die Rede vom Schmerz ist von idiosynkratischen Ausweichmanövern geprägt. So zweifelsfrei wir wissen können, daß wir Schmerzen haben, so zweifelhaft sind unsere Versuche einer sprachlichen Qualifizierung dieser Empfindung und einer Verständigung darüber mit anderen. Eine diskursanalytische Abschweifung zu den rhetorischen Besonderheiten der Schmerzthematisierungen scheint geboten.

## Sprechen über den Schmerz

Wie sprechen wir über den Schmerz? Wenn unsere Aufmerksamkeit dieser Frage gilt, werden wir sehr schnell gewahr, daß
sich unsere Rede meist in Ausweichbewegungen vollzieht, daß
wir oft gar nicht über den Schmerz selbst sprechen; wir sprechen
vielmehr über seine Bedingungen, seine Ursachen (Gewaltein-
wirkung, Unfall, Krankheit); wir sprechen über seine vermeintlichen Bedeutungen, seinen angeblichen Sinn, bestenfalls darüber,
wie wir über ihn sprechen. Kann es ein »richtiges« Sprechen
über den Schmerz, eine hinreichende Beschreibung seiner Eignungen geben? Existiert ein angemessenes Vokabular des Schmerzes?
Bohrend, klopfend, stechend, reißend, schneidend, ziehend,
brennend, nagend, glühend – das sind sie im wesentlichen, die
Epitheta, die wir den unendlich vielen Schmerzzuständen zuordnen. (Für die geschmackliche Qualifizierung von Wein haben
wir ungleich mehr Beschreibungsvarianten.) Hat die viel zitierte
sprachliche Verlegenheit, in die wir geraten, wenn wir Schmerz-
zustände ausdruckgebend beschreiben wollen, ihren Grund
wirklich nur in einer Armut unseres Wortschatzes – wie vielfach
vermutet –, oder reicht das Problem weiter? Lars Gustafsson, in
dessen Roman *Der Tod eines Bienenzüchters* klug über den
Schmerz gesprochen wird, spielt auf das Wittgensteinsche Postulat der Unmöglichkeit einer intersubjektiven Verständigung
über die Qualität unterschiedlicher Schmerzempfindungen an:

> »Im Unterschied zu den Bezeichnungen für den Farbensinn
> hat die Sprache keine speziellen Wörter entwickelt, um diese
> verschiedenen Empfindungen zu kennzeichnen. Sie haben
> keine eigenen Namen. Vielleicht liegt das daran, daß zwei
> Menschen dieselbe Farbe sehen können, daß aber zwei Men-
> schen unmöglich denselben Schmerz empfinden können?«[7]

7 Lars Gustafsson, *Der Tod eines Bienenzüchters*, a.a.O., S. 24 f.

Diese Unmöglichkeit bringt den Schmerzbefallenen in eine grenzenlose Einsamkeit. Auch der idiosynkratischen Reaktion ist dieses Moment der Einsamkeit, der Nicht-Kommunizierbarkeit eigen, gleichwohl stellt sich immer unerwartet die Erfahrung idiosynkratischer Komplizität ein. (Vgl. das Kapitel »Ach wie schön«, S. 123 ff.) Es gibt keine Komplizenschaft im Schmerz!

Eine zusätzliche Schwierigkeit in der Rede über den Schmerz liegt wohl darin, daß die Versuche, den Schmerz zur Sprache zu bringen (unabhängig davon, ob dies überhaupt möglich ist oder nicht), übertönt sind von einer Rhetorik der Beschwichtigungen. Schon die Segmentierung des Sprechens über den Schmerz, die etablierte Spartenteilung in der Verbalisierung des Schmerzes, gibt dem Thema eine beschwichtigende Sortierbarkeit und Gefügigkeit. Wir unterteilen in körperlichen Schmerz und seelischen Schmerz. Gibt es einen geistigen Schmerz? Gibt es einen körperlichen Schmerz, der die Seele nicht berührt? Und bleibt der große Schmerz der Seele ganz ohne Einfluß auf unser körperliches Empfinden? (Diese Frage scheint trotz aller gebotenen Skepsis gegenüber den modischen Behauptungen einer schematischen Psychosomatik und den damit häufig verbundenen naiven holistischen Konzepten berechtigt.)

In den letzten Jahrzehnten hatte die Thematisierung des seelischen Schmerzes eine Blütezeit. Sie hatte ihren Ort nicht nur variantenreich in den seriösen Empfehlungen der akademischen Psychologien und noch variantenreicher, aber auch obskurer im heilsversprechenden New-Age-Schrifttum, sie fand sich zudem vermehrt im publizistischen Alltagsgeschäft. Kaum ein Fernsehtag, kaum ein illustriertes Blatt ohne optimistische Ratgeberschaften in Richtung auf die versöhnliche Therapierbarkeit jedweden Schmerzes. Schmerz gerinnt im Heilsprogramm des »positive thinking« schließlich nur mehr zur Frage nach der Einstellung, die wir zu ihm haben. (Die Relativierung, daß es *den* Schmerz gar nicht gebe – auch *den* körperlichen Schmerz nicht –, allenfalls kulturell, historisch, vor allem aber psychisch modifizierte Schmerzempfindungen, kann allerdings durch die verabsolutierende Erfahrung einer ordentlichen Nierenkolik leicht ins Wanken kommen.)

Die Thematisierung des seelischen Schmerzes ist uferlos. Die gesamte Literatur ist seit alters von ihr durchdrungen, während sich die Thematisierung des leiblichen Schmerzes in, wie Wolfgang Sofsky schreibt, überschaubaren Grenzen hält.

> »Ohne Zweifel ist in der Literatur vielfach vom Leiden die Rede. Doch liegt der Akzent meist auf dem seelischen Leid, nicht auf der physischen Pein. Der Körper im Schmerz sperrt sich der sprachlichen Repräsentation (...). Der Schmerz läßt sich nicht mitteilen und darstellen, sondern nur zeigen. Das Medium des Zeigens aber ist nicht die Sprache, sondern das Bild.«[8]

Es ist die Linearität, die Vektorialität, also die besondere, gerichtete Zeitlichkeit des Sprachlichen, die Sofsky und andere zu der Vermutung veranlaßt haben mögen, daß benachbarte Künste, die die Möglichkeit einer Demonstration der Gleichzeitigkeit des Ungleichzeitigen haben (etwa die bildende Kunst), dichter an das Phänomen herankämen. Diese Vermutung wird dadurch bestärkt, daß sich bei allen Autoren, die im folgenden zur Zeugenschaft aufgerufen sind, interartistische Bezüge finden: rekurriert wird nicht nur auf den Schmerz im Bild (Sofsky, Duden), sondern auch auf den in Klang gebrachten Schmerz (Duden, Valéry, Deleuze, Gustafsson). Aber das Dilemma ist dadurch nicht aus der Welt; auch die publizistische und literarische Vergegenwärtigung der ins Bild gesetzten oder zum Klang gebrachten Schmerzen, jedwede nachempfindende und gedankliche Rezeption künstlerischer Annäherungsversuche ragt notwendig wieder in den sprachlichen Raum.

Es fehlt indes nicht an Versuchen, dem Schmerz, der, wie noch gezeigt werden soll, seine besondere Zeitlichkeit hat und der

8 Wolfgang Sofsky, *Traktat über die Gewalt*, a.a.O., S. 69 f.

in seinen Aufgipfelungen einen Zustand des Sprachverlustes
herbeiführt, der also gegen die Sprache gerichtet ist, eine Sprache abzuringen. Nur wenige dieser Versuche glücken, die literarischen Fehlschläge sind ohne Zahl. Die Tendenz, das Gemeinte, den Schmerz, sprachlich zu verfehlen, zeichnet die
Thematisierung des Schmerzes auch in anderen diskursiven
Zusammenhängen aus. Wobei hier die Verfehlung vornehmlich
in den Figurationen einer sprachlichen *Verharmlosung*, eines
*Ausweichens*, einer *Beschwichtigung* gesehen werden soll.

Vergleichsweise unproblematisch erscheint die Diskursivierung
des Schmerzes im Zuständigkeitsbereich der Medizin, weil es
hier allermeist gar nicht so sehr um die Qualifizierung des
Schmerzes selbst geht, seine mögliche Bedeutung, sondern vielmehr um die Bedingungen seiner Entstehung und Beseitigung.
Das ärztliche Denken und Sprechen über den Schmerz hat vornehmlich semiotischen Charakter. Es beschäftigt sich – etwas
grob gesehen – mit den Relationen zwischen warnenden Anzeichen und zu ermittelnden Defekten; mit der Kausalbezie-
hung von Symptomen und Ursachen und schließlich, daraus
folgend, mit dem Verhältnis von Maßnahmen und Wirkungen.
Ein Umgang mit dem Schmerz, der – und hierfür kann den
guten Medizinern nicht genug gedankt werden – dem Ziel seiner Tilgung gilt. Ein Unternehmen, das oft gelingt und manch-
mal nicht.

Auch im Bezugsrahmen der politischen Diskurse über Gewalt
bzw. Macht geht es, wenn vom Schmerz die Rede ist (zumeist
unter dem Stichwort Folter), zunächst um Kausalbeziehungen:
um die Beziehungen zwischen Tätern und Opfern, den das Leid
Verursachenden und den Leidenden, zwischen den Schuldigen
und den Schuldlosen.

Ein wichtiges, ein beunruhigendes Thema, das auch in der Literatur gelegentlich einen starken, das heißt die Beunruhigung
nicht mildernden Ausdruck gefunden hat (stellvertretend seien
hier nur die Namen von Primo Levi, Aleksandor Tišma, Jean

Améry genannt). Aber das betrifft ein seltenes Gelingen. Häufiger sind die Verfehlungen. Wenn die Greuel, die Qualen, die
Leiden, die Menschen Menschen auf den Schlachtfeldern der
Kriege, den Schauplätzen der Verhörzellen, der Lager und der
Vergewaltigungen antaten und antun, zur Sprache kommen,
bleibt der Schmerz immer auf einen Verursacher, einen Menschen bezogen, wie satanisch oder wie ferngelenkt sich der jeweilige Folterer auch immer ausnehmen mag. Diese Möglichkeit, den Schmerz ursächlich auf ein menschliches Tun zu
beziehen, gibt dem Zorn eine Richtung, ja, ermöglicht erst einen gerechten Zorn, der sich dann gegen einen Verursacher
wenden kann. (Zudem nährt die Benennung eines Verursachers
des Schmerzes auch die Hoffnung auf dessen Bekämpfbarkeit
und Überwindbarkeit, und damit auf die Verhinderung zukünf-
tiger Schmerzen.)

Was aber ist mit dem höllischen Schmerz, der keinen identifizierbaren Verursacher hat?

Lars Gustafsson gibt in *Der Tod eines Bienenzüchters* am Ende
der Beschreibung eines Schmerzzustandes (der Autor operiert
dabei mit bildhaften Analogien: Metaphorik der Farben, der
physikalischen Prozesse, der Tonsensationen) einen indirekten
Hinweis auf das Problem eines Zorns, der wohl nicht gerecht
genannt werden kann, der nicht einmal gerechtfertigt scheint,
eines Zorns ohne Objekt:

> »In diesem Augenblick spüre ich beispielsweise einen pul-
> sierenden Schmerz, der mich in wenigen Minuten daran
> hindern wird, diese Sätze zu Ende zu schreiben. Er beginnt
> ziemlich weit unten am rechten Schenkel, wo er sich unge-
> fähr wie flüssiges Metall anfühlt, oder wie irgendwas, das
> sich in der Muskulatur verfangen hat, ein goldener Draht
> könnte man vielleicht sagen. Dann stahlt er zur rechten
> Leiste aus, schickt ein ganzes Bündel von weißleuchtenden
> Golddrähten zum Nabel und zur Hüfte, an der Rückseite
> des Beins entlang, und ein Fächer dieses leuchtenden Gol-

des breitet sich bis zum Zwerchfell hin aus. Wenn ich
mich hinlege tut es nochmal so weh; wenn ich sitzen-
bleibe, wandert es zum Rücken hinauf, es behält nicht
immer die gleiche Tonlage bei, die Frequenzen, die
Schwingungszahlen dieses weißleuchtenden Goldes wech-
seln ständig, sie bilden Akkorde, ganz saubere Akkorde,
bis sie sich plötzlich irgendwie verheddern und *schneidend* werden. Aber das mache ich doch verdammt nochmal niemandem *zum Vorwurf! Niemandem!*«[9]
Diese beteuerte Einsicht in die Unzulässigkeit eines willkürlich
auf andere gerichteten Zorns, die Gustafsson seinem leidenden
Protagonisten in den Mund legt, ist etwas zu autosuggestiv,
um ganz glaubwürdig zu erscheinen. Glaubwürdiger ist eine
Reaktion, die Simone Weil benennt:

»Nicht vergessen, daß ich in manchen Augenblicken meiner
Kopfschmerzen (während sie stärker werden, aber noch vor
dem Höhepunkt) den intensiven Wunsch verspüre, einen
anderen Menschen genau auf dieselbe Stelle seiner Stirn zu
schlagen, um ihn dadurch ebenso leiden zu lassen.«[10]

Simone Weil, die »Zeugnis für das Gute« ablegen wollte, be-
schreibt die Ohnmacht und Absurdität, ja, Sündhaftigkeit eines
Zorns, der sich in der Not ein Objekt beliebig sucht.
Sind die Schmerzen eines Krebskranken, die Gustafsson zu ver-
gegenwärtigen sucht, oder die Kopfschmerzen der frommen
Sozialrevolutionärin Simone Weil politisch gesehen ein Leiden
zweiten Ranges? Darf man das so sagen? Wer darf das sagen?
Menschen sind infolge von Krankheiten und Unfällen, in den
Hospitälern, auf den Stationen der Altenpflege und den Stätten
des häuslichen Siechtums täglich einer entsetzlichen Qual aus-
gesetzt, ohne daß immer ein Schuldiger ausmachbar wäre.
(»Intensivstation ist auch Stahlgewitter«, sagte der poetisch für

9  Lars Gustafsson, *Der Tod eines Bienenzüchters*, a.a.O., S. 65.
10  Simone Weil, *Cahiers*, Bd. 2., München 1993, S. 20.

Kriegsleiden zuständige Heiner Müller, als er an Krebs erkrankt war, in einem Fernseh-Interview mit Alexander Kluge.) Diente der Hinweis auf dieses Leiden ohne personalisierbaren Verursacher dem Versuch einer Relativierung oder gar Marginalisierung jener Qualen, denen Menschen auf den Schauplätzen des Krieges und der politischen Folter ausgesetzt werden, so wäre er zutiefst verwerflich. Aber ist es nicht eher umgekehrt? Verschafft nicht die Tatsache, daß es einen weltlichen, benennbaren Täter, einen Verursacher des Schmerzes, einen Namen für das Böse, und damit die Möglichkeit einer Schuldzuweisung und in der Konsequenz dessen einen als gerecht anerkannten Zorn gibt, eine Art unangemessener Beschwichtigung? Einer Beschwichtigung, die den Raum öffnet für die Hoffnung, daß man diesen Verursacher überwinden, bestrafen, beseitigen könnte – wiederum durch Menschenhand? Natürlich ist diese, die Dignität der Schmerzen meinende Konkurrenz völlig idiotisch. Gleichwohl findet sie in verdeckter Form permanent statt. Sei's in den Formen der Ausweichbewegungen, der Hilflosigkeiten, der Beschwichtigungen, der Ignoranzen, der Unterschiedlichkeit des Sprechens und des Schweigens. Sofsky expliziert mit dem Hinweis, daß das Leiden ein rein passives Geschehen ist, eine weitere Ursache für die Häufigkeit einer Verfehlung des Gemeinten:

> »Verstellt ist der Blick auf das Opfer auch durch eingefahrene Diskurse der Gewalt. Wo Gewalt nur als Aktion, als Interaktion gar verstanden wird, ist die Verdrängung des Leidens unvermeidlich.«[11]

Es geht nicht darum, global alle politischen Thematisierungen als idiosynkratische Ausweichbewegungen zu denunzieren, sondern nur um den Hinweis auf die Möglichkeit, daß sie – zuweilen gegen die Intention – als solche funktionieren können, daß sie den Schmerz, den sie ja sprachlich evozieren wollen, auf den eingefahrenen diskursiven Bahnen nicht erreichen.

11 Wolfgang Sofsky, *Traktat über die Gewalt*, a.a.O., S. 67.

Das gilt auch für einen anderen Schmerzdiskurs. Eine erhöhte öffentliche Aufmerksamkeit galt in den letzten Jahren dem Verhältnis von Schmerz und Lust. Das ist ein altes Thema. Es hat eine frühe Prominenz in der epikuräischen Lustethik gefunden: Für Epikur war es

> »das größte Übel, im Schmerze zu leben; und dem entspricht das andere, daß es das höchste Gut ist, in der Lust zu leben. Denn unser Geist hat nichts anderes, was er als äußerste Grenze festhalten könnte, und alle Angst und Kummer beziehen sich auf den Schmerz, und außer ihm gibt es nichts, was seiner Natur nach uns beunruhigen oder schmerzen könnte.«[12]

Die diskursive Trias von Schmerz, Lust und Macht gehört zu dem schmalen Restbestand an vermeintlichen Tabuthemen. Ein zwischen Verwunderung und Belustigung schwankendes Studiopublikum wird daher schon in den Nachmittagsprogrammen des Fernsehens mit einschlägig kostümierten Personen beiderlei Geschlechts überrascht, die sich als Sadomasochisten, aber als ansonsten nette Leute outen. Sie bekunden ihre Lust, andere zu schlagen bzw. geschlagen zu werden, und beteuern, daß das blutige Spiel von Macht und Lust, von Dominanz und Unterwerfung niemals wirklich Ernst werde, daß es streng nach Regel und Verabredung ablaufe. Die Selbstdarstellungen der öffentlich bekennenden Sadomasochisten zeichnet eine merkwürdige Zwiespältigkeit aus: Die Beschwörung des Verworfenen, Abgründigen geht einher mit der Beteuerung einer grundsätzlichen Regelhaftigkeit und Harmlosigkeit, die an unsere Toleranzbereitschaft appelliert.

Die plötzliche Verbreitung dieses Phänomens gibt Anlaß zu allerlei Spekulation. Kamen diese Neigungen in prüderen Zeiten, obzwar vorhanden, nur nicht ans Tageslicht? Geht es wirklich

---

12 Epikur, *Ethik-Fragmente*, in: *Epikur. Bibliothek der alten Welt*, hg. v. C. Andresen, M. Fuhrmann u. a., Zürich und München 1973, S. 144.

um die viel beschworene Grenzerfahrung, oder leben wir in einer Zeit, in der die von soviel sexueller Freiheit Ermüdeten zwar etwas stärkerer Reize bedürfen, aber doch nur im abgesteckten Rahmen einer exotischen Feierabendgestaltung und auf dem soliden Polster von Lebensversicherungspolicen und Rentenfonds?

Für die Bezeichnung dieser Wechselspiele von Lust und Schmerz müssen die Namen zweier Literaten herhalten: der Name Leopolds von Sacher-Masoch, der in seinem 1869 erschienenen Roman *Die Venus im Pelz* die wohlige Unterwerfung eines Mannes unter die grausame Fuchtel einer dominanten Frau ausmalte, und der Name des Marquis de Sade aus dem 18. Jahrhundert, der nicht müde wurde, in der Beschreibung aufwendiger Choreographien und naturwissenschaftlich anmutender Versuchsanordnungen die Lust zu veranschaulichen, die für seine Protagonisten mit dem Schmerz der von ihnen systematisch gefolterten Knaben und Mädchen verbunden war. Bei dieser Folterinszenierung ging es allerdings um etwas mehr, als die Talkshows unserer Tage ahnen lassen. Immerhin waren die Schriften de Sades eine böse Parodie der großen philosophischen Programme seiner vernunftoptimistischen Zeitgenossen. Sie waren Bündelung und Parodien des theologischen, des politischen und erotischen Schmerzdiskurses. De Sades Demonstrationen einer rationalen Bösartigkeit waren ein radikaler Angriff auf die aufklärerische Grundannahme einer harmonischen Koinzidenz von Moral, Natur und Vernunft. Sein Hohn galt der Hoffnung auf eine Ordnung, in der selbst noch das Leiden einen Sinn machen sollte. Der Theodizee, dem Gottesbeweis im Rekurs auf die behauptete vernünftige und zweckmäßige Einrichtung der Welt, stellte der berüchtigte Marquis einen Kosmos des geordneten Grauens gegenüber; dem frühaufklärerischen Postulat einer natürlichen Tugend begegnete er mit den literarischen Planspielen eines naturgewollten Lasters. De Sade war ein machtbewußter Enzyklopädist der

Lüste und der Schmerzen, eines planvollen Leidens ohne Trost und ohne Sinn.

Das alles hat mit den Sado-Maso-Sexspielen frustrierter Yuppies unserer Tage wenig gemein. Der Skandal, der geistesgeschichtlich den Namen »Marquis de Sade« trägt, ist ein Skandal, der das Vorhandensein von Schmerz grundsätzlich betrifft. Während die Lust fraglos angenommen wird und uns gegebenenfalls in unserer harmonischen Vorstellung von der Beschaffenheit der Welt sogar bestärkt, macht der Schmerz zweifeln, und hätte er auch die geringfügigste Bedingung: Und dieser Zweifel entsteht auch, ja vor allem dann, wenn kein menschliches Ungenügen auszumachen ist:

> »Wer hat dich gequält?« fragt Valéry. »Wo ist denn die Ursache der Schmerzen und Schreie? Wer hat dich so tief gebissen, wer saß so schwer auf dir, ununterscheidbar von deinem Fleisch, so wie das Feuer einst mit der Kohlenglut, wer zerrte und bog dich und verbog dabei in dir alle Ordnung der Welt, alle Gedanken, den Himmel, die Akte und die geringsten Ablenkungen? Ist's ein Ungeheuer, ein erbarmungsloser Herrscher, ein allmächtiger Kenner der Ressourcen des Schreckens und deiner Nervenlandschaft? Ein kleiner Gegenstand war's, ein Steinchen, ein fauler Zahn.«[13]

## Risse

Anhaltender starker Schmerz, ungeachtet dessen, wodurch er verursacht wurde, ist geeignet, wie Valéry veranschaulicht, jedes Grundvertrauen in die Welt zu zerstören. Das hat schon de Sade gewußt, und darin pflichtete ihm Georg Büchner später bei. In seinem Drama *Dantons Tod* gibt es eine Szene, die zeigt, wie Danton und seine revolutionären Kameraden in der Unter-

13 Paul Valéry, *Cahiers/Hefte*, Bd. 3, a.a.O., S. 355.

suchungshaft auf ihre Hinrichtung warten. Die Revolution
hatte damit begonnen, »ihre Kinder zu fressen«, und es besteht
so gut wie keine Hoffnung für die Gefangenen. Sie sprechen
über den Schmerz und den Tod. Der englische Revolutionär
Thomas Payne zieht aus der Allgegenwärtigkeit des Leidens die
Konsequenz des Atheismus. Die Welt, die Schöpfung, ist alles
andere als vollkommen, sie zeigt Risse, Risse, die nicht einmal
ein guter Verlauf der Revolution hätte kitten können:

> »Schafft das Unvollkommene weg, dann allein könnt ihr
> Gott demonstrieren; Spinoza hat es versucht. Man kann
> das Böse leugnen, aber nicht den Schmerz; (...) Warum
> leide ich? Das ist der Fels des Atheismus. Das leiseste Zuk-
> ken des Schmerzes, und rege es sich nur in einem Atom,
> macht einen Riß in der Schöpfung von oben bis un-
> ten.«[14]

Ohne daß der politischen Skandal, den das Drama aktualisiert,
auch nur an einer Stelle beschwichtigt würde, ist der Zuschauer
zugleich mit einer radikalen Schöpfungsanklage konfrontiert.

Die moderne Mystikerin Simone Weil kommt aus einer ganz
anderen Perspektive und mit ganz konträren Folgerungen zu
einer vergleichbaren Bestimmung des Schmerzes wie Büchner.
Aus ihrer Sicht zeitigt der extreme und andauernde körperliche
Schmerz das, was sie das Unglück nennt. Gerade im Zustand
dieses Unglücks sieht sie jedoch die Herausforderung einer
Liebe zu einem abwesenden Gott.

> »Die Hauptwirkung des Unglücks besteht darin, die Seele
> zu dem Schrei ›warum?‹ zu zwingen, wie Christus ihn sel-
> ber tat, und diesen Schrei ohne Unterbrechung zu wieder-
> holen, es sei denn, die Erschöpfung unterbräche ihn. Es
> gibt keinerlei Antwort. Fände man eine tröstliche Ant-

14 Georg Büchner, *Dantons Tod*, in: G. B., *Sämtliche Werke und Briefe*,
Bd. 1, Hamburg 1967, S. 48.

wort, hätte man sie zuvor für sich selbst erdichtet. (...)
Meinte das Wort ›Warum‹ die Suche nach einer Ursache,
erschiene die Antwort leicht. Aber es meint die Suche
nach einem Zweck. Dies ganze Universum ist leer von
Zweckmäßigkeit. Die Seele, die aus ihrem Zerrissensein
von Unglück ohne Unterlaß nach diesem Zweck schreit,
rührt an diese Leere.«[15]

Die Stärke des Glaubens beweist sich für Simone Weil in dem
Aushalten dieser Leere, der unendlichen Ferne Gottes. »Das Unglück«, so schreibt sie an anderer Stelle, zwinge uns, »zu erkennen, *was man nicht für möglich hält*« (Hervorhebung S. B.), der
zeitlich und räumlich ungerichtete Schmerz weise »den Weg zur
Hölle oder ins Paradies. Fortdauer oder Ewigkeit«.[16] Lars Gustafsson wählt denkwürdigerweise die gleichen Worte wie Simone Weil, wenn er seinen schmerzgeplagten Bienenzüchter an
die Grenze dessen, *was man für möglich hält*, versetzt.

»Was ich heute in der späten Nacht und in den Morgen-
stunden erlebt habe, *hätte ich einfach nicht für möglich
gehalten*. Es war absolut fremd, weißglühend und völlig
überwältigend (...). Eine furchtbare, unerhörte, weißglü-
hende, unpersönliche Kraft läßt sich in meinem Nervensystem nieder, okkupiert es bis aufs letzte Molekül und versucht, jeden Nerv in eine Wolke von blendend weißen
Gasen zu zersprengen, wie in – in der Sonnenkorona (...).
Aber dies kommt von außen! Mein Gott, woher kommt
es? Und was für ungeheure, geheimnisvolle Kräfte kann
nicht ein armes, geplagtes Nervensystem produzieren.
Kräfte, die ausschließlich gegen mich gerichtet sind. Ausgerechnet gegen mich! (...) Was ich erlebe, ist ja die totale
Auflösung, die totale Verwirrung. Ich hatte ja bisher nie so

15 Simone Weil, *Aufmerksamkeit für das Alltägliche*, München 1987,
S. 82f.
16 Dies., *Cahiers,* Bd. 2, a.a.O., S. 121.

recht begriffen, daß die Möglichkeit, uns selbst als etwas fest Umrissenes, Geordnetes, als menschliches Ich zu empfinden, davon abhängt, daß eine Zukunft möglich ist.«[17] Diese Eignung des Schmerzes, die Aufhebung jeder Differenz, die Zerstörung der raumzeitlichen Koordinaten für den im Schmerz Befindlichen herbeizuführen hat Lars Gustaffson und auch Simone Weil interessiert und lange vor ihnen schon Meister Eckhart veranlaßt, den Begriff des Guten bzw. Vollkommenen mit dem Leiden zu assoziieren: Die angestrebte Gleichheit mit dem Guten kann sich für ihn in der kreatürlichen, raumzeitlichen Seinsweise nicht vollziehen. In der zeitlosen Abgeschiedenheit des Erleidens aber, im alles Begehren, alle Kalküle, alle Absichten – und sei es selbst die absichtsvolle Liebe zu Gott – tilgenden Schmerz, der weder intendiert, verschuldet noch verdient ist, kommt es zu einer Annäherung, ja, mehr noch, einer Gleichheit mit dem Göttlichen. In diesem Moment ist das Leiden kein Leiden mehr, weil das Leben eigentlich kein Leben mehr ist, Schmerz ist Grenze, ist Scheitelpunkt von Leben und Nicht-Leben, von Menschlichkeit und Göttlichkeit. Die »lautere Einheit«, zu der wir im Schmerz gelangen können, erringen wir um den Preis des Menschlichen, unserer raumzeitlichen Existenz.

»Noch bleibt der siebente Trostgrund in dem Worte, daß Gott mit uns ist im Leiden und mit uns mitleidet: da uns Gottes Eigenart kräftig zu trösten vermag in Ansehung dessen, daß er das lautere Eine ist ohne jede hinzutretende Vielheit eines Unterschieds, und sei's nur eines gedanklichen – daß alles, was in ihm ist, Gott selbst ist. Und da dies wahr ist, so sage ich: Alles, was der gute Mensch um Gottes willen leidet, das leidet er in Gott, und Gott ist mit ihm leidend in seinem Leiden. Ist mein Leiden in Gott und leidet Gott mit, wie kann mir dann das Leiden ein Leid

---

17 Lars Gustafsson, *Der Tod eines Bienenzüchters*, a.a.O., S. 72f.

sein, wenn das Leiden das Leid verliert und mein Leid in Gott und mein Leid Gott ist? Wahrhaftig, so wie Gott die Wahrheit ist und, wo immer ich Wahrheit finde, ich meinen Gott, die Wahrheit, finde, ebenso auch, nicht weniger und nicht mehr, finde ich, wenn ich lauteres Leiden um Gottes willen und in Gott finde, mein Leiden als Gott.«[18]

Es ist wohl eher diese theologische Radikalität im Denken über den Schmerz, die Anerkennung des absoluten Charakters des Schmerzes, als jene harmlosen Schmerzkonstrukte, die die Sonntagspredigten uns andienen, auf die Gustafssons Bienenzüchter agnostisch antwortet. Sein maßloser, alle Schöpfung verneinender Zorn, in den ihn der Schmerz schließlich treibt, ist der theologischen Radikalität im Denken Simone Weils und Meister Eckharts angemessen. Sie alle berühren das Nicht-für-möglich-Gehaltene – eine Berührung, die den Frommen als göttlicher Funke erscheint, die der leidende Agnostiker in Gustafssons Roman indes als reine Negation, als schiere Verunmöglichung seiner selbst erfährt.

Nur bei großen Frommen wie Meister Eckhart und Simone Weil lohnt die Ketzerei. Nur ihnen gegenüber hat das »große Nein« des Bienenzüchters Würde:

> »Es ist abscheulich, einem idiotischen, blinden Schmerz, Brechanfällen und diesem ganzen geheimnisvollen inneren Zerfall ausgeliefert zu sein, der blödsinnig und unverschämt ist und bleibt, was er auch immer für eine Erklärung haben mag. Die gewöhnliche Ketzerei besteht darin, die Existenz eines Gottes zu leugnen, der uns erschaffen hat. Eine viel interessantere Ketzerei ist es, wenn man sich vorstellt, möglicherweise habe uns ein Gott erschaffen, und dann sagt, es gäbe nicht den geringsten Grund für uns, davon beeindruckt zu sein. Und schon gar nicht dankbar da-

18 Meister Eckhart, *Traktat I. Das Buch der göttlichen Tröstungen*, in: M. E., *Werke*, Bd. II, Frankfurt a. M. 1992, S. 301.

für. Wenn es einen Gott gibt, ist es unsere Aufgabe, nein zu
sagen. Wenn es einen Gott gibt, ist es die Aufgabe des Menschen, seine Negation zu sein. Meine Aufgabe in diesen Tagen, Wochen oder schlimmstenfalls Monaten, die es noch
dauern kann, besteht darin, ein großes, deutliches NEIN zu
sein.«[19]

Die Gemeinsamkeit der Beispiele, die hier, etwas fahrlässig aus
höchst unterschiedlichen Kontexten gelöst, aufgeführt werden,
besteht in der Absenz jeder Beschwichtigung, jedes therapeuti-
schen Betrugs, die diese sprachlichen Annäherungen an den
Schmerz auszeichnet.

Die Leiden des Hiob, der Fluch des Jeremia, die Klagen des
Philoktets, die Martyrien des heiligen Sebastian, der schreiende
Christus am Kreuz von Golgatha, um nur einige der großen
Leidenden zu nennen, erzählen eine Geschichte des Schmerzes,
die sich bis in unsere Tage verlängern ließe. Der Schmerzens-
schrei ist wohl das gleichbleibende an- und abschwellende Hin-
tergrundgeräusch dessen, was wir Geschichte nennen. Was bekanntlich variierte, war die Einstellung zum Schmerz, waren
die Bedeutungen, die der Mensch ihm zu geben bemüht war,
und das »Schmerzverhalten«, wie man das heute nennt. Auch
darüber sprechen die Todgeweihten in Büchners Drama:

»Ja, Camille, wir wollen uns beieinandersetzen und
schreien; nichts ist dümmer, als die Lippen zusammen-
zupressen, wenn einem was weh tut. – Griechen und Götter schrien. Römer und Stoiker machten die heroische
Fratze.«[20]

Vielleicht gab es einmal eine Zeit, in der man im Schmerz einen
unbegreiflichen Überfall sah. Vielleicht hat man ihn schreiend,
dumpf, arm und tierhaft genommen, wie es dem Schmerzzu-
stand entspricht. Bald aber, als die Menschen eine Sprache, ei-

---

19 Lars Gustafsson, *Der Tod eines Bienenzüchters*, a.a.O., S. 136.
20 Georg Büchner, *Dantons Tod*, a.a.O., S. 71.

nen zureichenden Grund und einen Trost für sein Vorhandensein suchten, brachten sie den Schmerz in Verbindung mit einer außer ihnen liegenden Macht und fanden sie in ihren Göttern. Von Homer wissen wir allerdings, daß die griechischen Götter selbst gelegentlich unter Schmerzen litten und damit an eine Grenze ihrer eigenen Möglichkeiten kamen.

Die vorchristliche Frage Epikurs, warum es einem göttliche Wesen, das als gütig und allmächtig zugleich gedacht werde, nicht möglich sein sollte, das Leiden aus der Welt zu schaffen, blieb vom Christentum im logischen Bezugsrahmen, in den die Frage bei Epikur noch eingelassen ist, unbeantwortet.

Spätestens mit der Vorstellung von dem *einen* einzigen allmächtigen Gott erzwang das Vorhandensein des Schmerzes jenes »Warum«, von dem Simone Weil spricht. Der Schrei des Schmerzes, durch was auch immer er ausgelöst wird, gibt seit alters Anlaß zu dieser Frage nach dem Sinn allen Leidens, die in christlicher Zeit mit dem Namen des Augustinus verbunden wird. Das Christentum hielt in der Folgezeit im wesentlichen zwei etwas konträr zueinander liegende Antworten bereit. Schmerz galt als eine privilegierte Prüfung der individuellen Glaubensfestigkeit wie als Strafe für eine kollektive Schuld – für die Erbsünde des ganzen menschlichen Geschlechts. Diese Aufspaltung korrespondiert der Doppelgestalt eines zürnenden, strafenden und zugleich gütigen, gerechten Gottes. Es ist möglicherweise kein Zufall, daß die für uns attraktiveren Reaktionen auf diese Frage von Außenseitern des Christentums, von dem der Häresie beschuldigten Philosophen Meister Eckhart und der des Manichäismus verdächtigten katholischen Nichtkatholikin Simone Weil kamen.

Jedenfalls sind alle jene Sinngebungen der christlichen Orthodoxie, die das Leiden unter die Perspektive von Schuld zwangen, nach Meinung Friedrich Nietzsches lediglich dazu angetan, dem vorhandenen noch ein weiteres lebensfeindliches Leiden hinzuzufügen.

Heute ist, wie gesagt, die Perspektive der Erbsünde allgemein durch die der Seelenkunde ersetzt. Die Schuldperspektive blieb in säkularisierter Form erhalten. Es ist allerdings zu fragen, ob es für den einzelnen Leidenden nicht noch besser war, sich einzureden, daß Gott ihn besonders prüfe, als sich von selbstermächtigten Hobbypsychologen mit Einsichten aus dem Fundus der Psychoanalyse über unbewältigte seelische Konflikte traktieren lassen zu müssen.

Auch in der eingangs erwähnten medizinischen Symptom-Ursache-Kausalität (der körperliche Schmerz als Warnsignal bei einer Verletzung oder einer Erkrankung des Organismus) kann allenfalls eine Funktion, nicht aber eine Bedeutung des Schmerzes gesehen werden, zumal, wie Paul Valéry im steten Bemühen, die Scheinplausibilitäten solcher Kausalsetzungen aufzubrechen, immer wieder betont, diese Warnung auch durch eine andere Empfindung ersetzt werden könnte und der Grad der Schmerzempfindung häufig völlig disproportional zum Grad der körperlichen Gefährdung steht:

> »Ein Zahnschmerz kann schlimmer quälen als manche tödliche Krankheit. Die Stärke des verspürten Übels verhält sich nicht proportional zur Gesamtbedeutung der Läsion.«[21]

Paul Valéry mochte an den ganzen Bedeutungszauber nicht glauben:

> »Schmerz hat keinerlei Bedeutung. Wenn er Bedeutung hat, dann in Grobeinstellung, und er ließe sich durch eine Empfindung ohne Schmerz ersetzen. Doch der Mensch konnte es nicht lassen, ihm einen Sinn und einen Wert zu verleihen. Und er hat darüber nachgesonnen, was notwendig wäre, damit der Schmerz etwas wert sei. Er hat zum Beispiel die Entlohnung erfunden, das Verdienst und die Nützlichkeit für die Spezies. (...) So aber ist ein bedeu-

21 Paul Valéry, *Cahiers/Hefte*, Bd. 3, a.a.O., S. 350.

tungsloses, bedeutungsfreies Phänomen das wichtigste von allen für die Menschen. Das sollte einen bescheiden machen, was die Deutung der ›Welt‹ angeht. Was immer der Mensch unternommen hat, es sind Vorkehrungen gegen den Schmerz.«[22]

Das aber meint, daß Kultur den Doppelcharakter von Schmerzvorkehrung und Schmerzvergessenheit aufweist. Und es meint: Der Schmerz geht immer voraus; er ist latent immer schon anwesend. Die Bedrohung durch ihn, seine Möglichkeit, eine Möglichkeit, die möglicherweise all unsere menschlichen Möglichkeiten negiert, ist immer gegeben. Und diese Möglichkeit betrifft nicht nur sein unvorhersehbares, jederzeit mögliches Auftreten, sondern auch sein Vermögen, alle Vermögen der von ihm Ergriffenen auszulöschen.

Das mag Gustafssons Protagonisten zu der Erwägung gebracht haben, daß auch die kleinen alltäglichen menschlichen Übereinkünfte, die ausgesprochenen und mehr noch die unausgesprochenen, einem heimlichen Pakt gegen einen »ursprünglichen« Schmerz gleichkommen, daß sie auf einen vergessenen oder versteckten Schmerz zurückweisen.

>»Man muß sich natürlich fragen, was hinter einer solchen Übereinkunft steckt. Ich glaube, es ist der Schmerz, eine Art von ursprünglichem Schmerz, den man von Kindheit an mit sich herumträgt und den man um keinen Preis sehen lassen darf.«[23]

Könnte es sein, daß auch die großen Konstruktionen der Erlösung, der Harmonie, des Heils, der Vollkommenheit, der Unversehrtheit, des Gesunden nur der illusorischen Vorkehrung gegen den Schmerz dienen, daß sie bloße Effekte seiner vorübergehenden Abwesenheit und Vergessenheit sind?

22 Ders., *Cahiers/Hefte*, Bd. 6, Frankfurt a. M. 1993, S. 591 f.
23 Lars Gustafsson, *Der Tod eines Bienenzüchters*, a.a.O., S. 43.

Jedenfalls: Der Schmerz ist absolut, er ist totalitär, er ist eine Überschreitung; er überschreitet, wenn wir unseren Zeugen glauben, unsere Zeit- und Raumerfahrungen. Auch davon sprechen die Gefangenen in Büchners Drama:

> »Und dann – ich fürchte den Tod nicht, aber den Schmerz. Es könnte wehe tun. Wer steht mir dafür? Man sagt zwar, es sei nur ein Augenblick; aber der Schmerz hat ein feineres Zeitmaß, er zerlegt eine Tertie.«[24]

… und davon spricht Simone Weil, wenn sie behauptet, daß »der körperliche Schmerz« der »Zeit ihre Ausrichtung«[25] nehme.

Valéry charakterisiert den Schmerz als unverbunden mit dem Kontinent unserer Erfahrungen und sprachlichen Bewältigungen; der Schmerz setzt die gewohnten Vorstellungen von der Kontinuität der Zeit, der Einheit unseres Ich und der »Natürlichkeit« unserer leib-seelischen Verfassung außer Kraft.

Der Kriegszustand, in dem wir uns im Schmerz befinden, ist, wie Valéry zeigt, mit der eingangs bemühten Metapher einer Spaltung des Ich nur unzulänglich beschrieben.

> »Der Schmerz ist die Außenseite der Sensibilität – es ist da etwas, das ist von mir und doch nicht von mir – anders als ich in mir. Unabweisbar wie ich. Und eine Art anderes Ich, welches das Ich bekriegen will – ein Empfundenes, das alles andere zu vernichten trachtet, die *durchschnittliche* Existenz des anderen und auch seine Möglichkeit.«[26]

Man kann den Schmerz sehen als eine radikale Unterbrechung des Lebenskontinuums – ein Gedanke, der immer noch weniger schmerzend ist als der, daß die Schmerzlosigkeit nur den Schmerz unterbricht. Wir werden den begonnenen Satz, die begonnene Tat, den begonnenen Gedanken, wenn uns der

24 Georg Büchner, *Dantons Tod*, a.a.O., S. 56.
25 Simone Weil, *Cahiers*, Bd. 3, a.a.O., S. 117.
26 Paul Valéry, *Cahiers/Hefte*, Bd. 3, a.a.O., S. 355.

Schmerz plötzlich trifft, nicht zu Ende führen. Und die Erfahrung des Schmerzes selbst wird sich nicht mehr einpassen lassen in das gewohnte Zeitmaß.

Diesen raumzeitlichen Orientierungsverlust hat in der neueren Literatur Anne Duden in ihrer Erzählung *Übergang* eindrucksvoll beschrieben:

>»Ich höre mich stöhnen, schlafe oder wache oder nichts
>von beidem. Kahle Dämmerung in einem Raum, der sich
>nicht begrenzen und nicht feststellen läßt. Zeitlose Zeit.
>Der Moment vergeht nicht und steht doch auch nicht still.
>Wie der Schmerz und die Übelkeit und das Zerren und
>Ziehen in allen Körper- und Gehirngegenden zugleich.
>Mein Dasein ist eine flache Unterlage, eingehüllt in eine
>extra Nacht. Ich kann nichts erkennen. Wenn Morgen ist,
>wird alles besser sein. Es war schon lange Morgen und
>Mittag gewesen ...«[27]

Der unterbrechende Schmerz wird jede andere Empfindung verdrängen, jeden äußeren Eindruck verzerren. Wir werden unvermittelt in einen anderen Zustand geraten, in den Zustand des Schmerzes, der uns reduziert auf die Wahrnehmung eben dieses Schmerzes und der uns von allem anderen isoliert.

Im schlimmsten Fall *haben* wir nicht einen Schmerz, wir *sind* nur noch Schmerz, aber eben in der Weise eines Zugleichs von Ich-Schrumpfung, Selbstauflösung und grellster Ich-Wahrnehmung, die Valéry charakterisiert: eine Ich-Erfahrung ohne Welt und ohne Ich, eine leere Identität.

Der Schmerz schafft sich einen Schauplatz, der Schmerz schafft sich ein Subjekt. »Kein Schmerz ohne Ich«,[28] schreibt Valéry, aber das Schmerz-Ich ist ein dubioses Ich, eines ohne Geschichte und ohne Zukunft, es schrumpft im sich ausdehnenden Schmerz schmerzhaft gegen Null. Der Mensch im Schmerz befindet sich

27 Anne Duden, *Übergang*, Berlin 1982, S. 71.
28 Paul Valéry, *Cahiers/Hefte*, Bd. 3, a.a.O., S. 374.

in einem paradoxen Zustand: Der Leidende kommt ganz zu sich und gerät zugleich ganz außer sich.

Die Intensität des Schmerzes, so behauptet Valéry, bemesse »sich umgekehrt an der Freiheit«, die einem bliebe. Im äußersten Schmerz gibt es keine Freiheit, keine Entscheidung, keine Sprache, nur mehr den Schrei:

> »Der Mensch ist ein Schlachtfeld, oder ein Theater. Er glaubt, er sei etwas, und ist doch nur eine Zeit und ein Ort. (…) Alles kommt doch nur über ihn; er bietet die Gelegenheit und den Stoff. Aber er ist es wirklich, er, der leidet und der genießt, und es sind dies seine einzigen Leidenschaften, die man ihm nicht streitig machen kann.«[29]

Lust und Schmerz (und auch die idiosynkratischen Impulse) unterbrechen also, wenn wir unseren Zeugen glauben wollen, das Kontinuum der Zeit, die lineare Vorstellung, die wir unser Leben nennen. Aber sie tun es auf unterschiedliche Weise:

> »Lust will eine bestimmte *GEGENWART* bewahren und vergrößern – Schmerz will sie verringern und beseitigen.«[30]

Die Lust füllt die Gegenwart, sie zieht Früheres und Mögliches in die Gegenwart hinein. In der Lust dehnt sich die Gegenwart. Die Lust schafft sich einen Raum, füllt diesen Raum mit Phantasie, sie kann in der Einbildungskraft dessen, der die Lust empfindet, unendlich viele Partikel der Welt in sich aufnehmen, sie lädt sich auf mit Assoziationen, mit Vergegenwärtigungen, sie entzündet sich an Bildern, an Erinnerungen. Sie wächst in dem extensiven Wunsch, den Augenblick in die Ewigkeit zu überführen. Auch die Idiosynkrasie ist eine Unterbrechung, sie überspringt die eingefahrenen Assoziationsabfolgen, bringt das Denken und Erinnern ins Stolpern, aus den genormten Bahnen, aber doch im Sinne einer beunruhigenden, verstörenden Bele-

---

29 Ders., *Cahiers/Hefte*, Bd. 6, a.a.O., S. 590.
30 Ders., *Cahiers/Hefte*, Bd. 3, a.a.O., S. 371.

bung, nicht in dem einer Abtötung. Der intensive Schmerz dagegen ist ein Zustand, der auf Vernichtung aller Bezüge ausgeht, er beansprucht alle Aufmerksamkeit für sich allein, er zieht alles an sich, aber nur um dessen Besonderheit zu löschen. Mit seiner qualvollen Fülle geht eine Schrumpfung, eine Einebnung aller lebensweltlichen Stoffe einher. Alles wird vom Schmerz überwölbt, durchdrungen, alles wird einförmig zum Schmerz. Und an die Stelle aller Möglichkeiten tritt die Sehnsucht, daß alles aufhören möge, daß all dies, was in der schrillen Gegenwärtigkeit des Schmerzes zu einem Einzigen und Gleichen geworden ist: Körper, Geist, Welt, einfach nur vergehen möge. Die Dichterin Emily Dickinson sagt, der Schmerz habe nur einen Freund, das sei der Tod. Madame du Châtelet zitiert in ihrer *Rede vom Glück* die Verszeile Gressets: »Ein Jahrhundert ist der Schmerz, der Tod ein Augenblick.«[31] Im Schmerz vollzieht sich eine »Verringerung« und schließlich sogar die Leugnung der Gegenwart.

Eine Sprache, die dem Schmerz gerecht würde, müßte diese Merkmale aufweisen, sie müßte eine Sprache ohne jede Beschwichtigung, eine Sprache der gleichzeitigen Dehnung und Schrumpfung, eine Sprache am Rand der Sprache sein. Valéry beschreibt den Kampf, der »zwischen Intellekt und heftigem Schmerz« stattfindet. Und er tut dies in einer Sprache des Schmerzes, einer unterbrochenen, abgehackten Sprache, einem Stakkato, das immerhin ahnen läßt, daß der Angriff des Schmerzes auf den Geist ein Angriff auf die Sprache selbst ist.

»...Wenn das herannaht, gewahre ich in mir etwas Wirres oder Unbestimmtes. In meinem Wesen entstehen ... nebelhafte Stellen, ganze Bereiche treten in Erscheinung. Dann hole ich aus meinem Gedächtnis eine Frage, irgendein Problem ... Ich versenke mich darein. Ich zähle Sandkörner und, solange ich sie sehe ... – Mein wachsender

---

31 Madame du Châtelet, *Rede vom Glück*, Berlin 1999, S. 35.

Schmerz zwingt mich, ihn zu beobachten. Ich denke an
ihn! – ich erwarte nur meinen Schrei ...«[32]

Der Schrei steht, wie Peter von Matt erklärt, an der Grenze zur
Sprache:

>»Unsere erste Antwort auf die Welt ist ein Schrei. Der
Schrei ist kein Wort, und daß er kein Wort ist, macht sein
Skandalon aus. Geht er hinter die Sprache zurück, oder
setzt er diese außer Kraft? Liegt er der Sprache voraus als
das noch Ungestalte, Unentwickelte, oder zeigt er sie als ein
hilfloses Konstrukt, das belanglos wird, sobald es um Tod
und Leben geht? Ist der Schrei wahr, weil er kein Wort ist,
oder kann er, weil er kein Wort ist, gar nicht wahr oder un-
wahr sein?«[33]

Zu Recht bemängelt Peter von Matt, wenn die armseligen Jaul-
töne, in die die schmerzgepeinigten Helden der griechischen Tra-
gödien ausbrechen, übersetzt werden mit feinsinnigen Ausrufen
wie: »Weh mir«. Der Versuch, die Barbarei der Schmerzen kulturell zu veredeln, mündet in eine barbarische Verharmlosung.

Der Schrei ragt aus der Welt unwillkürlicher vorsprachlicher
Artikulation archaisch in die Möglichkeit menschlicher Ver-
ständigungen hinein, und er steht an deren Ende. Jeder Schrei
stellt diese Möglichkeit radikal in Frage. Der Schrei des Ge-
quälten ist Ausdruck eines ohnmächtigen Zustands, eines Zustands ohne Macht und eines Zustands, in dem der Mensch
sprachlos auf sich, auf seinen Schmerz reduziert ist, in dem das
Netz von Bedeutungen, durch das er in seiner Welt heimisch
ist, zerreißt, in dem nur noch der bedeutungslose Schmerz von
Bedeutung ist. Der Schrei zerreißt dieses Netz und ist zugleich

---

32 Paul Valéry, *Herr Teste*, Frankfurt a. M. 1957, S. 26; siehe hierzu auch:
Jean Starobinski, *Herr Teste und der Schmerz*, in: *Kleine Geschichte des
Körpergefühls*, Konstanz 1987.
33 Peter von Matt, »*Ai mir*«. *Der Schrei und die Dichtung*, in: *Merkur*,
49. Jg. 1995, Heft 2, S. 95.

die sprachlose Artikulation dieses Risses. Der Bezug zur Welt ist unterbrochen. Der Leidende ist dem blinden Schmerz in ihm und der Welt außer ihm blind ausgeliefert, ohne zwischen beidem länger unterscheiden zu können.

Hier bricht jeder Widerstand, weil es in diesem Zustand für die Aktionen des Geistes keinen Raum, keine Zeit mehr gibt. Es ließe sich aber auch mit Simone Weil sagen, daß es zuviel Raum, zuviel Zeit gibt:

> »Ein physischer Schmerz, der bis an die äußerste Grenze geht, ohne Beimischung von Trost, weil er von einer vollständigen moralischen Verzweiflung begleitet wird, das ist die Gesamtheit von Zeit und Raum, wenn sie in wenige Augenblicke und in die winzige Ausdehnung eines Körpers eintritt und die Seele zerreißt.«[34]

Die Macht des Schmerzes ist von einer leeren Grausamkeit. Diese Leere kann jedoch besetzt werden. Die Voraussetzung dieser Besetzung wird in den politischen Schmerzdiskursen vernachlässigt. Bevor von Krieg, Folter, menschlicher Barbarei die Rede ist und immer wieder sein soll, muß hervorgehoben werden, daß all dies überhaupt nur möglich ist, weil der Schmerz ist, wie er ist; weil er diese Leere schafft; weil er der Gewalt diesen Raum gibt; weil er schon für sich selbst dieser Skandal ist. Weil jede leibliche, seelische oder geistige Angreifbarkeit nur ist, weil der Schmerz ist. Und die Leere, die er schafft, wird fortwährend neu besetzt. Hier schlägt die Stunde des Folterers. Er wird diesen Raum okkupieren, er wird die Leere füllen, er wird diesen sinnlosen Zustand willkürlich, das heißt mit Plan und Berechnung und geeignetem Werkzeug, herbeiführen; er wird dem Schmerz eine, seine, schändliche Bedeutung, einen barbarischen Sinn geben. (Deshalb ist die Rede von den Bedeutungen so obskur, weil es nur diese eine entsetzliche, durch Menschen gesetzte Bedeutung geben kann und weil alle ande-

---

34 Simone Weil, *Cahiers*, Bd. 3, a.a.O., S. 95.

ren Sinngebungen zur Verschleierung dessen geeignet sind.) Er, der Folterer, wird die Stelle besetzen, die die Menschen ihrem Gott zuschrieben. Und er wird dies tun, um den Geist, die Seele, den Körper des anderen zu vernichten, dessen Sprachlosigkeit herbeizuführen und seine eigene Macht in der Qual des anderen zu spiegeln. Die amerikanische Sozialphilosophin Elaine Scarry hat sich mit diesem Verhältnis von Sprache und Schmerz unter der Folter eingehend befaßt:

> »Der Schmerz ist dem Gefangenen nur allzu gegenwärtig, beim Folterer fehlt er; die ›Befragung‹ ist (…) überaus bedeutsam für den Folterer und bedeutungslos für den Gefangenen; für den Gefangenen sind der Leib und dessen Schmerzen überwältigend gegenwärtig, Sprache, Welt und Ich dagegen sind abwesend; für den Folterer sind Sprache, Welt und Ich überwältigend gegenwärtig, Leib und Schmerz dagegen abwesend. Diese Vielzahl von Gegensätzen offenbart und erweitert in jedem Augenblick die Distanz zwischen Folterer und Gefangenem und setzt daher die Macht des Folterers in Szene, denn Macht – sowohl in ihrer angemaßten wie auch in ihrer legitimen Form – gründet stets in der Distanz vom Leib. (…) Nirgendwo sonst gelangt Sprache so sehr in die Gefahr, konkreter Agent körperlicher Schmerzen zu sein, wie hier (…). Sind die Worte des einen zur Waffe geworden, so sind die Worte des anderen Ausdruck von Pein, und vielfach sagen sie dem Folterer nur noch eines: wie fürchterlich sein Opfer leidet. Die ›Frage‹ ist ein Akt des Verletzens, gleichgültig welchen Inhalt sie haben mag; die Antwort ist ein Schrei, gleichgültig welchen Inhalt sie hat.«[35]

Das wirklich Ärgerliche an den erwähnten Sado-Maso-Spektakeln ist nicht die Ausstellung des Verbotenen in einer Zeit, in der von Verbot und Tabu die Rede nicht mehr sein kann, son-

---

35 Elaine Scarry, *Der Körper im Schmerz*, Frankfurt a. M. 1992, S. 71.

dern die Verharmlosung des Zusammenhangs von Schmerz, Lust und Macht. Es gibt ihn nicht, den Schmerz, den wahren Schmerz, ohne Harm. Täuschen Jugendkult und Fitneßprogramm die Möglichkeit einer Verleugnung unserer Endlichkeit vor, so nährt der Freizeitflagellantismus die Illusion einer grundsätzlichen Integrierbarkeit und Kontrollierbarkeit des Schmerzes. Aber das ist ein Irrtum. Zwar wird auch aller Schmerz einmal enden, das prophezeite uns zumindest die »Stimme von dem Thron« aus der *Offenbarung des Johannes*:

> »Gott wird abwischen alle Tränen von ihren Augen, und der Tod wird nicht mehr sein, noch Leid, noch Geschrei noch Schmerz wird mehr sein; denn das Erste ist vergangen.«

… doch dieses »Erste«, das da vergeht, ist die Welt, die wir kennen.

Und so setzt der Schmerz in seiner furchtbaren Reinheit der Idiosynkrasie in all ihren Vermischungen doch eine Ende – weil er Ende und Anfang von allem ist: unbewegte Raserei, rasende Immobilität.

Bevor aber das große Versprechen der *Offenbarung* eintrifft, wenn es denn je eintrifft, bleibt es in der Sphäre dessen, was wir unsere Wirklichkeit nennen, bei den bitteren Befunden der hier zitierten Zeugen, daß nämlich das Leiden uns zu dieser Wirklichkeit bringt, wie es die leidende Romanfigur Gustafssons ausdrückt:

> »Die letzten drei Monate haben mich wirklich gemacht. Das ist furchtbar.«[36]

Auch die sprachlose, am Kiefer verletzte Protagonistin in der Geschichte von Anne Duden verspürt im Schmerz noch den bitteren Beigeschmack einer grimmig abgründigen Befriedigung darüber, daß dieser Zustand sie in eine, wenn auch schreckliche Übereinstimmung mit der Beschaffenheit der Welt bringt.

36 Lars Gustafsson, *Der Tod eines Bienenzüchters*, a.a.O., S. 132.

Der Mensch kommt, so gesehen, im Schmerz nicht nur zu sich selbst – allerdings um den Preis seiner möglichen Auslöschung –, er kommt schließlich zur Welt, besser gesagt: auf das Schmerzniveau der Welt. Das meint Gustafsson, wenn er seine Romanfigur sagen läßt, daß diese im Schmerz *wirklich* werde. Für Meister Eckhart ist diese Differenzlosigkeit zur Welt und zu sich selbst der Übergang in ein anderes (göttliches) Reich, für Simone Weil Paradies und/oder Hölle, für Anne Duden die Hölle der Welt, die Welt als Hölle, für Valéry das Schlachtfeld und/oder das Theater unserer Existenz. Schmerz schafft eine Idiosynkrasie aufs Ganze, die zugleich das Ende aller Idiosynkrasien ist. *Daß* wir aber Idiosynkrasien haben, *daß* wir für einen Moment erstarren und von Fluchtimpulsen und Ekelreaktionen überrascht werden, ist nur vor der Tatsache, daß es Schmerzerfahrungen gibt, zu verstehen. Der Schmerz wird, allein dadurch, daß er *ist*, aller Idiosynkrasie voraus- und zuwidergehen.

Die Idiosynkrasie ist situativ. Der Schmerz bewirkt die totale Auslieferung ans Unverfügbare.

Im Schmerz, im äußersten, alles durchdringenden, alles auslöschenden Schmerz reagiert das Leben allergisch auf das Leben selbst. Das muß schließlich auch Gustafssons Bienenzüchter erkennen:

> »Dieser weißglühende Schmerz ist natürlich im Grunde nichts anderes als das genaue Maß der Kraft, die mir meine Existenz ermöglicht hat. Tod und Leben sind eigentlich *ungeheuerliche* Dinge.«[37]

In dieser Weise kann der Schmerz doch noch in ein Verhältnis zur Idiosynkrasie gebracht werden. Schmerz ist Ende und Anfang der Idiosynkrasie, aber die Idiosynkrasie ist im Gegensatz zum Schmerz ein Phänomen der Immanenz. Solange wir idiosynkratisch reagieren, sind wir noch ganz in der Welt, wollen wir noch etwas von ihr.

37 Ebd., S. 73.

## Nachtrag

Plötzliches Ende des Schmerzes. Eine unendliche Erleichterung tritt an seine Stelle, eine Erleichterung, die oft mit einer etwas blöden Heiterkeit einhergeht. Wir sind aus dem Schmerz entlassen: Entlassung in eine schmerzfreie Alltäglichkeit.

Aber die Maßlosigkeit, Ungeheuerlichkeit, Grundlosigkeit und Unverfügbarkeit des Schmerzes, seine unendliche Fatalität, hinterläßt ungeachtet der gleichzeitigen Erleichterung eine Fassungslosigkeit. Warum sind wir fassungslos? Was hatten wir denn gedacht, geglaubt, erwartet? Gar nichts, während des Schmerzes gibt es keine Selbstbefragungen, keine Zukunftsaussichten. Und doch muß sich tief ins Unbewußte so etwas wie eine Erwartung eingegraben haben. Der ungeheuerliche Schmerz ist eine böse Verheißung, er verheißt unserem sinnsüchtigen Geist eine Überführung in etwas gleichermaßen Ungeheuerliches, ihm, dem ungeheuerlichen Schmerz, kann eigentlich nur unsere Auslöschung, unser Tod oder eine unfaßliche Offenbarung folgen. Er radikalisiert unser Sein in einer Weise, die sein einfaches Verschwinden wie einen schlechten Witz erscheinen läßt. Tritt all dies undeutlich Erwartete eben nicht ein, sondern nur einfach nichts, so beschleicht uns das Gefühl einer metaphysischen Verfehlung, die uns dann in eine absurde Heiterkeit treibt: Heiterkeit des Absurden. Irgend etwas hatte uns eingeholt aus einem Reich vor aller Zeit, nur um wieder zu verschwinden und uns in einer banalen Endlichkeit zurückzulassen. Eine Verlassenheit, über die wir uns gleichwohl freuen, freuen können, freuen müssen, freuen. Dem Intensitätsgrad des Schmerzes entsprächen Höllengrund und Himmelsglück – nicht aber diese banale Freude. Könnte diese Freude nicht als idiosynkratische Heiterkeit bezeichnet werden?

## suhrkamp taschenbücher
### Eine Auswahl

**Isabel Allende**
- Das Geisterhaus. Übersetzt von Anneliese Botond.
  st 1676. 500 Seiten
- Porträt in Sepia. Übersetzt von Lieselotte Kolanoske.
  st 3487. 512 Seiten

**Ingeborg Bachmann.** Malina. Roman. st 641. 368 Seiten

**Jurek Becker**
- Jakob der Lügner. Roman. st 774. 283 Seiten
- Amanda herzlos. Roman. st 2295. 384 Seiten

**Louis Begley**
- Lügen in Zeiten des Krieges. Roman. Übersetzt von Christa
  Krüger. st 2546. 223 Seiten
- Schmidt. Roman. Übersetzt von Christa Krüger
  st 3000. 320 Seiten
- Schmidts Bewährung. Roman. Übersetzt von Christa
  Krüger. st 3436. 314 Seiten

**Thomas Bernhard.** Ein Lesebuch. Herausgegeben von
Raimund Fellinger. st 3165. 112 Seiten

**Peter Bichsel**
- Kindergeschichten. st 2642. 84 Seiten
- Cherubin Hammer und Cherubin Hammer.
  st 3165. 112 Seiten

**Truman Capote.** Die Grasharfe. Roman. Übersetzt von
Annemarie Seidel und Friedrich Podszus. st 3135. 208 Seiten

**Paul Celan.** Gesammelte Werke in sieben Bänden. Sieben Bände in Kassette. st 3202-st 3208. 3380 Seiten

**Marguerite Duras.** Der Liebhaber. Übersetzt von Ilma Rakusa. st 1629. 194 Seiten

**Hans Magnus Enzensberger.** Der Fliegende Robert. Gedichte, Szenen, Essays. st 1962. 350 Seiten

**Max Frisch**
- Homo faber. Ein Bericht. st 354. 203 Seiten
- Stiller. Roman. st 105. 438 Seiten

**Norbert Gstrein.** Der Kommerzialrat. Bericht. st 2718. 148 Seiten

**Marie Hermanson.** Muschelstrand. Roman. Übersetzt von Regine Elsässer. st 3390. 304 Seiten

**Peter Handke.** Mein Jahr in der Niemandsbucht. Ein Märchen aus den neuen Zeiten. st 3084. 632 Seiten

**Hermann Hesse.**
- Das Glasperlenspiel. Versuch einer Lebensbeschreibung des Magister Ludi Josef Knecht samt Knechts hinterlassenen Schriften. st 2572. 616 Seiten
- Siddhartha. Eine indische Dichtung. st 182. 136 Seiten

**Ludwig Hohl.** Die Notizen oder Von der unvoreiligen Versöhnung. st 1000. 832 Seiten

**Yasushi Inoue.** Das Jagdgewehr. Übersetzt von Oskar Benl. st 2909. 98 Seiten

**Uwe Johnson.** Jahrestage. Aus dem Leben der Gesine Cresspahl. Einbändige Ausgabe. st 3220. 1728 Seiten

**James Joyce.** Ulysses. Roman. Übersetzt von Hans Wollschläger. st 2551. 988 Seiten

**Franz Kafka.** Der Prozeß. Roman. st 2837. 282 Seiten

**Bodo Kirchhoff.** Infanta. Roman. st 1872. 502 Seiten

**Andreas Maier.** Wäldchestag. Roman. st 3381. 315 Seiten

**Magnus Mills.** Die Herren der Zäune. Roman. Übersetzt von Katharina Böhmer. st 3383. 216 Seiten

**Cees Nooteboom.** Allerseelen. Roman. Übersetzt von Helga van Beuningen. st 3163. 440 Seiten

**Juan Carlos Onetti.** Das kurze Leben. Roman. Übersetzt von Curt Meyer-Clason. Mit einem Nachwort von Durs Grünbein. st 3017. 380 Seiten

**Marcel Proust.** In Swanns Welt. Auf der Suche nach der verlorenen Zeit. Übersetzt von Eva Rechel-Mertens. st 2671. 564 Seiten

**Hans-Ulrich Treichel.** Der Verlorene. Erzählung. st 3061. 175 Seiten

**Mario Vargas Llosa.** Tante Julia und der Kunstschreiber. Roman. Übersetzt von Heidrun Adler. st 1520. 392 Seiten

**Martin Walser.** Ein fliehendes Pferd. Novelle. st 600. 151 Seiten

**Ernst Weiß.** Der arme Verschwender. st 3004. 450 Seiten